外国语言文学研究系列丛书　　总主编　高继海　杨朝军

# 大江健三郎小说诗学研究

兰立亮　著

科学出版社

北京

## 内 容 简 介

本书尝试从文本细读入手，考察日本诺贝尔文学奖获奖作家大江健三郎几部长篇小说代表作在小说形式审美层面的诗学实践，探讨大江的小说形式实验与小说主题建构、伦理诉求的关联，并结合大江的文学理论著作、文艺随笔、演讲、访谈等反映大江文艺思想的理论文献深入挖掘大江小说诗学所体现的浓厚的社会文化意蕴和强烈的现实关怀，在此基础上进一步对大江小说诗学特征进行宏观把握。

本书可供外国语言文学专业、比较文学与世界文学专业的本科生、研究生使用，对从事外国文学研究的学者及从事文学创作的作者均可提供一定的借鉴。

---

图书在版编目（CIP）数据

大江健三郎小说诗学研究 / 兰立亮著. —北京：科学出版社，2021.9
（外国语言文学研究系列丛书 / 高继海，杨朝军总主编）
ISBN 978-7-03-069654-0

Ⅰ. ①大… Ⅱ. ①兰… Ⅲ. ①大江健三郎（1935-）-小说研究 Ⅳ. ①I313.074

中国版本图书馆 CIP 数据核字（2021）第 172736 号

责任编辑：常春娥 / 责任校对：贾伟娟
责任印制：李 彤 / 封面设计：蓝正设计

科 学 出 版 社 出版
北京东黄城根北街 16 号
邮政编码：100717
http://www.sciencep.com

北京盛通商印快线网络科技有限公司 印刷
科学出版社发行 各地新华书店经销
*
2021 年 9 月第 一 版 开本：720×1000 1/16
2021 年 9 月第一次印刷 印张：13 3/4
字数：239 000
**定价：98.00 元**
（如有印装质量问题，我社负责调换）

# 丛 书 序

　　河南大学外语学院与河南大学同岁，其前身为 1912 年的河南留学欧美预备学校，迄今已有百年的办学历史。现设有英语、翻译、俄语、日语、德语、法语 6 个本科专业，拥有外国语言文学博士后科研流动站、外国语言文学一级学科博士、硕士学位授权点。河南大学外语学院的英语专业为国家级特色专业和国家级专业综合改革试点，"高级英语"为国家级精品课程，英语语言文学教学团队为国家级教学团队，外国语言文学为河南省一级重点学科。英语专业连续多年跻身全国专业排行榜 A++行列。

　　河南大学外语学院目前的在校本科生总数为 852 人，在校硕士研究生 360 余人，在校博士研究生 18 人，另有博士后进站人员 10 余人。现有教职工 106 人，其中教授 18 人，副教授 32 人，博士生导师 12 人，硕士生导师 36 人。拥有河南省高校人文社科重点研究基地（英语语言文学研究中心）、河南大学外国语言学及应用语言学、英美文学、翻译理论研究所等科研机构并主办有《外文研究》学术期刊。

　　一百多年来，河南大学外语学院的教职工生秉承河南大学明德新民、止于至善的校训，殚智竭诚，筚路蓝缕，涌现出张今、刘炳善、吴雪莉、徐盛桓等国内知名专家学者，其关于认知语言学、莎学、语用学的研究在国内外有广泛影响，功能语言学、文体学、英汉语言对比、翻译理论、俄罗斯语言文学等方向的研究在国内居于前列。

　　按照十八大"科教兴国，人才强国，可持续发展"的科教战略，河南大学外语学院进一步完善了学科布局，出台了一系列的规章制度，使得学院学术研究空前繁盛，近五年来，共发表学术论文 360 多篇，出版教材和著作 50 余部；先后承担国家社科基金项目 9 项，省部级科研项目 16 项，获得省部级以上科研和教学奖励 24 项。正是在这样一种氛围中，我们决定推出这套《外国语言文学研究系列丛书》，旨在展现河南大学外语学院的最新成果，向学界汇报我们的研究发现。

这套丛书的组织有以下两个明显的特点：

一是学科的覆盖面较为广泛，涉及文学、语言学和翻译等研究领域。文学方面有探讨文学批评原理的，如吕长发教授的著作；也有关于具体的文学理论流派的，如薛玉凤教授的创伤文学研究、孙晓青老师的印象主义研究、张玉红老师的民俗文学批评研究、张璟慧老师的现象学精神分析研究等；还有文学史料的研究成果，如李巧慧老师的《尤利西斯》出版史料研究等。涉及语言学的研究涵盖英语、汉语和俄语，均是利用当代语言学研究的最新成果对具体语言现象的分析，如杨朝军教授关于形式和功能关系的探讨、李香玲老师的认知研究、王志坚老师的俄语被动句语义研究、刘倩老师的心智哲学研究、庄会彬老师的现代汉语否定现象的句法研究等。涉及翻译的作品有侯健老师关于中国典籍翻译的方法论思考和薛凌老师关于理雅各《左传》英译的研究等。

这套丛书的另外一个特点是涉及不同的年龄阶段，可以说是老中青结合，反映了河南大学外语学院薪火相传、生生不息的学术传统，例如博士生导师吕长发教授已经是 74 岁高龄但仍然笔耕不辍，杨朝军教授和薛玉凤教授则是年富力强的中年学者，而其他作者皆为近几年涌现出来的青年才俊，他们学识渊博、风华正茂、成果丰硕，是当代外语界学者们的一个缩影。

最后想要说明的是，著作编撰难免有学术或技术上的问题，恳请各位同仁能够不吝指正。同时学院代表这套丛书的所有作者，向在背后默默付出的科学出版社的阎莉编辑和常春娥编辑表示谢忱。

总主编

2014 年 9 月于河南大学外语楼

# 序

兰立亮同志的《大江健三郎小说诗学研究》是他在博士后出站报告的基础上经过认真修改、补充而成的大江健三郎（大江）研究专著。大江是日本当代文学史上极为重视小说形式实验和小说理论的作家，从其大学时代发表的《奇妙的工作》《死者的奢华》等初期短篇小说开始，他就以晦涩难懂的翻译式文体风格挑战着读者的期待视野，成为日本当代文学形式创新的一面醒目的旗帜。在之后漫长的创作生涯中，大江从未停下文学创新的脚步，他博览群书，博采众长，时刻保持着创作理念的前沿性和自由独立的精神品格，不断挑战自我，在岁月的积淀中创作出一部部散发着永恒魅力的优秀之作。他不但重视小说技法本身，还对技法背后的现代思想情有独钟，广泛涉猎了音乐、建筑、绘画、电影、戏剧、精神分析等诸多领域的前沿成果，对索绪尔、乔姆斯基的语言学思想，对萨特、德里达、萨义德、德勒兹、杰姆逊等人的哲学思想耳熟能详且具独到见解，这些都成了他文学创作源源不断的精神源泉。近年来大江文学在日本并不像村上春树、吉本芭娜娜等作家那样拥有广泛的读者群，但大江文学理论功底深厚，作品内涵丰富，意义深远，势必会给不同时代的读者带来一种历久弥新的阅读体验。大江文学广阔的视野和高超的小说技巧获得了世界性瞩目，并于1994年获得了诺贝尔文学奖。

兰立亮同志在对大江小说文本进行详细考察的基础上总结了大江小说诗学的总体特征。他指出，大江既是作家，又是文学理论家，其小说诗学包含了"理论"和"实践"两个向度，认为二者相互阐释，共同构成了大江小说诗学不可分割的部分。这一观点看似浅显平实，但却需要建立在对大江创作的全面把握之上，难度不言而喻。除大量小说外，大江还写了不少文艺随笔、文学理论著作，这些著作充分展现了大江小说诗学的另外一个向度——文学理论。本书对大江"文学理论家"地位的认同，可以说基于兰立亮同志对大江小说理论的全面理解和对大江创作实践的绵密考察，高度概括了大江小说的诗学特征。从整体来看，本书在文本阐释、理论分析层面体现了如下创新。

（1）指出了小说形式在大江小说诗学中的重要地位。大江小说诗学呈现了小说形式对小说主题的建构，从而使小说形式成为"有意义的形式"，这是其主题不同的小说大都具有各自叙述特色的主要原因，也是今后研究者在论及其小说社会意义时不可忽视的一个方面。

（2）指出了大江小说诗学的跨界特征，并通过代表性文本对其进行了详细阐释。大江文学的跨界特征不仅体现在作家对日本传统文学的继承、对世界文学的吸收和借鉴上，还体现在对民俗学、文化人类学、心理学、媒介理论等世界文学、文化理论，以及存在主义、结构主义、解构主义等西方文艺思潮的深刻理解和灵活运用上，兰立亮同志对这一领域的细致考察为进一步将大江文学置于世界文学、文化背景之下进行深入研究提供了很好的范例。

在研究方法上，我们可以看到兰立亮同志对国内外文学批评理论最新进展的关注。比如，他利用由我国学者聂珍钊教授率先提出并系统阐述的文学伦理学批评方法分析大江文本，强调回归小说发表当时的伦理环境和语境来把握作品人物形象。不难发现，这种在借鉴西方伦理批评和中国道德批评的基础上经过重构而发展起来的文学批评方法，切实地为充分认识大江小说叙事的伦理指向及从新的角度阐释大江文学提供了新的可能。此外，本书中将空间理论、精神分析理论等理论方法游刃有余地与文本分析紧密结合在一起，在多元观照之中描绘出大江文本的厚度和明确的诗学内涵。我们有理由相信，本书对中国读者深入理解大江文学、对大江文学在中国的传播和接受必将具有重要的参考价值。

兰立亮同志长期工作在日语专业教学的第一线，在繁忙的教学之余，他一直坚持大江健三郎小说研究，这一持之以恒的努力无疑会产生厚重的科研硕果。近年来，他相继出版专著1部、译著多部，在《国外文学》《外国文学》《外国语文》《解放军外国语学院学报》《外语研究》《外文研究》《东北亚外语研究》《广东外语外贸大学学报》等重要学术期刊发表论文多篇。期待他在今后科研的道路上勇往直前，在大江文学研究及日本近现代文学研究领域取得更大的成绩。是为序。

谭晶华

中国日本文学研究会会长

上海外国语大学博士生导师

2020年8月28日

# 目 录

丛书序

序

绪论 ································································································· 1

**第一章 《感化院少年》的创伤叙事与主体建构**

    第一节 自我与他者：凝视与反凝视 ·············································· 4

    第二节 作为乌托邦/异托邦的空间二重性 ········································ 7

    第三节 空间的逃离：创伤书写与伦理诉求 ···································· 11

    小结 ······························································································ 14

**第二章 《个人的体验》的镜像叙事与身份认同**

    第一节 自我欺瞒的空间："非洲"和"多元宇宙" ···························· 17

    第二节 动物比喻、镜像与身份认同 ·············································· 23

    第三节 从逃避现实到回归家庭的伦理叙事 ···································· 29

    小结 ······························································································ 33

**第三章 《万延元年的足球队》的时空叙事与身份认同**

    第一节 历史时间与心理时间 ························································· 35

    第二节 地理空间与精神空间 ························································· 39

    第三节 历史记忆与身份认同 ························································· 43

    小结 ······························································································ 47

**第四章 《亲自为我拭去泪水之日》的个体记忆与历史书写**

    第一节 父子关系的隐喻：从家庭到国家 ······································· 50

    第二节 内部暴力呈现与身份认同焦虑 ·········································· 53

    第三节 真实与虚构：摇摆的"同时代史" ······································ 56

    小结 ······························································································ 59

## 第五章 《别了，我的书！》的互文性叙事与晚期风格 ···················· 61
### 第一节 双重叙事结构与元小说技法 ···························· 61
### 第二节 互文性叙事与小说主题建构 ···························· 66
### 第三节 "奇怪的二人组合"与"晚期风格" ······················ 70
### 小结 ····························································· 75

## 第六章 《优美的安娜贝尔·李寒彻颤栗早逝去》的跨界叙事与身份认同 ············································· 77
### 第一节 现在时技法与影像叙事 ································ 78
### 第二节 翻译与改编：身份认同的探寻和建构 ················ 81
### 第三节 纪实与虚构：私小说叙事中的元小说技法 ············ 85
### 小结 ····························································· 89

## 第七章 《水死》的戏剧叙事与伦理诉求 ······························· 91
### 第一节 戏剧元素与人物形象塑造 ······························ 92
### 第二节 戏剧化特征与小说主题生成 ···························· 98
### 第三节 戏剧叙事与晚期风格 ··································· 104
### 小结 ···························································· 112

## 结语 ···································································· 113

## 参考文献 ····························································· 116

## 附录一 中日两国大江健三郎小说诗学研究概论 ·················· 139

## 附录二 日本期刊大江健三郎研究论文文献辑录 ·················· 168

## 后记 ···································································· 209

# 绪　　论

鲍里斯·托马舍夫斯基在《诗学的定义》中指出，"诗学的任务（换言之即语文学或文学理论的任务）是研究文学作品的结构方式。有艺术价值的文学是诗学的研究对象。研究的方法就是对现象进行描述、分类和解释"。[①]作为一个文学理论概念，小说诗学是对小说创作风格和叙事结构进行研究的一项审美策略。虽然，当前的小说诗学已超越了研究小说文体、结构、创作技巧等形式的传统研究领域，进入了通过对文学文本和文学现象的文化解析来提倡人文关怀和诗意追求的"文化诗学"领域，但对审美形式的探索仍然是小说诗学研究的基本内容。

大江健三郎是一位对小说形式极为关注的作家。诺贝尔文学奖评委会主席歇尔·耶思普玛基在1994年诺贝尔文学奖颁奖词中切中肯綮地指出了大江文学的显著特征。"大江说他的眼睛并不盯着世界的听众，只对日本的读者说话。但是，其中存在着超越语言与文化的契机、崭新的见解、充满凝练形象的诗这种'变异的现实主义'。让他回归自我主题的强烈迷恋消除了（语言等）障碍。"[②]

的确，大江文学具有浓厚的社会文化意蕴和强烈的现实关怀，这一点与日本当代社会文化语境息息相关。"变异现实主义"这一大江文学特征，如果脱离了其小说形式就成为空洞的评价。大江小说的文学诉求与作家的形式创新紧密结合，使形式本身具有了主题建构的重要意义。在这个意义上，大江的小说诗学无疑会为中国作家的小说创作提供重要的借鉴。在大江获得诺贝尔文学奖后，中国和日本的研究者重新开始审视大江的小说诗学，出现了一些颇有分量的研究成果（详见附录一），但从整体来看，这一领域的研究尚需进一步拓展和深入。之所以如此，其中一个主要原因在于大江小说创作数量庞大且风格多样，而且不断在对旧作题材、主题的重新书写中推陈出新，这就要求研究者要持续关注大江的小

---

[①] 托马舍夫斯基：《诗学的定义》，见什克洛夫斯基等：《俄国形式主义文论选》，方珊等译，北京：生活·读书·新知三联书店，1989年版，第76页。
[②] 耶思普玛基：《颁奖辞》，见大江健三郎：《性的人》，郑民钦译，北京：光明日报出版社，1995年版，第306页。

说创作，同时，对大江的文学理论著作、文艺随笔、演讲、访谈等与大江文艺思想密切相关的内容也需要深入研读，只有这样，才能真正把握大江小说诗学的发展脉络和思想精髓。

大江既是作家，又是文学理论家，其小说诗学毫无疑问包含了"理论"和"实践"两个向度，二者互相阐释，共同构成了大江小说诗学不可分割的部分。由于大江的小说创作在文学界影响深远，在某种程度上遮蔽了其文学理论家的光芒，造成许多研究忽略了其文学理论在其小说诗学中的重要作用，这不能不说是一个缺憾。因此，学界需要一种将二者结合起来的整体性思路来拓展大江小说诗学研究领域。本书尝试将小说理论和小说个案考察紧密结合起来，探究文本所反映的大江的思想文化来源，真正分析并归纳出大江小说诗学的主要内涵及其总体特征。大江对世界文学、现代思想发展状况极其关注，同时在电影、音乐、绘画等艺术领域造诣颇深，这使其小说诗学具有了广阔的世界文学、文化背景和明显的跨媒介特征。因此，比较文学的跨界视野为将大江小说诗学置于世界文学、文化背景及当代日本社会文化语境中给重新观照提供了新的可能性，可以说，只有将宏观理论研究和微观文本分析结合起来，将比较文学、文化视野导入大江小说诗学研究，才能真正理清大江在小说结构、技法和思想表达方面对西方文艺理论、现代思想的吸收、借鉴，以及对日本传统叙事文学批判继承的创作脉络，真正把大江小说诗学研究推向深入。

大江健三郎小说诗学研究一直是笔者研究的对象。为了更为全面地考察大江小说诗学的整体特征，本书选取大江早期、中期和晚期的长篇小说作为研究对象。其中，《感化院少年》为大江第一部长篇小说，在其早期创作中具有不容忽视的重要地位；《个人的体验》为第 11 届"新潮文学奖"获奖作品，是大江"与残疾儿共生"主题系列的扛鼎之作；《万延元年的足球队》为第 3 届"谷崎润一郎奖"获奖作品，是一部将历史、现实共时再现，蕴含着之后大江小说诸多创作主题萌芽的巅峰之作；《亲自为我拭去泪水之日》在小说叙事上极具实验性，为大江反天皇制主题小说的代表作；《别了，我的书！》是晚期三部曲"奇怪的二人组合"最后一部，集中体现了大江的"晚期风格"；《优美的安娜贝尔·李寒彻颤栗早逝去》是中国"21 世纪年度最佳外国小说（2008）微山湖奖"获奖作品，充分体现了大江小说创作的跨界思维；《水死》为 2016 年度国际布克奖长名单入围作品,是一部采用戏剧表现手法,对《亲自为我拭去泪水之日》《优美的安娜贝尔·李寒彻颤栗早逝去》等旧作进行改写,明确体现大江"重写"这一晚期创作风格的恢宏之作。以上小说无论是发表后的社会反响,还是在大江创作中的地位,都可以说代表了大江某一时期小说诗学的集大成之作,很好地体现了大江小说诗学的发展脉络和总体特征。本书试图从小说叙事入手,考察大江小说形式实验的先锋色彩,探讨小说形式实验与小说主题表达、伦理诉求的关联,深入挖掘大江小说诗学所体现的对日本和世界文学、文化思潮的认识和接受,以期对中国读者深入理解日本当代文学,对中国的当代文学创作提供有益的借鉴。

# 第一章

# 《感化院少年》的创伤叙事与主体建构

《感化院少年》(『芽むしり仔撃ち』1958) 是大江健三郎第一部长篇小说。该小说讲述了第二次世界大战末期,为躲避敌军轰炸,一群感化院少年被疏散至一个位于山谷中的小村庄后发生的故事。由于村里发生瘟疫,他们被村民抛弃,在孤立无援的情况下建立了自己的共同体。但是,这一共同体最终在村民归来后被迫解体,成员屈从村民的淫威而集体沉默,而坚贞不屈的"我"不得不在村民的驱逐下朝村外逃亡。小说以悲剧告终,但大江却认为,通过创作这部小说,自己能够以直率的形式将少年时期无论是甜美还是心酸的记忆在小说的意象中释放出来,直言"对我来说是最令我感到幸福的作品"①。也就是说,《感化院少年》直面惨淡的人生,生动地呈现了战时日本人的精神生态,是一部源于大江战时生活体验的激情之作。在叙事上,别具一格的边缘人物视角、意味深长的空间设置、哀婉凄楚的叙事格调,使这部小说所体现的战争反思和主体性叩问主题绽放出了璀璨夺目的人性之光。

## 第一节 自我与他者:凝视与反凝视

刘小枫指出,现代的叙事伦理包含着人民伦理的大叙事和自由伦理的个体叙事,"人民伦理的大叙事的教化是动员、是规范个人的生命感觉,自由伦理的个体叙事的教化是抱慰、是伸展个人的生命感觉"②。《感化院少年》就是一部讲述曾为不良少年的"我"在战后这一时代语境中讲述的自己的生命故事。

---

① 大江健三郎:「わが小説一『芽むしり仔撃ち』」、『厳粛な綱渡り』(下), 東京:株式会社文藝春秋, 1975年、252頁。本书所引外文文献除特殊说明外均为自译。
② 刘小枫:《沉重的肉身——现代性伦理的叙事纬语》,北京:华夏出版社,2004年版,第10页。

感化院是对失足少年进行改造的地方，对"我"来说，这一空间本身就意味着对人身自由的禁锢。感化院的高墙构成了文本中具体有形的"墙"，意指被囚禁之人与外部自由世界的隔离。疏散地"山谷村庄"虽然不同于感化院的高墙，但取而代之的却是一种更深的禁锢。村民和感化院少年之间的隔阂使山谷村庄无论是在地理上还是在精神上都成为一个封闭的空间。在这一空间中，"我们"成了被凝视的他者。

我们这一群像被猎获的怪兽一样的异国人在众人盯视的眼皮下，最安全的办法就是变得像花草木石一样，没有眼睛、没有感情，成为只供人观赏的一件物品。正因为弟弟执拗地反盯着村里人，他的面颊有时就要遭受村妇卷着黄褐色的大舌尖啐出来的唾液，有时还要挨小孩子的石头。①

在此，"我"的弟弟在小说第一章暂时成为第一人称回顾性叙述的视点人物，因为"我们"被物化，只能通过弟弟的眼光来呈现"我们"所处的境况。因为弟弟与"我们"不同，他并非因为犯罪，而是为了躲避美军对城市的轰炸被父亲送至感化院的，所以并没有受到过感化院的规训和惩罚，尚未习惯他人的凝视。"它（凝视——笔者注）通常是视觉中心主义的产物，观者被权力赋予'看'的特权，通过'看'确立自己的主体位置，被观者在沦为'看'的对象的同时，体会到观者眼光带来的权力压力，通过内化观者的价值判断进行自我物化。"②在村民压迫性的凝视下，"我们"这些感化院少年被剥夺了主体性，将自我物化为"只供人观赏的一件物品"。天真无邪的弟弟"执拗地反盯着村里人"，显然被村民视为挑战他们的权威，势必会遭受来自村妇和村里孩子的暴力。通过被凝视者被塑造为他者这一权力运作结果，大江揭示了凝视背后的权力规训和压迫。"我们"都无法摆脱代表国家权力的村民带有歧视色彩的凝视对自我的控制，但对自由的向往又促使"我们"反凝视，这充分体现在南这一人物对南方的向往和多次逃跑这一行为上。小说第一至第三章全面采用了"我们"这一非自然叙事形式，与村民（"他们"）泾渭分明

---

① 大江健三郎：《感化院少年》，郑民钦译，见叶渭渠主编：《大江健三郎作品集 死者的奢华》，王中忱、李庆国等译，北京：光明日报出版社，1995年版，第118页。
② 陈榕：《凝视》，见赵一凡等主编：《西方文论关键词》，北京：外语教学与研究出版社，2006年版，第349页。

地区分开来，本身就具有与山谷村庄村民共同体对抗的性质。"在绝大多数现代叙事作品中，正是叙事视点创造了兴趣、冲突、悬念、乃至情节本身。"①"我们"这一第一人称复数叙事，由于其所指人数模糊不定，从而具有较大的灵活性。"我们"一开始仅指感化院少年，之后，弟弟、朝鲜少年李、逃兵、少女等分属不同群体的人陆续加入了进来，最后形成了与村民对立的少年共同体。石原千秋指出，小说叙事在"我们"与"我"之间自由穿行，"这使《感化院少年》的视点结构不稳定，'我'的实质几乎没有涉及，这一点象征着只要'我们'包含'我'就行了"②。的确，从表层看来，第一人称复数叙述属于一种想象的集体身份，是讲述少年共同体集体记忆的叙事装置。或许可以说，使用第一人称复数叙事就是为了强化感化院少年这一群体与村民这一群体的对立，是一种反凝视的表现形式。"就意识再现（即对人类意识的映射——笔者注）而言，第一人称复数叙述显然把作为个体的'我'的意识与作为集体的'我们'的意识推到了关注的最前沿。鉴于第一人称复数叙述者指称范畴的模糊性，由此导致了其'意识'再现的潜在冲突性。"③从逻辑上看，在第一章"抵达"和第二章"第一次劳动"中，由于"我们"这一复数叙事形式的大量使用，"我们"的声音与意识压制了第一人称单数叙述者"我"的声音和意识。但从第三章"传染病流行和村民逃难"开始，随着村民躲避瘟疫从村庄撤出，"我"开始从权力的规训眼光中解脱出来，主体意识开始觉醒，获得了观察和讲述的个人主体性，逐渐从"我们"这一群体叙事视点中解放出来，"我们"这一群体视点叙事也开始转为第一人称单数"我"的个体叙事。

在村民撤离后，摆脱了村民凝视的个人主体性开始萌芽，与外界隔绝的山谷村庄这一封闭空间为文本中人物肉体和精神的历练提供了广阔的舞台，成为少年们获得个体成长的自由天地。第七章"捕鸟和雪节"描写了相当于少年们成人仪式的狩猎活动。弟弟因捉到一只漂亮的野鸡而获得了同伴的赞叹，"一边大笑一边不厌其烦地讲述他的历险记"④。在朝鲜少年李的提议下，"我们"举行了村

---

① 马丁：《当代叙事学》，伍晓明译，北京：北京大学出版社，2005年版，第128页。
② 石原千秋：『教養として読む現代文学』、東京：朝日新聞出版、2013年、110頁。
③ 尚必武：《讲述"我们"的故事：第一人称复数叙述的存在样态、指称范畴与意识再现》，《外国语文》2010年第1期，第19页。
④ 大江健三郎：《感化院少年》，郑民钦译，见叶渭渠主编：《大江健三郎作品集 死者的奢华》，王中忱，李庆国等译，北京：光明日报出版社，1995年版，第214页。

祭。村祭犹如"我们"的通过仪礼，象征着"我们"获得了精神成长。在村祭用的火堆旁，"我"觉得自己和李、南三人"已经快是大人了"①。由此，"我们"之间开始建立一种带有温情色彩的连带关系。"在这部作品中（指《感化院少年》——笔者注），那种可称得上是完美的爱与友情的世界被呈现出来，我不能不感受到那种新鲜的感动，犹如汩汩涌出的清冽的甘泉一下子滋润了干涸的心灵。"②正如松原指出的那样，少年之间的连带关系与村民和感化院少年之间的敌对关系形成了鲜明的对照，反衬了战争期间人与人之间的隔膜和成人社会的弊端，淋漓尽致地凸显了被战争异化的成人世界。在此，将"我们"和"他们"差异化的叙事模式很好地体现了形式对小说主题的建构作用。

王新新、李亚男将《感化院少年》和大江另一部小说《饲育》（1958）放在一起进行了深入考察，认为两部小说均体现了作家的战后再启蒙意识，即大江在战后闭塞的社会状况下试图通过文学书写来唤醒日本人个人主体性的努力。"正是这种战后再启蒙意识，构成了《饲育》、《拔芽击仔》（指《感化院少年》——笔者注）的主题，构筑了大江早期文学的重要特质之一。"③可以说，《感化院少年》的叙事视点设置和小说个人主体性叩问这一主题表达有着密不可分的关系。大江通过"我们""我"的叙事，既再现了少年们的共同体意识，也呈现了"我"的个体意识。通过少年共同体之间连带关系的形成和崩溃过程的描绘，大江批判了第二次世界大战期间日本国家极权主义对个人主体性的压抑，体现了对边缘群体的人文关怀，表达了恢复个人主体性的强烈愿望。

## 第二节 作为乌托邦/异托邦的空间二重性

矶贝英夫（矶贝）认为，这部小说"全篇涌现出积极的意象，给人一种犹如被净化般的鲜明印象。以直率的形式放飞'少年时代记忆'的表达，也是能够极

---

① 大江健三郎：《感化院少年》，郑民钦译，见叶渭渠主编：《大江健三郎作品集 死者的奢华》，王中忱，李庆国等译，北京：光明日报出版社，1995年版，第217页。
② 松原新一：『大江健三郎の世界』、東京：講談社、1967年、65頁。
③ 王新新，李亚男：《抒写人性觉醒 表现个体独立——试论作为启蒙文本的〈饲育〉和〈拔芽击仔〉》，《东北亚论坛》2006年第2期，第115页。

为顺畅地理解的语言,可以说,它是一部美丽的现代童话"①。正如矶贝指出的那样,大江借助具有童话色彩的乌托邦的营造和解体,来影射日本战后的政治状况和个体的生存状态。同时,山谷村庄这一空间还具有对现代文明进行反思的异托邦属性。

法国思想家福柯将空间视为一种权力关系网络,指出异托邦尤其指社会中带有偏离性而独立于此在空间的空间。"在所有的文化,所有的文明中可能也有真实的场所——确实存在并且在社会的建立中形成——这些真实的场所像反场所的东西,一种的确实现了的乌托邦,在这些乌托邦中,真正的场所,所有能够在文化内部被找到的其它真正的场所是被表现出来的,有争议的,同时又是被颠倒的。这种场所在所有场所以外,即使实际上有可能指出它们的位置。因为这些场所与它们所反映的,所谈论的所有场所完全不同,所以与乌托邦对比,我称它们为异托邦。"②在福柯看来,乌托邦、异托邦的建构都缘于现实的不完善,但就本质而言,异托邦是现实社会里由权力阶层或官方规划的一种空间,或是经由社会成员的想象投射而形成的一种空间,具有对现代文明进行深刻反思的多元属性。"山谷村庄"发挥着福柯意义上的危机异托邦的空间功能,可以为处于战争危机状态下的感化院少年提供保护。同时,它还具有监狱异托邦性质的囚禁和监控功能。山谷村庄这一异托邦的双重属性,深刻揭示了异托邦呈现与秩序建构的内在关联。以村长为代表的山谷村庄的权力主体为维护自身的同质文化空间秩序,对"我们"展开一系列排他性的规训措施,因此,山谷村庄这一封闭的空间不仅仅是单纯的地理空间,其本身存在着"支配与被支配"的权力关系。山谷村庄垂直的地理布局呈现了其中存在的权力秩序。村中普通村民的住宅位于最底层,然后是学校、寺院,村长家位于顶端,"这座本村唯一的正规建筑在我们面前庄严地炫示着道德的秩序"③。也就是说,山谷村庄体现了以村长为首的权力等级关系。如果说以东京为中心的国家权力支配着位于社会边缘的山谷村庄的话,山谷村庄之中也存在着村民对感化院少年、日本人对朝鲜人部落的支配。与

---

① 矶贝英夫:「芽むしり仔擊ち」、『国文学:解释と教材の研究』1971 年 1 月号、126 页。
② 福柯:《另类空间》,王喆译,《世界哲学》2006 年第 6 期,第 54 页。
③ 大江健三郎:《感化院少年》,郑民钦译,见叶渭渠主编:《大江健三郎作品集 死者的奢华》,于中忱,李庆国等译,北京:光明日报出版社,1995 年版,第 220-221 页。

民主主义相对,极权主义是一种专制独裁的统治形态,其特征便是利用暴力手段迫使他人服从领导者的个人绝对权威。小说第九章"村民的归来和士兵的惨剧"及最后一章"审判与驱逐"中,村民对逃兵和感化院少年的残暴行径可以说就是一场在山谷村庄上演的极权社会暴力惨剧。通过对具有强烈连带感的新共同体在专制社会面前分崩离析过程的描绘,大江表达了对压抑人性的专制主义的强烈批判。

石桥纪俊指出,山谷村庄这一封闭空间中"支配与被支配"的权力关系图景与生死问题直接相关,小说开头描写了山谷村庄由于近日来的暴雨和水库决堤而处于下落的空间布局之中。这一空间布局使山谷村庄作为"下落=死亡"相邻的场所而存在。"所谓山谷村庄中的生活,相对于承接着崩溃与下落、死亡意象的垂直轴,'意外错综复杂'的水平式生活空间被横向持续地建构了出来。在垂直作为极限的倾斜面中,形成了为生活而存在的水平面,这就是支撑《感化院少年》所架构的山谷村庄的日常空间性。"①也就是说,与象征权力的上面空间相比,死者被埋葬在日常生活水平面的下方。"我们"来到山谷中的第一次劳动就是埋葬尸体,这一行为可以被看作是将死者这一异质的他者封闭在地下空间的仪式。"我们也惧怕先前的伙伴从土里复活,在只剩下小孩子的封闭的村庄里猖獗肆虐,所以双脚使劲地在他的坟头狠踩一通。"②对少年们来说,死者是可怕的存在,即便死者生前曾是自己的伙伴。为了防止死者灵魂出来作祟,少年们通过用力踩土来表现自己对死亡世界的拒绝。在第四章"封闭"中,"我"感伤地叙述了自己对死的想象:"也许正是从那两具死尸飞出的无数细菌把狭小的山谷的空气变得湿淋淋的汗潮,而我们对此全然束手无策。"③在"我"看来,瘟疫来自死者的世界,是死者对生者世界的威胁和侵犯。村里的大人离开后,少年们凭借自己的力量同仇敌忾地抵挡死者世界的侵袭,在此过程中共同体成员间的连带关系得以加强。与瘟疫这一天灾相比,战争这一人祸导致了人性的异化,村民回

---

① 石桥纪俊:「大江健三郎『芽むしり仔撃ち』論——生成する記憶」、『日本アジア言語文化研究』1999年第6号、61頁。
② 大江健三郎:《感化院少年》,郑民钦译,见叶渭渠主编:《大江健三郎作品集 死者的奢华》,王中忱,李庆国等译,北京:光明日报出版社,1995年版,第183页。
③ 大江健三郎:《感化院少年》,郑民钦译,见叶渭渠主编:《大江健三郎作品集 死者的奢华》,王中忱,李庆国等译,北京:光明日报出版社,1995年版,第172页。

归后以暴力形式摧毁了少年们的乌托邦，使山谷村庄再一次蜕化为篡改历史的异托邦。小森阳一（小森）认为，小说的故事世界存在着多个二元对立，但未必就构成了金字塔型的等级制度，"也就是说，'我们'与'他们'的差异，以国家层面的内容和国家内部的'村庄'这一共同体层面的内容之间产生错位的形式表现了出来"①。代表国家权力的感化院在疏散的问题上不断地被一个个村庄拒绝，对少年们来说，这些村庄"是顽固地拒绝、排斥外来人的汪洋大海"②，国家逻辑和村庄共同体逻辑在此并未相互接受。特别是在感化院教官为护送第二批人离开村子后，村民为躲避瘟疫集体逃离村庄，任这些少年自生自灭，这一行为在战争期间可以被视为对国家权力的公然藐视，也是村民在归来后试图采用暴力强迫少年们对这一事实保持沉默的深层原因。也就是说，山谷村庄这一边缘空间本身即带有一种反抗中心权力的属性，虽然其采用的仍然是和国家一样的暴力手段。在此意义上，山谷村庄自然就具有了丰富的文化意蕴，它既是瘟疫横行之时感化院少年幸福的乌托邦世界，又是战争时期暴力交织的异托邦，还是反抗中心权力的边缘地带。通过对少年乌托邦建立与解体的描绘，大江控诉了战争对人的异化，以直观形象的空间艺术形式表现了战争时期日本人的思想状况。在这一点上，山谷村庄可以被视为一个空间关系网，它是战时日常现实之中存在的带有冲突性质的异域，是具有政治寓言性质的异质空间。

在《感化院少年》中，大江将战后自我重建这一精神空间融入山谷村庄这一场所之中，使之不仅成为叙事必不可少的场景，也体现了作家表意的叙事技巧。《感化院少年》中生死共存、意象丰富的山谷村庄既是感化院少年在瘟疫肆虐之时从被村民监视、压制中解放出来的伊甸园，也是一个村民归来后真相被掩盖的人性泯灭、伦理失常的世界。在这样一个世界中，村民这一他者对"我们"是一种威胁和禁锢，这种威胁与禁锢在感化院少年和村民之间竖立起一堵无形的墙。在此意义上，小说描写的象征监禁状态的山谷村庄这一意象背后，则是大江健三郎对存在主义意义上的主体自由选择、他者及世界的偶然性和荒诞性等哲学命题

---

① 小森陽一：「『芽むしり仔撃ち』——差別と排除の言説システム」、『国文学』1997 年 2 月臨時増刊号、33-34 頁。
② 大江健三郎：《感化院少年》，郑民钦译，见叶渭渠主编：《大江健三郎作品集 死者的奢华》，王中忱，李庆国等译，北京：光明日报出版社，1995 年版，第 120 页。

的小说化。大江不惜运用大量笔墨描写了山谷村庄严酷的生存环境，重点突出空间的压迫感，特别是设置了瘟疫的入侵，向读者呈现了带有原始意义的乌托邦转变为被暴力和死亡气息笼罩的异托邦的过程。

山谷村庄这一空间双重属性的设置，呈现了空间书写对小说主题的建构作用，小说通过对空间属性的变化，对洪水、瘟疫及人、动物死亡的描绘，意在向世人发出生态预警，呼唤现代理性的回归。地理空间属性的变迁呈现了成人世界的权力图谱，揭示了在这一排他性异质空间里，"我们"很难逃脱被歧视、被排斥的命运。《感化院少年》借山谷村庄这一反场所的乌托邦存在与异托邦的质疑本性前瞻性地表达了对日本战后政治体制的冷峻思索和深度审视。无论是乌托邦营造还是异托邦书写，都是大江介入现实、干预历史的一种手段，体现了大江对暴力的批判和恢复个人主体性的渴望。

## 第三节 空间的逃离：创伤书写与伦理诉求

从《感化院少年》小说情节发展来看，逃跑、逃亡贯穿了这部小说的始终。从小说第一句"因为两个伙伴半夜里逃跑了，害得我们一直到天亮也没出发"[①]到小说结尾"我咬着牙站起来，向着更加黑暗的树林、更加黑暗的草丛奔跑"[②]，首尾一致地展现了这一主题。

在前往山谷村庄的途中，"我们"看到了预备役士兵为寻找一个逃兵搜山的情景。逃兵的行为从某种意义上来说与感化院少年南等人的逃跑行为不同，显然是一种对国家权力的公然反抗。士兵坚信战争会以日本失败告终，认为"只要国家投降了，我就可以得到自由"[③]。但是，以逃跑形式消极抵抗战争的士兵最后被村民用竹枪扎破肚子交给了宪兵队，南二人的逃亡也以失败告终。在此意义上，逃亡可以看作是一种对严酷社会现实进行抗争的手段，是为自我生命寻找新

---

① 大江健三郎：《感化院少年》，郑民钦译，见叶渭渠主编：《大江健三郎作品集 死者的奢华》，王中忱，李庆国等译，北京：光明日报出版社，1995年版，第117页。
② 大江健三郎：《感化院少年》，郑民钦译，见叶渭渠主编：《大江健三郎作品集 死者的奢华》，王中忱，李庆国等译，北京：光明日报出版社，1995年版，第255页。
③ 大江健三郎：《感化院少年》，郑民钦译，见叶渭渠主编：《大江健三郎作品集 死者的奢华》，王中忱，李庆国等译，北京：光明日报出版社，1995年版，第218页。

的可能性的尝试。沈修卿指出,"'我'很难摆脱'支配'和'被支配'这一二元对立结构。因为这种'支配'和'被支配'结构无限交织在一起,即便二者关系发生逆转,'支配'和'被支配'这一结构也不会完全消失。'墙壁'就是那试图超越但却无法超越的'支配'和'被支配'的结构,是那由于错综复杂的二元对立关系的持续而无法超越的现实"①。现实的严酷使人生变得徒劳而失去意义。小说对从村民魔掌中逃出的"我"的现实处境并未提及,尽管逃离了山谷村庄,但"我"在战后这一精神空间之中是否获得了个人解放这一点也没有明示。也就是说,小说中的逃亡可以被看作是一种双重行为;它既可以被理解为一种逃避行为,又可以被理解为一种主体性求索精神。为掩盖村庄共同体曾抛弃感化院少年这一罪恶事实,村长和村民采用暴力手段使少年共同体噤声,但不屈服的"我"拒绝与村民同流合污。在这种非此即彼的二元对立面前,孤军奋战的"我"唯有逃亡。

我从心狠手辣的村民的魔爪中逃脱出来,在夜间的森林里疲惫奔逃。我不知道怎么办才能免遭杀害。我甚至不知道自己还有没有继续奔逃的力气。我现在不过是一个筋疲力尽、悲愤填膺、饥寒交迫的小孩。起风了。风中传来紧逼而来的村民的脚步声。我咬着牙站起来,向着更加黑暗的树林、更加黑暗的草丛奔跑。②

在小说结尾,大江并没有为"我"的逃亡赋予一种光明色彩。与屈服于村民暴力,为保全自身与村民共同体妥协的伙伴相比,"我"独自一人朝着村庄外部"更加黑暗的草丛奔跑"。在这一点上,大塚英志指出,与那些将战后说成是虚妄的人相比,大江更加激进,这体现在他准确地预见了战后政治状况的困境,还体现在他塑造了一个独自朝着"战后"这一"村庄话语"的外部迸发的少年这一点上。③《感化院少年》的结尾不像一般回忆体小说那样最终回到了叙述的现在,小说在"我"逃亡行为的进行之中戛然而止,犹如电影画面般给读者强烈的

---

① 沈修卿:「大江健三郎『芽むしり仔擊ち』——〈支配〉と〈被支配〉の関係を超えて」、『都大論究』2005年第42号、71頁。
② 大江健三郎:《感化院少年》,郑民钦译,见叶渭渠主编:《大江健三郎作品集 死者的奢华》,王中忱、李庆国等译,北京:光明日报出版社,1995年版,第255页。
③ 大塚英志:『初心者のための「文学」』、東京:株式会社角川書店、2006年、282頁。

震撼，暗示着苦难的继续。在此意义上，这部小说也可以被视为"我"讲述人生之难的创伤叙事。

从整体来看，这部小说基本上采用了回忆的"我"正在经历事件的眼光进行叙述，但叙述之中偶尔呈现了叙述者站在当下这一时点上的回顾性叙述。"这是杀人狂的时代。战争使集体的疯狂像永恒的洪水一样，泛滥在人类情感的各个角落、身体的全部毛孔以及森林、街道和天空。"①这一冷静而富有知性的叙述肯定不会出自一个少年之口，明显是叙述者"我"立足当下追忆往事的眼光，是站在已经回归到战后日常生活这一时间点上对战争这一集体疯狂进行批判的眼光。经历了战争苦难的"我"并没有将逃离山谷村庄后的时间空白纳入叙述之中，只是以过去正在经历事件的眼光，一味地强调自己是一个小孩。关于这一点，川边纪子认为，"'我'希望通过'被保护'同世界建立联系。而且，在这个'杀人狂时代'，感化院少年脱离了成人保护几乎就意味着'死亡'，这应该就是'我'自始至终都将自己定位于受保护的孩子这一愿望的根据"②。从另外一个角度来看，生活在战后的"我"希望自己能够保持童真，并利用这种童真来抵抗尔虞我诈的成人社会。因此，成年叙述者"我"的声音被仍为感化院少年的"我"的声音遮蔽，这一点充分体现了大江人物视角设定的深层动机。"只要将战后民主主义视点投射到战时，其作品世界必须描写在结构上带有幻想性质的封闭的内容。……为将战后视点架构于战时之中，必须要保持主人公的'童真'。那就是具体地将其设定为与战争无关。"③通过过去正在经历事件的儿童眼光，小说淋漓尽致地呈现了战时国家权力对人性的异化和戕害，加强了对战争和暴力批判的力度。

因此，《感化院少年》的"逃亡"叙事，浓墨重彩地将生存之难摆在读者面前，用心灵之坦诚激起读者从对战争的反思之中获某种思想的启迪。第一人称"我"这一聚焦自我精神空间的个体叙事模式，通过对生命不能承受之重的战时记忆的呈现，展现了个体饱受精神磨难、焦灼迷惘的精神世界，从而使小说淋漓

---

① 大江健三郎：《感化院少年》，郑民钦译，见叶渭渠主编：《大江健三郎作品集 死者的奢华》，王中忱，李庆国等译，北京：光明日报出版社，1995年版，第121页。
② 川辺紀子：「『芽むしり仔撃ち』論——子供であることを願う意志」、『白百合女子大学言語・文学研究論集』、2004年第4号、42頁。
③ 片岡啓治：『大江健三郎論—精神の地獄をゆく者』、東京：立風書房、1973年、108-109頁。

尽致地表现了战时国家权力对人性的异化和戕害。

面对苦难和残酷的生存环境，"我"的逃亡充满了无奈，因为无论怎样挣扎，都无法冲出权力的牢笼而改变自己的命运。《感化院少年》展示了充满苦难与挣扎的人生，体现了大江对现实生命存在的思考。《感化院少年》中"我"和南的"逃亡"反映了这种寻找精神家园的努力，但是从人物的生存境遇及由此所展现的人性来看，都反映了大江的失落，这也是小说没有一个光明结局的原因。

《感化院少年》中的空间逃离，既充满诱惑又充满悲剧性，它具有广阔的历史文化内涵，折射出20世纪50年代日本知识分子的深层心理焦虑，凝聚了大江对命运的沉思和对人生理想的探寻，具有强大的浓缩性和影响力。所以，逃亡不仅指向这一行为本身，更重要的是直指战后日本知识分子的生存状态和精神困境，这也是作家对现实紧张关系的一种表达方式。矶田光一指出，如果可以将《感化院少年》中呈现的童话世界说成是大江的"伊甸园"的话，那么，战后对他来说就是"失乐园"时代。① 也就是说，被从乐园中放逐出来的大江，站在社会和时代的边缘，通过逃亡向读者诉说战后长大成人的"我"那种矛盾、复杂、充满迷茫与困惑的内心世界，传达了战后一代知识分子内心的焦虑。站在弱小者"我们"一方的作家的边缘意识，成为他保持主体自觉和灵魂自由的一种写作心态。在此意义上，认为大江对"中心与边缘"的认识源于20世纪70年代与山口昌男文化人类学的接触这一观点就值得重新思考，在《感化院少年》中，这一认识的萌芽就已经出现，反映了大江试图利用这一结构来构建时代整体性的伦理诉求。

## 小　　结

从以上对《感化院少年》叙事视角、空间结构及逃亡这一主题的文化心理学分析可以看到，大江通过鲜活而感伤的第一人称回顾性叙事，使小说蕴含着一种刻骨铭心的生存之痛和对暴力强烈的控诉。同时，小说地理空间的设置体现了中心与边缘对立的权力关系构图，生动再现了主人公试图逃离现实生活，但又无法

---

① 矶田光一：「大江・江藤における伝統と近代」、『国文学：解釈と教材の研究』1971年1月号、85頁。

寻找到心灵的家园，精神时刻面临着分裂危险的生存困境。可以说，哀婉感伤的第一人称复数叙事和匠心独运的空间设置生动地表达了大江对战后现状的不满，再现了战后这一社会转型时期日本知识分子那种痛苦、内省和不断求索的灵魂。在逃亡主题和生存之痛的执着表达背后，是大江对个人解放的呼唤和个人主体性的执着追问。在此意义上，《感化院少年》的个体叙事使这部小说具有一种厚重的历史感，呈现出令人回味无穷的悲剧审美效果。

# 第二章

# 《个人的体验》的镜像叙事与身份认同

《个人的体验》（『個人的な体験』1964）是大江健三郎继同年发表的短篇小说《空中的怪物阿归》之后第二部以残疾儿出生为题材的作品。小说讲述了幻想去非洲旅行的日本青年鸟，得知刚出生的儿子脑部异常之后选择逃避现实，去旧情人火见子家中寻求精神慰藉。二人原本打算委托私人医生杀死婴儿后赴非洲旅行，但鸟却在最后关头选择了回归家庭与残疾儿共同生活。与前作《空中的怪物阿归》不同，在这部作品中，大江不再强调孤立的个体面对现实世界时所感受到的人生荒谬感，开始反思和批判那种绝对个人主义心态，尝试将个体的不幸升华为人类的不幸，进而使个人体验具有了更为普遍的意义。

在接受尾崎真理子的采访中，大江针对小说发表当时作家山口瞳"所谓体验，不全都是些个人性的东西吗？这是一个同义重复的题名"这一看法进行反驳，进一步阐释了自己对个人体验的理解。

在体验之中，存在着具有共通内容的人类普遍体验。通过人类共通体验书写出来的，我认为就是人类历史。历史中会出现只有作为个人才能体验到的完全孤立的体验。考虑到这一点，我创作了这部作品。我尝试将可能是普遍的体验，以一种完全特殊的形式作为紧贴个人的内容再一次重新审视。这是我创作这部小说的动机。于是，我塑造了鸟这一人物，同时也试图将其从自己身上脱离开来。①

通过对"个人体验"这一概念辩证的认识，大江尝试从人道主义角度来理解存在主义。在鸟看来，自己选择与残疾儿共生还是让其死亡决定着自己所有的价

---

① 大江健三郎：『大江健三郎　作家自身を語る』、東京：新潮社、2013年、106-107頁。

值,因此要对自己负完全的责任。正因为如此,鸟的人格成长始终处于自身之外的一个形成过程之中。阅读小说时,读者会不自觉地将主人公和大江的现实经历联系起来。然而,对《个人的体验》这样一部内涵丰富的作品来说,如果只根据作者现实生活的经历来阐述小说的话,就会忽略该作同样值得品味的地方。大江"我塑造了鸟这一人物,同时也试图将其从自己身上脱离开来"的发言也是在提醒读者,不能简单地将这部作品视作是反映作家经历的私小说。从整体来看,小说通过主人公鸟这一人物的人生体验,生动地表达了战后个体身份认同这一主题,而这一主题的达成,与小说的空间设置、动物隐喻有着不可分割的关系。

## 第一节 自我欺瞒的空间:"非洲"和"多元宇宙"

这部小说开篇就提到了鸟凝视非洲地图的情景。鸟眼中的非洲地图,犹如一面镜子映射出他内心的不安和暴力冲动。

非洲大陆很像是一位低眉垂首的男人的头盖骨。这位头颅巨大的男人,忧伤地俯望活动着考拉、鸭嘴兽、袋鼠的澳大利亚大地。地图下角那幅显示人口分布的微缩非洲图,颇似刚刚开始腐烂的人头;另一幅表示交通关系的微缩非洲,则是一个剥掉皮肤、露出了全部毛细血管的受伤的头颅。而这一切,都唤起一种血淋淋的暴死于非命的印象。①

从小说发表的 1964 年这一时间前后的世界政治形势来看,20 世纪五六十年代正值非洲民族解放运动蓬勃兴起时期,非洲先后有 30 多个国家获得独立。其中,被称为"非洲独立年"的 1960 年就有 17 个国家获得独立。第"二次世界大战以来非洲民族独立运动取得重大胜利,是对帝国主义在非洲殖民统治的沉重打击,加速了帝国主义殖民体系的瓦解。"②整个非洲因旧政治体制解体而孕育着新的可能性。与此同时,世界也因美国与苏联如火如荼的核军备竞赛笼罩着战争

---

① 大江健三郎:《个人的体验》,王中忱译,北京:光明日报出版社,1995 年版,第 2-3 页。
② 胡有萼:《二次大战后蓬勃发展的非洲民族独立运动》,《西亚非洲》1980 年第 3 期,第 35 页。

的阴影。岸信介内阁1960年与美国修订了《日美安全保障条约》①，进一步将日本捆绑在美国的战车上。鸟所感受到的非洲这一场所唤起的"血淋淋"的印象，与当时暴力遍布的时代背景不无关系。如同受伤的头颅般的非洲地图预示着之后鸟的孩子出生时脑部异常。在此意义上，脑部异常的婴儿的诞生又可以被视为时代的隐喻。小说一开始就利用头盖骨这一意象，将个体的不幸与世界危机笼罩的时代状况紧紧联系在一起。这也是火见子一听到鸟说孩子一出生就死了（鸟当时为了将事情简单化直接说孩子死了），马上就认为"大概是被核污染的雨影响的吧"②的主要原因。对鸟来说，非洲成了摆脱阴郁、封闭的日常生活，追求自我身份认同的新天地，是他通过在非日常生活中历练自己来寻找自我的一条重要途径。

笠井洁指出，《个人的体验》写的是20世纪的问题，即通过强迫自己做出坚持还是放弃的决定，瞬间莫名地解除了那种痛苦和强迫感，尖锐地颠覆了从全共斗贯穿至联合赤军的主题。这也是《个人的体验》中主人公鸟想去非洲的原因。"他去非洲的事情类似于马尔罗（法国社会活动家，主张介入政治的小说家和哲学家——笔者注）行动的理念。"③鸟很早以前就计划非洲之行，梦想着旅行结束后出版一本冒险记《非洲的天空》。他之所以幻想着去非洲，认为非洲体验可能就是专门为他而设的"一场战争"，是一场确定自我身份之旅，冒险记《非洲的天空》就是自我身份认同的标志。非洲之旅成为鸟在非日常生活中历练自己、寻找自我的一条重要途径。探望尚在住院的妻子时，面对妻子"你是即使牺牲自己仍然会对孩子负责的人吗？""你是重视责任、勇敢坚强的人吗？"这些问题时，鸟做了如下自我诊断：

如果我曾经参加过战争，那我可以明确回答，我勇敢还是不勇敢。鸟屡屡这样想。在和人吵架斗殴之前，在参加考试之前，他都想过，结婚之前也考虑过。而他为自己一直不能准确回答而深感遗憾。他之所以想在非洲及日常生活的风土

---

① 在1952年9月8日召开的旧金山和会上，日本首相吉田茂和美国代表艾奇逊签署了《日本国和美利坚合众国之间的安全保障条约》（简称《日美安全保障条约》或《安保条约》），从而将日本置于美国的保护伞下。1960年1月19日，日本首相岸信介和美国总统艾森豪威尔签订了《日本国和美利坚合众国共同合作及安全保障条约》（通称《日美新安保条约》或《新日美安全条约》），条约于1960年6月23日双方互换批准书后生效。《日美安全保障条约》的签订和改订，均遭到了日本人民的反对，在日本国内掀起了声势浩大的安保运动。
② 大江健三郎：《个人的体验》，王中忱译，北京：光明日报出版社，1995年版，第47页。
③ 柄谷行人，笠井潔：「対談 大江健三郎について「終り」の想像力」、『国文学』1990年7月号、45-46頁。

里考验自己,也是因为他觉得那可能是专为自己而设的一场战争。不过,鸟觉得现在没有必要考虑战争,也没有必要考虑非洲之旅了,他已经清楚自己是一个不足信赖的卑怯的类型。①

可以说,鸟这一形象和大江《迟到的青年》(1960)中描绘的那种因战争结束而无法成为战斗英雄的日本青年一脉相承。这类青年从小受军国主义思想毒害,幻想着有一天能走上战场杀敌报国,但却因战争结束无法实现自我价值而产生一种深深的挫败感。残疾儿的出生更是彻底打破了鸟通过非洲冒险实现自我个性发展的幻想,使他认识到非洲探险只是自己逃避现实的借口而已,当下的自己是深陷自我欺瞒之中的"卑怯的类型"。

但非洲对火见子来说,并不是一种寻求自我身份认同的冒险之旅,而是改变生存状态的一丝希望。火见子在丈夫死后将自己封闭起来,无论冬夏总是白天躺在阴暗的卧室里,每天黄昏后出门。空间的封闭性象征着火见子的精神状态,火见子的房间"是封闭内心、隔绝外在联系的象征"②。鸟带着非洲地图和非洲作家的小说来到火见子住所后,打破了这一空间的封闭性,二人都发生了变化。鸟的非洲热已经转移到火见子身上,"就连看看非洲的地图,读读非洲人的小说也没兴趣"③,放弃了自己形而上的追求。与之相反,火见子开始对非洲地图和非洲作家的小说产生兴趣,并着手计划卖掉房子去非洲,在某种意义上可以说她开始主动尝试摆脱丈夫自杀的阴影,走出封闭的空间追求新生。当火见子告诉鸟这一计划时,鸟对非洲的幻想开始发生逆转。

现在,在眼前就有个非洲!鸟想,在他的脑海里浮现出来的只是荒凉的唤不起热情的非洲。在他内心非洲如此黯然失色,是打他对非洲怀着最初热情的少年时代以来的第一次。寂寞地伫立在灰色的撒哈拉沙漠的那个自由的男人,他在东经一百四十度的蜻蜓型的岛上杀死婴儿逃亡到这里。他在整个非洲转来转去,就

---

① 大江健三郎:《个人的体验》,王中忱译,北京:光明日报出版社,1995年版,第113页。
② 夏怡:《从"自甘堕落"到"自我救赎"——解读大江健三郎〈个人的体验〉》,《华西语文学刊》第六辑,第193页。
③ 大江健三郎:《个人的体验》,王中忱译,北京:光明日报出版社,1995年版,第133页。

像一匹野猪捉不住一匹愚蠢的地鼠，茫然地站在撒哈拉大沙漠上发呆。①

在此，鸟脑海之中清晰浮现出自己为逃避残疾儿而踏上非洲之行的荒凉。鸟脑海中浮现的场景，暗示着另一空间可能发生的事件在现实中的出现。从某种意义上来说，鸟脑海中幻想的非洲荒凉的场景与火见子所说的多元宇宙具有共同之处，均可以被视为逃避现实的幻想空间或者说与现实相应的另一种可能性。

围绕着一个人，恰恰像离开树干的枝叶一样，跳跃着各种各样的宇宙呀。我丈夫自杀的时候，也有过这样的宇宙细胞分裂。我一方面留在了死去的丈夫的宇宙里，而另一方面呢，在丈夫仍然活着的宇宙里，另一个我仍在和他一起生活着呢。一个人年轻猝死，他死后置身的宇宙，和他仍然活着的宇宙，构成我们周围的世界，而这世界则不断地增殖运动着。我所说的多元宇宙，就是这样的意思呀。②

从以上火见子的解释来看，"多元宇宙"是一个多样的可能世界。早在1957年，美国普林斯顿大学博士埃弗雷特在其博士论文《宇宙波函数理论》中就从宇宙学的视角入手对量子力学形式体系进行了"无塌缩解释"，认为在量子测量过程中，并无所谓的"塌缩"，所有可能态共存，具有同等的实在性，每一种可能性都实现在一个个不同的宇宙中。"经过反复曲折的发展，以埃弗雷特的相对态解释为原型的多世界解释目前已经显示出其强大的生命力和合理性，且在经验和理性对话的平台上为量子力学发展迈出了重要的一步。"③平行世界（多元宇宙）这一观点虽然只停留在理论层面，但在文学艺术层面却为作家、艺术家的创作提供了理论支持。在这部小说中，火见子所说的"我丈夫自杀的时候，也有过这样的宇宙细胞分裂"很明显受到了这一科学话语的影响。鸟在火见子提到"多元宇宙"这一问题时，将之视为火见子为了不把死看成是绝对无可挽回的东

---

① 大江健三郎：《个人的体验》，王中忱译，北京：光明日报出版社，1995年版，第160页。"蜻蜓型"应作"蜻蜓形"。
② 大江健三郎：《个人的体验》，王中忱译，北京：光明日报出版社，1995年版，第53页。
③ 贺大平，卫江：《经验与理性：在量子诠释中的嬗变——关于〈量子力学多世界解释的哲学审视〉的进一步阐释》，《科学技术哲学研究》2012年第1期，第25页。

西而设计的"心理骗术"①。在这个意义上,火见子的多元宇宙本身带有自欺色彩。大江借人物之口将多元宇宙这一概念引入文本,既展现了人物自我欺瞒的生存状态,也呈现了这部小说的结构原则,即关于火见子和鸟的叙事构成了一种平行对照关系。鸟在半梦半醒中感受到自己的身体与火见子自杀的丈夫的重合这一场景很好地体现了大江在情节设置上的匠心。

  鸟那被睡意侵入因而迟钝空虚、像蓄着温水似的脑袋里,浮现出这样的构想。那个青年,就是在这房间,并且,就是蹬着这张床缢死的,和现在躺在这里的鸟一样赤身裸体。(中略)在刚入睡时浅淡的梦境里,鸟把死去的青年和自己视为一体。他意识清醒的部分,感觉得到火见子轻轻在自己身上擦汗的手,而在梦里,(中略)。我就是那死去的青年。②

  一般认为,梦境和现实是两个独立的、互不隶属的平行世界。在此,现实和梦境重合,二者交替往复,令当事人眼花缭乱、真假难辨。可以说,鸟将自己和火见子自杀的丈夫一体化,体验了两个不同的宇宙。鸟的梦境和客观世界密不可分。"可能世界理论虽然预设了现实世界的中心地位,但这并不意味着现实世界就是单一而确定的。实际上,当代批评理论正逐步瓦解现实的稳定性。对德勒兹而言,虚拟世界(指记忆、梦境等而不是技术意义上的)同现实世界一样是真实的,但并非所有的虚拟都能成为现实。虚拟之所以是真实的,是因为虚拟能够对现实产生影响。这就为各种世界之间建立一种替代性关系提供了基础。"③在此意义上,梦境这一可能世界必然会对鸟在现实世界中的存在产生影响,梦境和现实正如以上引文中鸟的感受所体现的那样,正处于一种相互抗争的混沌之中。

  多元宇宙这一精神空间设置本身就体现了大江探索现代个体存在的创作动机。在存在主义哲学中,选择本身被视为问题。选择是自由的且无处不在。如果从时间维度来看这一存在主义认识的话,可以说人的选择具有未来指向性。多元宇宙学说与之相反,将过去的选择及未被选中的另一种可能性推向了前景。即便

---

① 大江健三郎:《个人的体验》,王中忱译,北京:光明日报出版社,1995年版,第55页。
② 大江健三郎:《个人的体验》,王中忱译,北京:光明日报出版社,1995年版,第101—102页。
③ 张新军:《可能世界叙事学》,苏州:苏州大学出版社,2011年版,第32页。

如此，多元宇宙中也必然存在着伴随着选择而来的责任问题。鸟最终选择了承担家庭责任，放弃了非洲幻想。在做出这一抉择时，鸟脑海中浮现出了另一番景象：

> 鸟微微闭上眼睛，几天前，去非洲的桑给巴尔的货船浮现在他的脑海里，杀死了婴儿的鸟代替了那个坐在船上火见子身旁的少年男子乘坐在那只船上，用力地眺望着诱惑的地狱。在火见子所说的另一个宇宙上，照理说不定也会有如此的现实展开呢。然后，鸟又回到了他自身所选择的这一宇宙的问题上来。他睁开了眼睛这样说。①

在此，鸟已经走上与残疾儿共生的道路这一点已经无法动摇。但是，闭上眼睛，他就会看到另外一个宇宙中的自己。而且，那是现在仍旧充满诱惑的地狱。也就是说，鸟并没有忽视未被自己选择的以另一种可能性生活的自己——作为罪人的自己。

石桥纪俊分析了火见子名字的出典与《风土记》的关系，认为这一人名代表着在混沌与秩序或者说生和重生之间展开的神话符号。同时，阿摩斯·图图欧拉的小说《我在幽鬼森林里的生活》所描绘的主人公数次与死亡擦肩而过但却有惊无险的幽鬼森林世界与火见子的多元世界想法相似，"对火见子而言，与鸟同居，一方面是陪鸟度过等候婴儿死去消息的一段艰难时光，实际情况却是'火见子'在阅读鸟带来的阿摩斯·图图欧拉小说的过程中沉醉于小说中的一段时间。在这一过程中，非洲对'火见子'来说，是以将'多元宇宙'和神话源头合一的越界性的新的场所出现的。因此，火见子必须要去非洲"②。在小说结尾，火见子和鸟最终交换了二人拥有的精神空间——火见子毅然卖掉房子去了孕育着精神救赎可能的非洲，将自己在封闭小屋里思考的多元宇宙留在了鸟的心中。在此，非洲和多元宇宙随着男女主人公的人生选择属性发生了变化，非洲成了火见子精神救赎的空间，多元宇宙成了鸟反思自我的参照。《个人的体验》关于鸟和火见子的叙事呈现出平行的镜像式结构，也预示着两人无法结合的爱情悲剧。

---

① 大江健三郎：《个人的体验》，王中忱译，北京：光明日报出版社，1995年版，第185页。
② 石橋紀俊：「大江健二郎『個人的な体験』論——〈赤〉色・身体・間-テクスト性あるいは事前性」、『論樹』1995年第9号、133頁。

## 第二节　动物比喻、镜像与身份认同

　　除了利用"非洲"这一地理空间和"多元宇宙"这一精神空间表现人物的性格发展之外，《个人的体验》还利用大量的比喻表现人物的生存状态。利泽行夫指出："称之为自我牧歌的初期作品自不用说，若是提到像《个人的体验》这样的作品，几乎是在每一页，人物根据时间不同就成了不同的动物（有时候是虫子）的意象。"①的确，对小说中的比喻进行梳理后不难发现，文中大量的动物比喻喻体自成体系，构成了神秘的"非洲动物园"。比如，鸟看到的书店工作人员"手指像缠绕在灌木丛里的变色蜥蜴的四肢一样粗鄙"②；医院院长"胸部像骆驼背一样须毛浓密"③；等等。鸟眼中呈现的动物比喻匠心独运，充分体现了非洲幻想在其现实生活中的投射。大江之所以选用非洲动物为喻体，是基于对主人公非洲冒险与现实考验相似性的认识，充分展现鸟犹如通过仪礼般的现实考验。大量的动物比喻体现了大江对自然生命形态的回溯，蕴含着强烈的主体反思意味。通过以不同动物为源域，大江映射了鸟的生存境遇及其尚未体验的非洲世界。动物比喻随着人物的性格发展富于变化，不仅生动形象地强化了主人公的性格特点，也是呈现主人公身份认同过程的重要手段。小说大多数情况下多用处于弱势的小动物、海洋生物、虫子来形容鸟。鸟这一绰号本身就是关于其容貌、性格的隐喻，体现了他消极的边缘生存状态，但当他积极面对生存困境时，其形象又被比喻为勇猛的动物。如在反抗不良青年的围堵时，鸟"对着年轻人的腹部牛似的冲撞过去"④；在接到医院通知婴儿异常的电话时，鸟骑上自行车，"像一匹发怒的烈马，蹄下砂土翻腾，从树篱间穿过，奔向柏油马路"⑤。透过动物与人类世界的比喻映射，大江生动描绘了小人物现实存在的荒诞感，凸显了现代社会中小人物的滑稽生存图景，充分体现了现代个体闭塞生活状态下的精神面貌。

---

① 利沢行夫：『戦後作家の世界』、東京：荒地出版社、1971年、12頁。
② 大江健三郎：《个人的体验》，王中忱译，北京：光明日报出版社，1995年版，第4页。
③ 大江健三郎：《个人的体验》，王中忱译，北京：光明日报出版社，1995年版，第21页。
④ 大江健三郎：《个人的体验》，王中忱译，北京：光明日报出版社，1995年版，第16页。
⑤ 大江健三郎：《个人的体验》，王中忱译，北京：光明日报出版社，1995年版，第19-20页。

与动物比喻对人物性格发展的镜像表达一道，小说还借助具体的镜中场景塑造人物。镜子及具有投射和映照功能的物体如眼睛多次出现在情节发展之中，构成了一系列镜子意象组合，推动着情节的发展，深化了小说的主题意蕴。

  他看到了宽大而暗淡的玻璃窗里映现出来的自己，看到了正以短跑运动员的速度衰老下去的自己。鸟，他二十七岁零四个月。他被人们叫作"鸟"，是十五岁时候的事。从那以后，他一直是鸟；现在，在装饰橱窗玻璃暗黑如墨的湖水里死尸般漂浮的他，也仍然形状如鸟。（中略）鸟十五岁就是这副模样，长到二十岁，仍然如此。他这副鸟样子会延续多久呢？他是那种从十五岁到六十岁都容颜不变、身姿不改的人吗？倘若如此，那么，现在鸟从装饰橱窗玻璃看到的，就是凝缩了整个生涯的自己。①

  在《个人的体验》中，玻璃橱窗、镜子、人的眼睛等具有反射、映照功能或通过感知现实来进行自我映照功能的物体构成了一系列镜子意象组合，具有深刻的寓意，承担着重要的叙事功能。拉康认为，镜像是指六个月至十八个月的儿童逐步能够在镜中辨认自己身体的形象，把自己的真实身体和镜中自我相认同，从而完成自我的同一性和整体性的身份认同过程。鸟通过橱窗玻璃看到自己的形象，觉得自己从十五岁至二十岁都没有变化，甚至觉得自己一生都没有成长性，产生了一种自我厌恶。也就是说，橱窗玻璃（镜子）犹如一个呈现前世今生的魔镜，凝缩了鸟一成不变的性格特质。镜前的自我明显与镜中的形象产生了分裂，感受到自我厌恶的现实中的"我"必然会试图进行重塑。"照镜子时并不是自己注视自己，而是镜子在注视你，将它的法则强加于你，作为规范工具衡量人对上流社会的风尚法典的遵从程度。对自身映像即人的可见的外在体现——我可见故我在——的意识，自我意识起初是与之同时产生的。身份的确定要通过外形、角色、认同，决定着主体地位的建立。"②对鸟来说，镜像不过是一个虚幻的自我，一个通过想象的叠加而构建起来的虚假自我，是可以改变的自我。鸟去见岳父之前在理发店的镜子中很好地观察了伪装了的自己。

---

① 大江健三郎：《个人的体验》，王中忱译，北京：光明日报出版社，1995年版，第5-6页。
② 梅尔基奥尔-博奈：《镜像的历史》，周行译，桂林：广西师范大学出版社，2005年版，第113-114页。

鸟说着，从椅子上下来，在镜子里，他看到自己刮过的脸宛如正午的海滨那样阳光灿烂。头发确实乱蓬蓬的像团枯草，但尖尖的脸颊和下颚却像红鳟鱼肚子一样红扑扑地闪着光泽。凝滞如胶的眼睛里目光炯炯，僵硬的眼睑变得柔软而有弹性，甚至一向痉挛的薄嘴唇也不抖动了。与昨天晚上在书店装饰橱窗里看到的肖像相比，这是一个年轻而充满活力的鸟。鸟想，去见岳父之前，先来理发店，还是对了。他感到一种深深的满足。不管怎么说，鸟自黎明以来一直向负面倾斜的心理天平，现在终于可以加上一点儿正面因素。①

《个人的体验》中的镜子意象很好地体现了鸟对自己的认知：镜前的自我与镜中的形象、心中的镜像不可能完全同一。从这个意义上说，鸟犹如绰号所昭示的那样仍处于自我尚未确立的镜像阶段。镜像阶段是一个自欺的瞬间，是一个由虚幻影像、镜像引起的迷恋过程。因此，人通过镜像阶段确立起自我，但是这个自我确立的过程却有着自欺的成分。小说中镜像的大量出现，与主人公的身份认同问题密切相关。也就是说，站在镜子前的鸟，无法在现实社会中寻找到自我，幻想去非洲冒险验证自我，是一个自我认证出现了问题的人。

鸟这一绰号突显了主人公的自然属性。即鸟尚处于一种如孩童般单纯的状态。川本三郎以包含《个人的体验》在内的大江早期作品为例指出其小说主人公性格特征。这些主人公"宛如初次乘坐拥挤电车的孩子，吃惊于那种压倒性的身体气味和人的气息，红着脸怯生生地请求谅解那种状况下的夸张。换句话说，就是那种对习以为常的'成人'来说不足挂齿、理所当然的事情在大江笔下会以一种幼儿性的夸大的被害感觉所把握，犹如整个世界都变成一个充满恶意的硬块朝向自己袭来"②。可以说，这在某种程度上包含了作家对执着于社会现实和政治现实这一态度本身的讽刺意味。鸟的幼儿性为从镜像理论角度分析鸟的精神生态提供了一个视角。的确，大江将视点设置在鸟身上，不可避免地打上了作者本人的个性气质和所处时代的烙印，更像是他的思想感情得以尽情展现的客观对应物。鸟的视角，也体现了大江像鸟类那样站在高处俯瞰生活，将对个体生命的观

---

① 大江健三郎：《个人的体验》，王中忱译，北京：光明日报出版社，1995年版，第37-38页。"红鳟鱼"应作"虹鳟鱼"。
② 川本三郎：『同時代の文学』、東京：冬樹社、1979年、27頁。

照,不仅放在广阔的时代背景之下,而且还将之与人类漫长的历史、头顶的天空联系在一起。这种观照视角,让个体和社会之间的分歧无限缩小,因为二者在此视角下都变得微不足道,从而使个体与社会的调和成为可能。

小说多次出现鸟在玻璃或镜子前面或通过他人的眼睛窥视自我映像的场面,充分体现了鸟对自我映像的迷恋。来到医院的特殊婴儿监护室看望孩子时,鸟从镜子中看到了自己的模样。

护士在身后关门的当儿,鸟在挂在门口柱子上的镜子里,看到了自己的面孔。额头和鼻子上都浮着油汗,嘴半阖半张着喘气,还有自我封闭式昏暗的眼睛,完全一副色情狂模样。鸟厌恶地移开自己的目光,但这面孔已经深深地印在了他的眼睛里。我将不断受这一面孔记忆的折磨吧。鸟灼热的脑袋里,掠过这样的预感。①

通过镜子,鸟再次确认了"自我封闭"的一面。也就是说,鸟一直生活在与他人关系的隔绝之中。同样,"色情狂模样"体现了鸟与火见子最初的关系纯粹出于性本能。也就是说,鸟一直是一个自我执着之人。在鸟因残疾儿的出生精神倍受打击,来火见子家寻求性的安慰时,他脑海里甚至浮现出如果性爱失败就要杀死火见子的念头,这一暴力幻想引起了他强烈的身体反应,"微微暖热起来的内脏被自己的一个念头吓得战栗不已"②。可以看到,这一描写反映了鸟已经开始意识到自己潜意识中存在的自我执着,并为他下一步的自我反思、自我重建做好了思想铺垫。

拉康指出,匮乏的出现、对匮乏的想象性否认和欲望的产生是形成"镜像阶段"的前提。小说自始至终没有提及鸟的母亲,可以说母亲的缺席伴随着鸟的成长过程。或许大江有意这样设置,为鸟人格的发展和当下自欺人格的形成埋下伏笔。鸟六岁时向父亲提出了自我存在之问:"爸爸,出生前的一百年,我在什么地方?死后一百年,我又在什么地方?爸爸,死了以后,我会变成什么呢"③,却遭到父亲的一顿暴打而忘记了死之恐怖。在父亲这一镜像的强行介入下,鸟的主体性被阉割,从而将父亲作为自己的认同对象。如果根据小说的出版时间1964

---

① 大江健三郎:《个人的体验》,王中忱译,北京:光明日报出版社,1995年版,第80页。
② 大江健三郎:《个人的体验》,王中忱译,北京:光明日报出版社,1995年版,第59页。
③ 大江健三郎:《个人的体验》,王中忱译,北京:光明日报出版社,1995年版,第128页。

年 11 月和鸟的年龄 27 岁、苏联核试验等时代符号来推算的话，鸟应该出生在 1937 年左右，六岁时应为 1943 年前后，正值第二次世界大战进入日本军队节节败退的后期阶段。书中提到的鸟的父亲用第一次世界大战时德国军人使用过的手枪自杀这一信息本身就具有象征意味。拉康认为，个人主体发生和发展的过程可分为现实界、想象界、象征界三个层面。现实界是指婴儿无法区分自己与满足自己需求的客体的阶段；想象界是指婴儿镜像阶段具有"想象的自我"，但尚不具有构建真正主体能力的层面；象征界则是想象的主体向真实主体过渡的阶段。"进入象征界才标志主体的演化跃入了一个转折点。象征界的主要代表是父亲：有鉴于象征界存在于主体之前，主体还未出生就已落到符号的支配之下，而成为自己的名字和自己家族的姓的拥有者，象征界势所必然便同父亲联系起来。"①在小说中，母亲的缺席使鸟自然将与自己最亲近的父亲视为镜像。父亲是一个专制的暴君式家长。鸟的主体在其影响下开始变异，以自己的身体为媒介形成了投射着暴君式父亲影像的镜像。鸟陷入我是他者这一状况之中，主体被外部镜像异化而无法走出自我执着的怪圈。

……开始，鸟还感觉到火见子的存在，但在反复失败的过程中，鸟觉得自己似乎是被一种低低的滑稽声响和奇怪的味道嘲弄了，他起而反驳，渐渐地，除了极端利己的自我执迷，他感觉不到其他的存在。他已经忘记了火见子，一旦感觉到了自己的成功，他立刻匆忙地全身心投入。（中略）鸟的脑海里不断地闪现出这样一些片断念头。这是达到欢乐高峰前的混乱。②

在镜像阶段中，主体在后期还进入对自己镜像的迷恋状态。鸟在镜像阶段中已发展为自恋的状态，他不愿在女人的眼睛（镜子）中看到自己性爱时的表情，一直处在将他者的存在置于身后的"自体爱"状态中。也就是说，鸟迷恋的是在他内心深深刻有父亲镜像的自己，他自恋着变异后的自我，试图以父亲式的暴力控制火见子。然而，在与火见子真诚的身体交流中，鸟开始包容他者，重视与他者的关联，进而从自我欺瞒中解放出来，获得了主体的成长。在和火见子这一他者逐渐深入的交流中，鸟开始认识到自己的变化。

---

① 陆扬：《精神分析文论》，济南：山东教育出版社，1998 年版，第 155 页。
② 大江健三郎：《个人的体验》，王中忱译，北京：光明日报出版社，1995 年版，第 98-99 页。

鸟承认自己受了火见子的影响。现在，正是他在火见子的帮助下，越过了恐惧感的时刻。鸟想，过去自己曾经有过性交之后，以如此纯真的心情与女人谈话的经历吗？性交以后，包括和妻子的性交，鸟常常要和自我怜悯和厌恶感搏斗。鸟把这对火见子说了，不过没有直接涉及自己的妻子。①

鸟的主体被父亲这一他者阉割，再加上战争结束，他无法获得自己的主体性，无法实现自我，从而生活在自己构筑的想象界中。在和火见子的交流中，他开始反思自己。可以说，通过和火见子真心的交流，鸟获得了自我反思的机会。

鸟自从到火见子家来后，总是固执地以自我为中心来行动，感觉火见子也只是他自己意识世界的一个细胞存在。我为什么毫无理由地确定自己有那样绝对的权利呢？我成了个人不幸的蚕蛹，眼中只看到不幸的蚕蛹的内心活动，连蚕蛹自身的特权都没有怀疑……②

至此，鸟已经觉察到自己思想上发生了很大的变化，开始思考自己与他者的关系，而这一反思的瞬间，是一种自我认证、自我确立的标记。同时，鸟发现，过去曾和自己斗殴的一群年轻人根本没有认出他来，进而间接地借助这些人的目光发现了全新的自己。同时，岳父"你和你那有点孩子气的外号鸟已经不相称了"③这一对鸟的肯定和确认，使他最终获得了自己的身份认同。

鸟等着围着婴儿热心地边走边谈的女人们跟上来，他朝妻子怀抱着的儿子的脸望去，鸟想在婴儿的瞳孔里看到映照在上面的自己的面影。婴儿的瞳孔澄清的深灰色镜面上，映现出了鸟的影子。可是婴儿的瞳孔太微细了，鸟无法细微地辨识自己的新面容。回到家后，我要先照照镜子，鸟想。④

在此，希望在新的他者（婴儿）眼中看到全新自我的那种喜悦暗示着其身份

---

① 大江健三郎：《个人的体验》，王中忱译，北京：光明日报出版社，1995年版，第101页。
② 大江健三郎：《个人的体验》，王中忱译，北京：光明日报出版社，1995年版，第148页。
③ 大江健三郎：《个人的体验》，王中忱译，北京：光明日报出版社，1995年版，第186页。
④ 大江健三郎：《个人的体验》，王中忱译，北京：光明日报出版社，1995年版，第186页。

认同之旅告一段落。运用镜像理论对鸟的心路历程进行分析可以发现，《个人的体验》就是一部描写鸟这样一个具有生物特征的自然人如何获得个人身份认同的故事。换句话说，是讲述日本战后一代青年如何认识"我"这一概念、如何建构自我这样一个带有强烈伦理色彩的故事。作为一种给予主体定位的象征物，小说中的比喻和镜像描写映照出鸟艰难的自我追寻之路。小说的镜像叙事反映了人物性格的发展和变化，极大地推动了故事情节发展，对小说主题建构起到了不容忽视的重要作用。

## 第三节　从逃避现实到回归家庭的伦理叙事

在这部小说中，鸟和火见子都是带有严重精神创伤的人物。鸟一直对生活不满，又因残疾儿诞生深受打击；火见子结婚一年后，丈夫自杀。团野光晴指出，"通过火见子的经历，可以看到都市中产阶级意识形态暴力造就了她成为娼妇的悲剧过程，她丈夫自杀的不幸，不用说也是这个原因造成的"[①]。在这个意义上，火见子对鸟的性安慰，可以说是一种自我精神救赎。不过，如果采用文学伦理学方法上的斯芬克斯因子来客观评价人物的话，似乎更能全面分析大江在人物塑造上的匠心。聂珍钊指出，斯芬克斯因子是由人性因子与兽性因子两部分组成，这两种因子有机地组合在一起；人性因子是理性意志的体现，兽性因子则源于人的动物性本能；一个人如果兽性因子过度膨胀，将会变得不能自控也不能他控，最终陷入伦理混乱甚至走向毁灭。[②]我们可以看到，火见子并非纯粹意义上的妓女，因为火见子在二人交往中并未对鸟提出任何物质或经济上的要求。从男女关系角度来看，火见子颠覆了传统社会中男性拯救女性的传统模式，客观上发挥了对鸟进行精神拯救的作用。但是，火见子为了能和鸟一起去非洲，设法要杀死婴儿，在这一点上可以说是兽性因子的爆发和失控。在火见子身上，兽性因子的失控主要表现为情欲的放纵，进而导致了家庭的危机，丈夫的自杀。火见子和鸟一样一直生活在对丈夫之死的内疚中，生活在"多元宇宙"这一自欺的想象

---

① 團野光晴：「『個人的な体験』試論」、『金沢大学国語国文』1996 年第 21 号、109 页。
② 聂珍钊：《文学伦理学批评：伦理选择与斯芬克斯因子》，《外国文学研究》2011 年第 6 期，第 1 页。

中。小说通过二人共同的大学同学——女节目主持人道出了二人精神问题的所在。

"只是呆呆等待自己的孩子在远方的那家医院喝着糖水慢慢衰弱死去,这不是最不可取的状态么?鸟,自我欺骗,不可靠,不安宁!你不就是因为这些而日渐憔悴么?不只是你,火见子也瘦下来了呀!"①

萨特认为,自欺是一种被规定的态度。"这种态度对人的实在是根本的,而同时又像意识一样不是把它的否定引向外部,而是把它转向自身。这态度在我们看来就应该是自欺。"②鸟和火见子均利用自欺来逃避现实,逃避自己的价值选择和道德责任。鸟遭受父亲暴力的童年经历早已让他学会以消极自欺的态度来回避死亡,成年后为回避现实问题而放弃自我,生活在自欺之中。在鸟最终决定接受残疾儿,受到岳父"敢于面对这个不幸,打赢了这一仗"③的称赞时,鸟这样回答,"可在现实生活中生活,最终只能被正统的生存方式所强制的。即使想落入欺瞒的圈套之中,不知什么时候,又只能拒绝它。就是那样吧"④。在说这句话时,鸟内心存在着一丝无奈。由此可以看到,鸟对选择回归家庭这一正统生活心有不甘。在这个意义上,"我们在主人公的语调中感受不到穿过漫长黑暗的隧道,终于走到广袤的蓝天下那种明朗的肯定感和解放感,其无可奈何、迫不得已的感觉反而更为强烈一些。我们不应将它等同于好莱坞戏剧性的喜剧结局"⑤。虽然大江对鸟回归正常的家庭伦理持肯定态度,但大江的工作恰恰是要揭穿鸟接受残疾儿回归家庭这一"道德假面",揭示人心理深处的阴暗本质,还原人性固有的复杂性。鸟与火见子分手的场景充分体现了这样一种伦理可能。

"我突然插进你家,居然这样专横,还没有觉得那是不自然的。"鸟走进客厅对火见子说。

---

① 大江健三郎:《个人的体验》,王中忱译,北京:光明日报出版社,1995年版,第128-129页。
② 萨特:《存在与虚无》(第3版),陈宣良等译,北京:生活·读书·新知三联书店,2007年版,第78页。着重号为原文所有。
③ 大江健三郎:《个人的体验》,王中忱译,北京:光明日报出版社,1995年版,第185页。
④ 大江健三郎:《个人的体验》,王中忱译,北京:光明日报出版社,1995年版,第185页。
⑤ 松原新一:「危機ののりこえ方——大江健三郎の文学」、佐藤泰正編:『戦後文学を読む』、東京:笠間書院、2007年、60-61頁。

"你道歉吗？"火见子完全恢复了柔和的表情，嘲笑着鸟说。

"想一想，我在你的床上睡，吃你做的饭，并没有任何拘束你的正当理由，在你家我的心情无拘无束相当舒畅。"

"你要走？鸟。"火见子不安地说。

鸟注视着火见子，一种有如宿命感的东西使他震惊。如此和自己能合得来的外人，不可能在别的地方再遇到吧。鸟品尝到一种依恋的痛苦。①

通过与火见子共同生活，鸟认识到以自我为中心的自己。此时，鸟发现自己爱上了火见子。在这个意义上，这部作品描写了爱的价值的再发现和个人自我身份认同之间的矛盾。鸟在之前只执着于自我的存在状态，他从心理上疏远、冷淡妻子，非常清楚自己没有火见子那种带有牺牲式的爱。《个人的体验》描绘了鸟与火见子无法结合的男女关系背后鸟的自我执着。火见子对这点似乎有着清醒的认识。"鸟，你不会离婚，而会拚命为自己辩解，极力抹平问题，重建你们夫妇的生活。离婚这样的决断，不是你这样自我欺骗中毒者所能做出的，鸟。并且，你最终也不会得到鸟夫人的信任，自己也会从自身的私生活中发现欺骗的阴影，然后便会自我崩溃呀。鸟，不是已经出现自我崩溃的兆头了吗？"②可以说，火见子预见到了鸟最终回归家庭这一结局。虽然鸟对情人火见子产生了爱，而自己同时也被对婴儿弃之不顾的罪意识深深折磨。尽管两人深爱着对方，但是面对无法逃避的责任与现实，最终选择回归各自的生活。将鸟的经历放在弗洛伊德本我、自我、超我这一人格结构论中来看的话，小说的主要故事脉络就是主人公带有本能倾向的本我与拥有批判和道德功能的超我相互博弈的过程。这一过程表现为爱情与责任的博弈，鸟勇于承担家庭责任的选择意味着超我战胜了本我，也意味着个体的精神成长和身份认同的达成。

高桥由贵指出，"小说结尾决定避开'欺瞒'的鸟的位相并不能直接作为'成长''变化'来接受。毋宁说，他置火见子的哭泣于不顾，只回应了婴儿的声

---

① 大江健三郎：《个人的体验》，王中忱译，北京：光明日报出版社，1995年版，第148-149页。
② 大江健三郎：《个人的体验》，王中忱译，北京：光明日报出版社，1995年版，第129-130页。"拚"应为"拼"；"辨解"应为"辩解"；"不是你这样自我欺骗中毒者所能做出的"应为"不是你这样习惯自我欺骗的人做得出来的"。

音"①。小说中另一人物菊比古批评鸟和七年前没有变化。眼前对火见子的哭声充耳不闻的鸟,与之前置弱者菊比古的哭声于不顾而固执于自我行动的鸟毫无二致。毋宁说《个人的体验》存在着拒绝单一解释的复杂结构。但不管怎样,在选择悖论面前,鸟最终选择回归家庭,正是因为这一伦理抉择体现了小人物身上那光彩夺目的人道主义光辉。火见子认为植物似的婴儿"是个毫无意义的存在"②,让婴儿死去才是为了孩子好,而鸟选择接受孩子的动机"只是不想做一个兜圈子逃避责任的男人"③。也就是说,大江将一个人道主义的道德悖论摆在了读者面前,体现不同个体对这一问题的不同理解。在此意义上,桑原丈和认为鸟的决定"依旧是一种利己主义的继续"④。小说中,火见子的个人体验隐蔽在鸟的性格发展这一显性情节发展之后,成为与这一情节平行且贯穿整个小说的一股反讽性叙事暗流。讲述火见子个人体验的隐性叙事进程与讲述鸟个人经历的显性叙事一道,深化了小说主题,体现了大江对人道主义和身份认同问题的多元思考。

　　一般说来,自由并不是简单意义上的我行我素,它的实现与他者息息相关,体现了一种理性意义上积极的生命延伸。鸟在选择与残疾儿共生的同时,抛弃了自己人生的另外一种可能性,最终获得了人格和道德的完整性,实现了自我身份认同。如果强调个人选择的自由,那么个人自由很容易构成对其他个体利益的伤害,导致矛盾与冲突,并最终使个人自由的实现违背了社会伦理,不可避免地带上了一种利己主义的色彩。可以说,小说中的三位女性(现为女节目主持人的大学同学、鸟的妻子、火见子)均对鸟提出了自己的批判。所以,或许可以说,这是大江站在女性的立场上对男性的批判。《个人的体验》独特之处就是它的伦理属性,正因为《个人的体验》没有陷入人道主义最终获胜的俗套结局之中,为小说阐释留下了另外一种可能性,进而使这部作品成为超越单纯的道德批评而获得了某种人性高度的优秀之作。

---

① 高橋由貴:「言葉ならぬ声を聴く鳥(バード)——大江健三郎『個人的な体験』論」、『国語と国文学』2013年第7号、48頁。
② 大江健三郎:《个人的体验》,王中忱译,北京:光明日报出版社,1995年版,第183页。
③ 大江健三郎:《个人的体验》,王中忱译,北京:光明日报出版社,1995年版,第183页。
④ 桑原丈和:『大江健三郎論』、東京:三一書房、1997年、206頁。

## 小　结

　　《个人的体验》可以说是描写鸟这一"反英雄"人物寻找自我身份认同的伦理叙事，其中蕴含着大江小说创作中后期的两大主题——与残疾儿（弱者）共生这一个人性主题和"核时代人的生存"这一社会性主题的萌芽。鸟这一视点人物体现了大江试图像鸟类那样站在高处俯瞰小人物日常生活和精神世界的立场。大江不仅将对个体生命的观照置于广阔的时代背景之下，而且还将其与过去的历史联系起来，从而使个人体验上升到社会普遍层面成为可能。通过对小人物纯粹个人体验的文学书写，大江表达了对现代个体生存悖论的深切关注，以及对时代危机和充满暴力的现实世界的忧虑。小说的镜像叙事呈现了与现实空间对应的个体带有自我欺瞒色彩的精神空间，生动地描绘了主人公试图摆脱自我欺瞒，勇于面对现实的身份认同之旅。小说的空间设置、动物比喻和镜像书写高度契合了个体身份认同这一主题，无论是小说形式实验还是主题表达，《个人的体验》在大江文学创作中均具有不容忽视的重要地位。

# 第三章

## 《万延元年的足球队》的时空叙事与身份认同

　　《万延元年的足球队》（『万延元年のフットボール』1967）是大江健三郎创作中期最为重要的代表作。小说讲述了叙述者兼主人公"我"——根所蜜三郎由于友人自杀和儿子天生残疾饱受精神创伤，为了获得生活下去的勇气，便听从从美国归来的弟弟鹰四的建议回到了森林环抱的家乡——四国，试图从根所家族的历史中找到自己的"根"（identity）之所在。在对家族史的追溯中，蜜三郎和鹰四的历史记忆产生了龃龉，两人的分歧主要体现在对历史人物曾祖父弟弟和Ｓ兄的态度上。鹰四崇拜领导万延元年农民暴动的曾祖父的弟弟，效仿他的行为召集村里的年轻人组建足球队，并发动其所谓"想象力暴动"，哄抢了在日朝鲜人经营的超市。之后，他声称自己奸杀了村里的一个姑娘，在向蜜三郎坦白自己和智障的妹妹乱伦导致妹妹怀孕、自杀这一所谓的"真相"后开枪自杀。针对鹰四故意歪曲历史和记忆这一做法，"我"不断利用自己的记忆对其进行批判和修正。鹰四的自杀，以及地下仓的发现所揭示的曾祖父弟弟的生活真相使蜜三郎走出了自我封闭状态，开始直面现实的苦难。从"根所"这一姓氏的设置，以及英语单词identity在小说中多次出现可以看出，这部小说反映了大江试图在历史追溯中探讨现代人身份认同的主题，而身份认同问题与时间、空间问题密不可分。本章尝试将《万延元年的足球队》的时空表现与历史认识、身份认同等问题联系起来，探讨这部小说的时空诗学与小说主题表达的关联。

## 第一节　历史时间与心理时间

一般说来，人对时间这一自然现象的思考存在着不同的维度。谭君强总结了俄国哲学家尼古拉·别尔佳耶夫所划分的三种基本类型——环形的宇宙时间、线性的历史时间、垂直的存在时间（心理时间），认为三种时间并非处于一种互不干扰的状态，"它们所表现出来的时间都具有线性的性质"①。在《万延元年的足球队》中，现代个体所感知的心理时间得以凸显，呈现了主人公精神不断发展、成长和成熟的线性过程。心理时间因个体对历史的追溯而侵入历史时间之中，打破了历史的线性流动，使过去与现在得以共时再现。既然《万延元年的足球队》是一部表现现代个体回乡探寻自我存在之根的小说，那蜜三郎和鹰四的历史追溯和记忆重构就自然成为小说着重表现的对象。对二人而言，"根"既是一个空间性存在，也是一个时间性范畴，需要在历史的追溯中加以确认。在小说发表后的随笔中，大江谈到了这部小说时间设置的动机。

对自己来说，到底是万延元年重要还是如今的现实重要呢？我追问创作时困惑的自己，回答只有一个，现实更重要。我不满足于将想象力仅仅停留在现实自身上。通过将万延元年这一时点设置在小说中这一构想，我自身的想象力原本就具有了彻底被唤起之处，自己的意识不断穿行于万延元年这一时点和1960年这一当下时点之间，通过朝向万延元年集中意识来超越今日的现实。但是，到达万延元年时，不得不承认通过运动自身，那种意识运动原初的动机就存在于自己生活的现实之中。或许万延元年并非必要的，仅有我们生活的时代也并非必要的，毋宁说在二者间穿梭的超越的工作才是问题。我意识到自己那像足球一样在万延元年和1960年两个阵地来来回回穿梭的意识更重要，因此，那部小说奇妙的时间结构就形成了。②

---

① 谭君强：《叙事学研究：多重视角》，北京：中国社会科学出版社，2018年版，第87页。
② 大江健三郎：『核時代の想像力』、東京：新潮社、1970年、62页。

可以看出，大江试图借历史来为当下现实服务，这一点通过蜜三郎和鹰四二人时间观念的对立充分得以体现。王琢指出，在这部小说中，三个交错的时空——根所兄弟赖以生存的20世纪60年代的"当代日本"、曾祖父兄弟所生活过的作为历史的"万延元年的日本"、蜜三郎和妻子所要"开始新的生活"所象征的"未来日本"相互交织，"正是这三个连动时空的巧妙重叠，才使《万延元年的足球》一直踢到当代人的意识中"①。的确，无论是蜜三郎还是鹰四，都无法回避自己对"历史""当下""未来"的态度。时间问题是小说人物所面临的主要问题之一，即二人面临着如何正视过去，朝向未来发展的问题。蜜三郎因残疾儿出生和友人自杀身陷精神创伤之中无法自拔，夫妻关系也遭遇瓶颈，过着离群索居的生活，无法面向未来解决自己的现实问题。与蜜三郎相同，鹰四属于文化人类学上具有双重性格的骗子、小丑式人物。他在反日美安保运动期间是学生运动领袖，但之后加入了右翼暴力组织，暴打反安保游行人员。后又戏剧性地作为"改悔的学生运动家"团体的一员去美国巡回演出转向戏剧《我们自身的耻辱》，并以悔过学生运动领袖的名义，为妨碍美国总统访日一事向美国市民谢罪。鹰四的一系列荒诞经历使他痛感自己精神的撕裂。小说通过在现实生活中饱受精神创伤的主人公对身份认同的追寻来表现对个体存在的叩问，通过历史回溯来考察明治维新之前日本人的精神世界，试图从中发现现代人的自我身份认同。

小说开头描写了黎明时分蜜三郎无法入睡，沿着梯子下到用来做净化槽的洞穴之中回忆友人自杀时的情景，提及了友人之死这一"过去"对自己当下精神状态的影响，生动展现了他潜意识中对现实世界的抗拒。

> 友人的肉体和有股百合味的腐蚀菌一同刻下的时间，迷惑着我。友人的尸体在其存在的整个期间进行了仅只一次的飞行，在守望这种进行飞行的纯粹的时间圈时，我不得不承认另一种时间的脆弱，它柔和温暖得像幼儿的头顶，并且可以反复。②

---

① 王琢：《现代森林神话与救济的可能性——论大江健三郎〈万延元年的足球〉》，《东北亚论坛》1997年第1期，第88页。
② 大江健三郎：《万延元年的足球队》，于长敏、王新新译，北京：光明日报出版社，1995年版，第7页。

在此，蜜三郎沉溺在友人死去这一过去时间之中，生的渴望和死之诱惑都通过时间呈现了出来。生之时间可以反复，但却非常脆弱，"柔和温暖得像幼儿的头顶"这一比喻将"过去"和头盖骨尚未闭合、脑有残疾的新生儿这一当下现实联系在一起。蜜三郎将残疾儿托付给养育机构这一行为本身就意味着他试图从现实世界逃离的心理动机，也呈现出对现实的排斥。"蜜三郎通过逃离智障儿来排斥所有的当下现实。这是为什么呢？是因为他不想再次面对残酷的现实。"①蜜三郎排斥、否定现实世界，也意味着对未来不抱希望。与蜜三郎不同，弟弟鹰四主动将万延元年农民暴动领袖曾祖父弟弟当作身份认同的对象，试图从历史人物身上获得朝向未来的生存动力。这一点通过蜜三郎的观察表现了出来。

雪依旧下个不停。这不禁使我形成了奇怪的成见；这一秒之内所有雪片描绘出的线条将在大雪满天这段时间里一成不变，不会再有什么别的举动了。一秒钟的状态可以无尽地延伸。声音被雪层吸收了去。时间的方向性也被飘降的大雪吸收进去，消失得杳无踪迹了。这无处不在的"时间"。赤身裸体奔跑着的鹰四是曾祖父的弟弟，也是我的弟弟，一百年来所有的瞬间都层层重合成这一瞬间。②

在蜜三郎的意识中，时间由于下雪在一秒之内凝固而失去了线性的流动，具有了空间的无限延伸性而变得无处不在，一百年前的时间与现在融合为一体，历史与当下得以共时再现。在此，大江将时间进行空间化处理，将发生在不同时序中的事件放在同一种空间关系中加以呈现，从而使小说获得一种多维的空间容量。正因为如此，"赤身裸体奔跑着的鹰四是曾祖父的弟弟，也是我的弟弟"这一认识才得以成立。蜜三郎将鹰四视为曾祖父的弟弟、"我"的弟弟，这与他把自己看作曾祖父、鹰四之兄表里一致。蜜三郎虽然处在鹰四的对立面，不断批判鹰四对记忆的歪曲，但在上溯至百年前考察祖先对农民暴动的态度这一点上并未与鹰四产生对立。蜜三郎和鹰四一样，都试图从祖先那里获得身份认同。"在运S兄遗骨回来的雪铁龙车里，我不能忍受弟弟歪曲事实的回忆，以至于不能保持

---

① 会田哲也：「「万延元年のフットボール」における「時間」の問題——蜜三郎の意識の構造を手がかりとして」、『語文』1985年第63号、49頁。
② 大江健三郎：《万延元年的足球队》，于长敏，王新新译，北京：光明日报出版社，1995年版，第173页。

沉默，是因为当时我自己也在为努力地寻找在山谷中开始新生活的突破口而急切地想把在这山谷里发生过的一切同自己的现在联系起来。而今，这种动机早已荡然无存，我也才能明了地看清这段时间里发生的事情。"①也就是说，蜜三郎的批评动机缘于其自身的内在愿望。然而，与鹰四积极的行动比起来，蜜三郎已经失去了将故乡的过去与自己的现在处境联系起来的内在渴望，从而显得畏葸不前。与此相反，具有革新精神的鹰四模仿农民起义领导人曾祖父弟弟在山村组织足球队和复兴诵经舞这一传统节日庆典等行为，目的在于再现过去的事件。泰国学者沃拉拉克指出，"尽管过去对鹰四的现在也存在着这样的影响，但他与蜜三郎对过去的把握方式不同。蜜三郎因残疾儿子而苦恼，就将其委托给养育机构抚养。对这一过去事件，蜜三郎将之作为无法挽回的已经结束的过去来认识。因此，蜜三郎没有致力于孩子问题的解决而一味陷入痛苦之中。可以说，蜜三郎在孩子问题尚未解决之中被强行推向了过去"②。连蜜三郎也不得不承认鹰四面对当下现实具有革新精神。鹰四的这种革新精神，也表现在对家族人物的态度上。"我讨厌这种深谋远虑的保守派曾祖父。阿蜜。曾祖父的弟弟一定也讨厌他。因此，他才反抗兄长，成了农民的领袖。他是反抗派，看到了时代的未来。"③鹰四批判曾祖父，追求与曾祖父弟弟的认同感。也就是说，鹰四内心的时间意识，由于强烈的现实关怀而具有了未来指向。他的自杀，是直面自己内心罪恶的自我惩罚。鹰四犹如一面镜子，使蜜三郎认识到自己内心的地狱，进而开始正视生活中的苦难。这样，消极的蜜三郎虽然一直冷眼旁观在身份认同问题上积极行动的弟弟，但最后不得不承认鹰四获得了胜利这一事实。鹰四"在最后面对着即将把他赤裸的上身打成石榴状的枪孔的那一瞬间，确知了自己在仿效曾祖父弟弟时充满热望的 identity，完成了自我的统一"④。可以说，蜜三郎承认了自己在寻找身份认同态度上的问题，最终走出了象征闭塞意象的山谷村庄和象征死亡的森林。

然而，在这地下室里，如果曾祖父的弟弟关在这里，把他暴动领袖的 identity

---

① 大江健三郎：《万延元年的足球队》，于长敏、王新新译，北京：光明日报出版社，1995 年版，第 168 页。
② クラウプロトック ウォララック：「『万延元年のフットボール』論——蜜三郎と鷹四の時間意識について」、「専修国文」2005 年第 76 号、81 頁。
③ 大江健三郎：《万延元年的足球队》，于长敏、王新新译，北京：光明日报出版社，1995 年版，第 79 页。
④ 大江健三郎：《万延元年的足球队》，于长敏、王新新译，北京：光明日报出版社，1995 年版，第 318 页。

终生坚持下去，那末，我过去深信不疑的判决就要被推翻。鹰四的一生，一直刻意仿效着曾祖父的弟弟，他最后的自杀，也便是用我所发现的曾祖父兄弟的 identity 之光，给他的"真相"染上了新的色彩。换言之，便是向苟生的我炫示的最后一场壮丽的冒险，于是，我给鹰四的判决，也只好脆弱地土崩瓦解。①

通过对人物心路历程的梳理可以发现，鹰四因和妹妹乱伦致其自杀一事心中一直存在自我惩罚的冲动，这一冲动表现在他自己作为暴动领导人在实施了抢超市行动之后自杀这一点上。他试图将抢超市这一暴力行为进行的时间和自杀这一自我惩罚的内心心理时间联系在一起，使之成为一个整体。在此意义上，鹰四强烈关注现实，试图将历史和现实连接起来。蜜三郎的心理时间则是以自我身份认同为中心展开的。蜜三郎由于逃离当下的现实而丧失了自我同一性，丧失了过去和未来，在时光流逝中成为停滞不前的存在。小说最后表明，只有像鹰四那样持续关注自己内心的地狱才能抵达救赎的彼岸。也就是说，鹰四通过自己的行动，为蜜三郎指明了一条生存之道，以自己的死，换来了蜜三郎的新生，兄弟二人从而成为一对置换生死的存在。小说题名将百年前的年号"万延元年"和现代的"足球"并置在一起，形成了鲜明对比，表达了作者试图将二者联系起来探寻生活在断裂现实中的现代人渴望获得自我同一性的精神焦虑。在此，不难看出大江试图通过对记忆和历史多样性的挖掘来为当下服务的深层创作动机。

## 第二节 地理空间与精神空间

龙迪勇指出，许多小说特别是现代小说中的空间元素具有重要的叙事功能，空间不仅可作为故事的舞台和小说叙事不可或缺的场景，还可以用来"表现时间""安排小说的结构""推动整个叙事进程"②。在这部小说中，山谷村庄这一空间既是故事发生的场所，还是将发生农民暴动的万延元年和日本20世纪60

---

① 大江健三郎：《万延元年的足球队》，于长敏、王新新译，北京：光明日报出版社，1995年版，第315-316页。"那末"应作"那么"。
② 龙迪勇：《空间叙事研究》，北京：生活·读书·新知三联书店，2014年版，第40页。

年代的当下联系起来的空间，同时也是一种意义表达手段，借助"返乡—离乡"这一通过仪礼式的空间移动表现了主人公精神的成长。山谷村庄本身因此具有了特殊的意义和功能。主人公蜜三郎在这一场所最终认识到曾祖父弟弟和鹰四都是试图超越内心地狱之人，从而走出了自我封闭的状态。横井司指出，《万延元年的足球队》的山谷村庄具有精神疗愈功能，"过去试图逃离的山谷村庄，作为被赋予再生契机的亲和的场所描绘了出来"①。不过，与山谷村庄这一地形学要素比起来，毋宁说森林和山谷村庄一道构成了《万延元年足球队》的舞台。小说中环绕山谷村庄的森林带有浓厚的神话色彩，有必要与森林联系起来对山谷村庄这一空间的功能进行重新审视。在村庄共同体的信仰之中，森林是死者灵魂的最终归宿。生活在不同年代、身份各异的人死后灵魂共存于森林高处。在此意义上，森林是死者王国，是所有"过去"共存的空间。森林中的时间不是从过去经由现在再到未来的线性时间，而是聚集在一起的时间的共存，是远古的神话时间和刚刚过去的当下时间同时再现的时间。在盂兰盆会的诵经舞中扮作亡灵的人由森林下到山谷，将"过去"和山谷的"现在"直接联系在一起，从而使山谷村庄和森林成了带有时间性质的空间。

同样，从高台往下看，村落及围绕着它的水田和旱田都感觉只有一个巴掌大小。那是因为环绕洼地的茂密深广的森林搅乱了人们对于宽度的感觉所致。正如疯子隐士观察的那样，我确实感到我们的洼地只是一个脆弱体，面对森林的侵略，它只能做微弱的抵抗。与其说是洼地的"存在"，倒不如说纺锤形的树丛的"不存在"这种印象更加自然地浮现出来。只有四周的森林才是确切的实体，习惯了这种感觉之后，便发现一种巨大的失落感在笼罩着洼地。②

如果将森林与"过去"、山谷与"现在"对应起来就不难发现，构成小说整体的"时间"和"空间"浑然一体，密不可分。山谷村庄周围森林茂密，侵蚀能力强，山谷（现在）在强大的森林（过去）的面前显得异常脆弱。过去正在蚕食现在，这正是蜜三郎精神世界的象征。在此意义上，山谷村庄已不可能成为具有

---

① 横井司：「大江健三郎の〈キーワード〉谷間の村」，『国文学：解釈と教材の研究』1990 年 7 月号、124 頁。
② 大江健三郎：《万延元年的足球队》，于长敏、王新新译，北京：光明日报出版社，1995 年版，第 70 页。

疗愈功能，抚慰根所兄弟精神创伤的空间。

在小说中，空间与主人公的身份认同问题紧密联系在一起。蜜三郎与妻子徒步走向大洼村的途中感受到了来自四周森林的压迫，森林的压迫感使蜜三郎再一次认识到封闭状态的恐惧。

> 林荫道被阴暗而茂密的常绿树丛包围着，仿佛是在深沟里奔驰，我们正停在这林荫道的一个点上。在我们的头顶上，只有一片狭小的冬季天空可见。午后的天空，像流动的色彩一样，一边变幻着颜色一边暗淡下来，缓慢地落下帷幕。我想，夜晚的天空将会象鲍鱼的贝壳覆盖着它的贝肉一样笼罩住这边的森林吧。想到这儿，闭塞的恐惧又向我袭来。尽管是在密林深处长大的，但每当我横穿森林，回到自己的山谷中时，总是不能从令人窒息的感觉中解脱出来。我的感觉中枢里，汇集着逝去的祖先们的感情之精髓。①

蜜三郎的恐惧暗示着他离开东京家中的净化槽开始走向森林这一巨大的"洞穴"。山谷村庄是一个更大的封闭空间，在这一空间令人窒息的氛围中，蜜三郎的意识被带回到过去甚至是死亡。归乡对蜜三郎来说，犹如民俗学意义上的通过仪式一般，在此会经历严酷的精神历练。蜜三郎为逃离"闭塞的恐惧"而离开故乡去了东京。残疾儿出生后，蜜三郎更是感受到了来自外部的灾难性威胁，无意识中渴望将自己封闭起来。"归乡后的蜜三郎再度确认了带来新生活这一幻想的山谷村庄，仅仅是一个与自我意识的球体同样的内部封闭的系统，蜜三郎梦想着从可能导致死亡的精神自闭中逃离出来，最终还是被封闭在范围大了一圈的洼地共同体这一密室之中。"②在这种环境下，自闭的蜜三郎试图通过回归山谷共同体来使自我意识获得空间性展开。然而，故乡的村落共同体犹如封闭的洞穴一般，本身就是历史传说中为逃避长曾我部这一强大敌人的威胁而形成的封闭的共同体。20世纪60年代，山谷村庄这一共同体正遭受着消费经济大潮的冲击，面临着解体的危险。也就是说，山谷村庄绝不是纯粹物理意义上那种静态的、自然

---

① 大江健三郎：《万延元年的足球队》，于长敏、王新新译，北京：光明日报出版社，1995年版，第51页。"象"应为"像"。
② 笠井潔：『球体と亀裂』、東京：情况出版株式会社、1995年、127頁。

的空间。"空间在其本身也许是原始赐予的,但空间的组织和意义却是社会变化、社会转型和社会经验的产物。"①从构成来看,山谷村庄是一种由在日朝鲜部落、山洼的乡下人、根所家族等多种社会文化因素集合而成的指涉系统,在共同体的外部这一点上,森林和城市包含着结构性差异,蕴含了文化历史、民族身份及国家权力等意识形态。大洼村是一个正处于消费文化侵蚀下的传统社会典型。

从洼地的中心登上山脚,便有一条河流流进两边兀立的林间山坡中去。于是,如果你站在山脚入口处的高地极目眺望,会觉得洼地犹如在那里关闭了一样。再上溯过去,河床便成了裸露的岩块,两边铺了好大一片竹林,石子路便从河边开始变成了一条陡坡。一些人散居在坡道两侧,洼地人管他们叫"乡下"人。那洼地呈纺锤形,像楔子一样伸入林中。这条裂缝与竹林变成直角,使竹林变成了分隔洼地和"乡下"的一条宽带子。②

根所家位于洼地中心的高处,从根所家在战前及战后一段时期为日本内阁印刷局收购制造纸币的原料黄瑞香这一信息来看,根所家是村里与国家行政部门存在往来的唯一家族。根所家的住宅位置充分证明了其在村中的地位。"乡下"是共同体的边境,毗邻被看作是外部威胁的长曾我部居住的森林。这一空间图式体现了一种垂直权力关系。"高处—洼地—乡下"显示了"根所家—洼地居民—乡下人"这种权力秩序。在共同体房屋的空间布局中还存在着与村子尽头相连的"像长着瘤子一样的朝鲜人部落"③。"瘤子"这一比喻本身就带有一种歧视色彩。战争期间被强制去林子里伐木的异民族部落真实存在于村庄共同体的边缘,这一存在给洼地共同体带来了巨大变化。20世纪60年代,超级市场作为消费社会化推动了近代化,"在森林高地上安了公共天线以后,就卖起电视来了"④,朝鲜人经营的超级市场通过安装公共天线,独占了共同体和外部之间的空间通道。超级市场的特卖日已成为以孟兰盆会为主的传统节日庆典的代替物。"新建的超级市场推进了作为消费社会化的近代化,招致了当地商店的破产和信用销售

---

① 苏贾:《后现代地理学——重申批判社会理论中的空间》,王文斌译,北京:商务印书馆,2004年版,第121页。
② 大江健三郎:《万延元年的足球队》,于长敏、王新新译,北京:光明日报出版社,1995年版,第124-125页。
③ 大江健三郎:《万延元年的足球队》,于长敏、王新新译,北京:光明日报出版社,1995年版,第25页。
④ 大江健三郎:《万延元年的足球队》,于长敏、王新新译,北京:光明日报出版社,1995年版,第157页。

而产生的还贷负担,捣年糕和节日庆典等当地风俗的丧失,对华美服装、电视的着迷这种庸俗的统一化,威胁着传统的村庄生活。"①共同体中商品交换的普及化使共同体观念的权力构成发生了戏剧性逆转。在此意义上,村庄共同体这一封闭的社会空间逐渐被打破,代表共同体的集体记忆的诵经舞活动也逐年衰退。鹰四的暴动,从某种意义上来说是一种企图恢复共同体之根的尝试,力求在共同体集体身份重新建构的过程中实现自己的个体身份认同。不难发现,《万延元年的足球队》地理空间和小说人物的心理空间相辅相成,构成了人物身份认同重建的舞台。

## 第三节 历史记忆与身份认同

"身份"一词在英语中的表述为"identity"。除此之外,这一英语单词另有"同一性""一致性"等含义。"其基本含义,是指个人与特定社会文化的认同。"②当个人意识到自己试图认同的文化空间无法提供这种同一性时,身份认同便会出现断裂与错位。也就是说,身份认同可以看作个体或群体在差异性文化空间对同一性的追寻或构建过程。小说中兄弟二人的归乡本身就带有寻根性质。从身份认同的角度来看,蜜三郎和鹰四在文本中虽然表面是相互对立的存在,但在社会层面上都是被边缘化的精神流浪者。《万延元年的足球队》是背负遗弃残疾儿的原罪意识而陷入自闭的哥哥,与试图摆脱近亲乱伦的罪孽,积极行动重建自我的弟弟二人的寻根故事。对他们来说,寻根就是寻找作为现代个体存在的价值根据和意义归宿。二人都希望从家族记忆和历史追问中寻找到自我身份认同。战后,"超级市场天皇"这一称呼所象征的消费文化的渗透使传统村庄共同体所建构的精神世界价值秩序受到了挑战,特别是以电视为代表的大众传媒打破了山村共同体固有的封闭性。山村共同体的文化信仰和行为依据的合理性受到了动摇甚至颠覆,整个共同体成员都面临着精神危

---

① 團野光晴:「消費社会と人間——大江健三郎『万延元年のフットボール』論」、『日本近代文学』2014 年第 90 号、112 頁。
② 陶家俊:《身份认同》,见赵一凡等编:《西方文论关键词》,北京:外语教学与研究出版社,2006 年版,第 465 页。

机。已经衰落的诵经舞和患了暴食症的阿仁就是日本人在物质过剩中失去同一性的象征。根所兄弟希望通过归乡来获得心理慰藉的精神家园，却由于山谷村庄共同体本身受到消费文化冲击而面临着解体的危险。归乡当日，蜜三郎在森林泉水边发出了物是人非的人生感慨，认为"现在的我与真正的我自己之间的本性正在失去。无论我的内心还是外表都没有恢复的迹象"①。面对这一普遍的精神危机，在当下重新探寻历史的意义，寻求个人身份认同就成为蜜三郎所代表的知识分子的重要使命。

《万延元年的足球队》中，在时间范围内，蜜三郎一开始将自己与"曾祖父—母亲—长兄"这一三代保守者的形象重叠。与之相反，鹰四试图将自己归属于"曾祖父弟弟—父亲—S 兄"②的系谱。与家族三代人相对应的历史事件分别是万延元年的农民暴动、"九一八"事变和日本侵华战争，以及战败后的混乱期。兄弟二人都试图在历史和记忆之中找到能够服务于今后人生的存在根据。记忆和历史往往具有很强的主观性，特别是关于万延元年农民暴动的原因和结局，官方记载、地方志记载及不同人的证言之间产生了分歧。历史的多样性为主人公按照自己的理解将其复原，服务于个人身份建构提供了可能。这样，历史成了现代个体的回忆史、心灵史，现代个体成为历史的创造者和叙述者，这一设置本身就消解了被主流意识形态支配的集体历史意识。《万延元年的足球队》对传统历史叙述的背离充分反映了大江试图打破历史的同一性，以一种现代个体对历史的不同认识来多方位地叙述、重建历史的宏愿。

升味准之辅将 1960 年的安保运动从开始至结束的纷争过程模式称为安保改订型政治过程，认为"15 年来用以教育人们的民主主义，也不能接受强行表决通过的作法。如果把由此产生的不安和不信任感同战犯的形象连接起来加以造形，那就对出现强烈的反抗不会感到不可思议了"③。的确，战后民主主义已深入人心，岸信介内阁改订《日美安全保障条约》并强行表决通过这一倒行逆施的行为无疑是对战后民主主义的公然挑战。随后的池田内阁借经济腾飞成功地消解

---

① 大江健三郎：《万延元年的足球队》，于长敏，王新新译，北京：光明日报出版社，1995 年版，第 72 页。
② S 兄为小说中出现的人物，是蜜三郎和鹰四的二哥。
③ 升味准之辅：《日本政治史》（第四册），董果良译，北京：商务印书馆，1997 年版，第 1070 页。"作"应为"做"。

## 第三章 《万延元年的足球队》的时空叙事与身份认同

了民众的政治热情,利用文部省和大众传媒通过空间微观权力运作为日本发动的侵略战争编造战争有理借口,同时将日本是战争受害者这一印象强加给民众,并对试图还原历史真相的知识分子进行打压。1965年6月开始的旷日持久的家永诉讼从一个侧面体现了日本政府实施知识暴力重塑民众历史记忆的用心。在这一历史背景下创作的《万延元年的足球队》,可以说正是对这样一种历史认识走向的回应。

王新新指出,如果将小说中根所家族的人物活动与实际的侵华战争、菲律宾战争、殖民朝鲜等日本在第二次世界大战中的侵略行径联系起来可以看到,根所家族的"暴力"是对亚洲的暴力。在这个意义上,"《万》(指《万延元年的足球队》——笔者注)是大江健三郎通过追究充满'暴力'的日本近现代史对其进行文化批评的意识得以达成的标志性作品"[1]。的确,从小说中涉及的地名、国名来看,《万延元年的足球队》暴露了日本近代的侵略史,流露出浓厚的文化批评意识,确实承载着战后文化启蒙的功能。不过,这些历史记忆均是为当下服务的,小说着重表现的,仍然是当下个体的生存状态。大江力图通过对历史的叩问来探讨现代个体的身份认同问题,从而尝试为现代人指出一条个人救赎之路,使分裂的现代自我获得精神慰藉。

鹰四通过积极行动来建构自我身份,为了"根=自我同一性"的恢复甚至不惜赌上生命。他清楚地认识到自己的暴力人格。"想想看,这两种欲望,一种是替我的暴力人格辩护的欲望,另一种是惩罚这样的自我的欲望,它们在我的生命当中简直把我撕裂了。"[2]被暴力人格和自我惩罚欲望撕裂的鹰四,渴望能够消除它们而获得精神疗愈,而消除它们的办法就是歪曲记忆本身。蜜三郎指出,鹰四记忆中S兄的英勇形象是他的主观愿望的产物。"为鹰四的精神健康考虑,我感到有必要指出,现在他的记忆中,梦幻创作的成分比他自身清醒意识到的部分还要占据根本的位置。"[3]大江之所以设置了蜜三郎这一与歪曲记忆的鹰四对立的人物,也是出于一种战后知识分子的批判立场。因为在某种意义上,过去不仅

---

[1] 王新新:《历史意识的追究 文化批评的达成——再论大江健三郎〈万延元年的足球队〉》,《日语学习与研究》2003年第1期,第65页。
[2] 大江健三郎:《万延元年的足球队》,于长敏,王新新译,北京:光明日报出版社,1995年版,第247-248页。
[3] 大江健三郎:《万延元年的足球队》,于长敏,王新新译,北京:光明日报出版社,1995年版,第87页。

是记忆,还是生动的现在和未来。

在1966年的演讲《记忆与想象力》中,大江提到了自己对记忆的认识。

> 如何记忆过去?如何选择维持、选择重现过去记忆?在这一点上,决定了记忆持有者在当下现实中的存在状态,或者说此人当下现实中的生活方式自然决定了他对过去记忆的选择。但与此同时,如果将视点转向未来来看的话,在那种想象会存在什么样未来的想象力、将要选择未来的想象力之中,应该也存在着决定此人存在方式的力量。或者说此人当下现实中的生活方式应该也会决定指向未来的想象力。①

在大江看来,记忆与当下人的生存状态,指向未来的想象力与当下现实生活方式是一种相辅相成的关系。在此前提下,《万延元年的足球队》呈现了一种重视未来的记忆建构。蜜三郎通过自己的记忆对鹰四记忆的不断修正,从而使小说成为双方记忆不断抗争的文本。由于山谷村庄共同体在消费经济冲击下面临解体的危机,鹰四借煽动共同体中的民众歧视朝鲜人的心理来对抗经济实力强大的"超级市场天皇",借恢复传统诵经舞来对抗消费经济这一时代大潮不啻一种螳臂当车之举,但从整体来看,具有革新精神的鹰四的选择是指向未来的,至少像鹰四将自己的暴动看作是"想象力暴动"所象征的那样,展现了未来的一种可能性。与鹰四不同,蜜三郎的记忆模式不断变化。上村文人指出,"蜜三郎的记忆范式,并非因其内心状况变化,而是因他者带来的偶然的发现(地下仓的发现,曾祖父弟弟的信)而改观"②。的确,妻子对蜜三郎的批判、地下仓的发现给蜜三郎创造了一个重新审视当下自己的契机。之前蜜三郎同妻子、鹰四对立,是孤立的存在。在鹰四死后,蜜三郎与妻子达成和解,决定从养育机构领回残疾儿子共同生活。这样,蜜三郎自我封闭的记忆体系由于与他者的关联而被打破,开始了自我身份认同的重构。

在小说发表的1967年,席卷日本全国的1960年安保运动已经过去。在安保

---

① 大江健三郎:『大江健三郎同時代論集3 想像力と状況』、東京:岩波書店、1981年、16-17頁。
② 上村文人:「大江健三郎『万延元年のフットボール』論——絶えざる運動体としてのテクスト」、『論樹』2008年第21号、35頁。

运动陷入低潮之后，日本政府借举办 1964 年东京奥运会、明治维新百年祭及随后的 1970 年的大阪世博会等具体的仪式化操演处心积虑地将日本民族伟大复兴这一理念推向社会各个层面，从而强化了民众的国家观念。日本政府利用设立纪念日、举办庆典等时空重组方式和仪式操演来营造"明治热"，让日本国民接受了"时间是进步的"这一观念，从时间维度促成了普通民众对民族国家的集体认同，使国民丧失了自我主体意识，形成了关于对日本近代荣光的认知和记忆。作为有良知的知识分子，大江清楚地认识到日本政府这一做法的深层动机，并持明显的批判态度。"政府逐渐加大'明治百年'的宣传力度，我接下来自然就一点点培养了一种洞察力，就我国当下的状况，这一洞察力发现了我收录在《关于维新百年的状况的观察》一节中的多篇随笔所呈现的那种与'明治百年'宣传几乎背道而驰的认识。政府蓄意歪曲历史而推行的文化政策，与其歪曲程度成正比，发挥着相当于盾牌背面的相反的功效。"[1]不难发现，大江对日本政府以中心意识形态为后盾建立起来的明治百年宏大叙事有着深刻的认识，意识到政府利用文化政策操演来歪曲历史的机制，从而试图打破这一机制来拆解历史、重塑过去。在小说中，个体言说的历史作为一种力量在叙事中得以凸显，从而打破了传统时间的线性流动，让现在、过去同处于人物的思维空间中，实现了"过去"与"现在"的对话，凸显了个体生命的意义。这也是这部小说强调个人体验与主体意识，以蜜三郎的时间体验和空间感知等主体感受作为小说叙事动力的原因。

## 小　　结

从以上分析可以看出，《万延元年的足球队》的时空叙事与个体身份认同主题紧密相连。对根所兄弟来说，身份不是一种本质性存在，而是要通过行动——鹰四通过想象力暴动、蜜三郎通过讲述这一行为，在对历史、记忆的重构中想象性地建构出来的。小说身份认同主题始终与蜜三郎、鹰四对过去、现在和未来这三个相互关联的时间层面和山谷村庄这一地理空间的认识密不可分，从而使时间

---

[1] 大江健三郎：『持続する志』、東京：株式会社文芸春秋、1968 年、451-452 頁。

感知和空间移动成为展现人物精神状态的重要手段。大江围绕着个体身份认同问题将历史和现实变革联系起来，从而使历史叙事具有了目的性，表现出一种文学介入社会的写作姿态。《万延元年的足球队》的时空叙事呈现了大江对小说叙事的现代性探索，体现了一种与传统决裂的时间和历史意识。在此意义上，可以认为《万延元年的足球队》的叙事动力缘于现代个体强烈的主体意识，体现了大江为寻求个体现代性所做的真诚的努力。

# 第四章

# 《亲自为我拭去泪水之日》的个体记忆与历史书写

《亲自为我拭去泪水之日》(『みずから我が涙をぬぐいたまう日』1971)是日本作家大江健三郎天皇制批判主题小说的代表作。小说讲述了一个35岁的青年在医院的精神病房中口述自己少年时代的经历和创伤体验,试图通过对记忆的重构以和超国家主义者的父亲达到一体化的故事。小说标题来自父亲和参加暴动的士兵前往地方城市时高唱的由德国作曲家巴赫创作的康塔塔。父亲将原德语歌词中的God(上帝)一词替换为"天皇陛下"。在"天皇陛下,亲自为我拭去泪水"这句歌词的感召下,主人公长期陶醉于在父亲指挥下抗战至死的幻想中。从整体来看,小说结构基本由两部分构成。一部分是主人公在1970年这一时间点上讲述的10岁那年与父亲一起参加暴动的经历,以及自己中学时代所遭受的精神创伤。这一部分由身兼遗言代执行人和笔录者双重身份的他的妻子记录下来,主人公将之称作"不按时间顺序排列的同时代史"。另一部分就是对他讲述现场进行描述的内容,这部分在文中用括号括了起来,主要是他的母亲和妻子在记录现场对他讲述内容的质疑和修正。作家石川淳在小说发表当年的《朝日新闻》"文艺时评"栏目中指出,这部小说很好地展示了大江式文体巧妙的处理方式。"小说标题有点艰涩,但正文与外表相反,毋宁说是明晰的。小说结构看上去凌乱不堪,但是作者刻意为之,甚至为突出这一点不得不对时序进行改变。通过这一必然的改变,作品世界逐渐浮现出来。读者如果不主动悄悄潜入这个七曲八拐的场所的话估计很难看懂。之所以这样说,是因为在此展开的原本就不是故事，而是状况。（中略）明确地说，在这部作品中，事物犹如达利笔下的时钟那样，软如糖果，自由伸缩，读者只要理解这一点就够了。"①也就是说，和1961年发表的反天皇制小说《十七岁》《政治少年之死》相比，这部小说更注重对时代状况的描绘。同时，在创作技巧上，它和以探索潜意识意象而闻名的超现实主义画家达利的变形手法具有相似之处。的确，在这部小说中，大江将小说形式实验和反天皇制主题紧密结合，以荒诞现实主义手法来呈现历史的沉重，隐喻地表现了他对天皇制问题、历史问题的深刻思考。正是在这一点上，这部小说在大江健三郎的小说形式实验中具有了不容忽视的重要地位。

## 第一节　父子关系的隐喻：从家庭到国家

《亲自为我拭去泪水之日》中的父亲是一个过度肥胖，晚年患有膀胱癌的人物，他行动迟缓、笨拙，看上去有点滑稽。小说对父子关系描写着笔不多，只描述了父母围绕在中国打仗的哥哥做了逃兵一事而激烈争吵时，父亲宁愿哥哥被杀死也不愿他背叛国家的强硬态度。小说并未深入父亲的内心世界，甚至没有直接描述父亲的容貌。他记忆中的只是小时候睡在仓房地板上仰视看到的父亲"正挺直他高大的身躯，叉腿站在地板间里俯视自己"②的形象，以及当时为自己对父亲的微笑遭到他的无视而感觉"些许悲愤和羞耻"的复杂心理。在传统文化观念中，"父"是秩序和保守的象征，父亲高大的身躯，犹如小说中用粗体字表示的"**那个人**"一样，成为一个概念性的、特权化的代表性符号。"《亲自为我拭去泪水之日》中，将天皇擦去战争结束时领导暴动的父亲那因为战败而流下的悔恨的泪水这一意象置于中心，使'父亲—天皇'这一意象式的连带关系具有讽刺意义地和战前、战中的'家族国家观'重合。"③也就是说，家庭中令人生畏、充满威严的父亲形象，和代表国家的

---

① 石川淳：『石川淳全集』（第15卷）、東京：筑摩書房、1990年、494頁。
② 大江健三郎：《亲自为我拭去泪水之日》，姜楠译，北京：金城出版社，2012年版，第78页。
③ 柴田勝二：「民主主義の逆説——大江健三郎と三島由紀夫の戦後」、松本徹：『三島由紀夫研究 12 三島由紀夫と同時代作家』、東京：鼎書房、2012年、58-59頁。

天皇一样成为一种权力的象征。主人公由于自己的微笑遭到"高大的"父亲无视而感受到的"些许悲愤和羞耻"这一复杂的情感，体现了对父亲尊敬甚至是崇拜的同时，在其潜意识中也存在着一种相反的、对父亲充满敌意的强烈情感。不难看出，这部小说没有像传统以父与子为主题的小说那样纠结于父子两代人具体的矛盾和生活细节，而是借助父子关系的形而上属性，将矛头直接指向了作为共同体之父的天皇，使"父与子"这一母题具有了强烈的象征性和隐喻性。

与对父亲既崇拜又悲愤的复杂情感相应的，是主人公潜意识中杀父娶母的俄狄浦斯情结。

——母亲，官房仓库家唯一幸存下来的我们，必须结婚、生很多孩子。（中略）为了子孙后代的繁衍，我们只能留下四肢健全的孩子。不仅如此，还必须要为杀死**那个人**作出补偿！①

少年时代醉酒的他站在母亲床边说的这些话，体现了他潜意识中的弑父情结。在《图腾与禁忌》中，弗洛伊德对原始部落的弑父行为进行了细致的精神分析。他认为，在原始部落中，男孩生命早期的恋母情结和父亲崇拜是同时存在的。在俄狄浦斯情结的驱动下，儿子们通过暴力手段合力将父亲拉下王位，之后又哀悼父亲，试图借此与父亲一体化，将父亲强大的力量纳入己身。"精神分析学的研究已确定图腾动物事实上即是一种父亲影像的投射，因为它的特征里包含了图腾被残酷地屠杀，然后，接受哀悼。这种情感上的矛盾，也是现在存在于小孩子身上甚至可推广到小孩长大后的那种父亲情结。"②或许可以说，在年幼的主人公的潜意识中，父亲之死对他来说就是一种潜在性的期待，这也是母亲所说的在枪战发生前他意识到危险而离开父亲乘坐的木车这一真相的深层原因。期待父亲死去的这种罪恶感同时也强化了他对父亲的回忆，成年后的他将死去的父亲像图腾那样神圣化，相信自己和父亲一样得了癌症，通过

---

① 大江健三郎：《亲自为我拭去泪水之日》，姜楠译，北京：金城出版社，2012年版，第42页。"作出"应为"做出"。
② 弗洛伊德：《图腾与禁忌》，文良文化译，北京：中央编译出版社，2005年版，第151-152页。

模仿父亲晚年的行为试图与其一体化,进而在与父亲所代表的国体中寻找自我身份认同。

不难看出,小说主人公少年时代的成长经历不仅仅是个人成长问题,还关系到在以同一化为基础形成的男性共同体的身份建构问题。小说中对战败不满的青年将校推选父亲做领袖,试图从军用机场夺取战斗机,伪装成美国飞机去轰炸皇宫的目的,就是通过杀死发布人间宣言的天皇,让他"作为国体真正地复活,化作普通的菊花更加真实也更加神圣地开遍整个日本,开在每一个日本国民的身旁"①。就像原始社会被儿子们杀死的部落族长——父亲成为图腾被膜拜一样,父亲形象又成了共同体的精神支柱——天皇制思想的隐喻。犹如杀害图腾一样杀死宣布人间宣言的天皇,使天皇像图腾那样彻底成为日本人的精神结构。作为一部具有强烈政治色彩的作品,《亲自为我拭去泪水之日》采用了俄狄浦斯这一原型,使小说在显性的故事框架下具有一个与之发生内在联系的隐性框架。然而,它不是弑父娶母的简单翻版,而是赋予了这一原型新的时代内涵,使小说主题具有一种象征性,进而产生了审美意义的增殖。

在瑞士心理学家卡尔·古斯塔夫·荣格(荣格)看来,"原型是一种经由成为意识以及被感知而被改变的无意识内容,从显形于其间的个人意识中获取其特质"②。的确,原型以象征和隐喻的方式反映出集体无意识的某些具体意象,它深深地镂刻在人的心理结构之中。这部小说的弑父意象,可以说是大江凭借丰富的想象力和对原型的敏感,将集体无意识及其结构形式从一种可能性转变为现实存在的呈现。俄狄浦斯神话是弑父原型的同时也是替罪羊原型的代表,蕴含在这一原型之中的,就是人类的暴力。从他的家族谱系来看,父系一族的家族史和日本近代以来的侵略史密切相关。他的祖父是参加过日俄战争的军人,父亲曾在中国东北作为民间右翼人士服务于日本间谍机构,他的家族历史本身就是一部暴力史。主人公清醒地认识到,弑父行为只是一种幻想,自己根本无法摆脱暴力血脉的影响。对血缘的恐惧,使他不想让悲剧在下一代身上发生,唯一能做的,犹如俄狄浦斯通过自我放逐给忒拜城带来和平一样,他幻想自

---

① 大江健三郎:《亲自为我拭去泪水之日》,姜楠译,北京:金城出版社,2012年版,第110页。
② 荣格:《原型与集体无意识》,徐德林译,北京:国际文化出版公司,2011年版,第7页。

己像晚年的父亲那样死于癌症，让妻子与外国人通婚，让儿子转变国籍来达到对天皇制文化共同体的彻底逃离，使暴力血脉到自己为止彻底结束。在这个意义上，他幻想和父亲一体化的行为自身就是一种自我惩罚，一个带有悲剧色彩的替罪羊的形象就这样被建构出来。

## 第二节　内部暴力呈现与身份认同焦虑

在这部小说中，从他的弑父情结到父亲驾驶飞机轰炸皇宫的幻想，均是一种暴力的呈现。在主人公看来，所谓的国体即天皇制，就是共同体暴力的源泉。而对暴力的渴望存在于人的内部，这也是主人公试图通过自杀、自残而发现的内容。在受到高年级一群不良少年的欺负时，他用镰刀割破自己的手掌，用流着鲜血的手掌向不良少年们的头目发起挑战。

由于过度紧张而陷入沉思的他，用只有狗耳朵才能听得见的声音对**那个人**喊道：喝我的血吧！这是为你准备的！他感到此刻的自己仿佛正佩戴着刺刀，和从军队逃跑出来的家伙们一起再次来到仲夏时节地方城市护城河旁的街道上，等待时机向银行发起攻击。[1]

用粗体字表示的"**那个人**"，在此是指要向他施暴的不良少年头目，和后面指示父亲、天皇的"**那个人**"一样，是一种与暴力相关的特权化存在。在此，发生在两个不同时间的事件——高中时代的他以自残的形式对欺侮自己的不良少年的反抗与他陪伴父亲为发动暴动前往银行这一行为，在叙述的现在这一时点上重合。连接二者的，就是对暴力的渴望。这一设置极富象征意义，与对外在暴力的批判相比，他"以极快的速度伤害了自己的肉体，并对此感到强烈的喜悦"[2]这一感受本身体现了大江试图通过对个人精神层面暴力因素的挖掘，将天皇制批判和战后知识分子的身份认同问题联系起来的匠心。

---

[1] 大江健三郎：《亲自为我拭去泪水之日》，姜楠译，北京：金城出版社，2012年版，第29页。粗体字为原文所有。
[2] 大江健三郎：《亲自为我拭去泪水之日》，姜楠译，北京：金城出版社，2012年版，第29页。

在收录这部小说和带有科幻色彩的《月男》两个中篇的单行本《亲自为我拭去泪水之日》（1972）的前言《连接两个中篇的作家笔记》中，大江明确指出了天皇制对日本人政治想象力的束缚。"我写这两个中篇小说的同时，将束缚我们想象力的枷锁反过来作为自己的线索来接受，试图尽可能地将自己从头到脚用这一枷锁捆绑结实。这些枷锁来自贯穿过去和将来的天皇制，从用这些多样的枷锁束缚自己开始来设法获得自由的作家，将《亲自为我拭去泪水之日》中带着深色泳镜，自称癌症患者的人物置于右侧，将悔悟而加入环境保护运动的逃跑的宇航员置于左侧，使他们成为将想象力推向前方的一组滑轮。"①可以说，大江深刻地认识到，作为一种精神结构，天皇制贯穿日本近代历史，甚至会影响到未来。透过 1970 年三岛由纪夫的自杀行为，大江发现了天皇制对日本人精神的束缚以及日本人精神层面的暴力倾向性，这促使他将对天皇制的批判转向了个人的精神层面。

在这部小说中，内心的暴力倾向性更直观地体现在主人公内心疯狂的描绘上。大江对主人公身份认同的单一性、排他性一面从精神层面加以把握，并将之与三岛的自杀联系起来，尝试探索战后日本人精神层面的疯狂问题。父亲是信奉国体的民族主义者，母亲则是在大逆事件中被杀害的反天皇人士的后代。他挣扎于父亲代表的天皇制和母亲代表的反天皇制的血脉之间，一直处于身份认同的焦虑之中，无论哪一方的血脉都使他精神受到了禁锢。他试图让妻子与自己的美国朋友通婚，让孩子转变成美国国籍，"期待通过这一方式使自己的血液完全从天皇以及***亡灵（***指外祖父——笔者注）的阴影下解放出来，获得自由"②。主人公这种对个体身份暧昧性存在的焦虑最终导致了他的精神异常，通过在幻想中对记忆的扭曲来实现与父亲所代表的天皇一体化。与天皇一体化本身，就是大江所谓的用天皇制枷锁束缚自身，并由此出发获取精神自由的尝试。可以说，带有疯癫性格的叙述者的设置就是作家展开文学想象力的翅膀，通过由于天皇制思想的束缚而精神异常的主人公的塑造，反映了他通过疯狂探讨现代人身份认同的创作动机。小林敏明指出，大江的天皇制批判与作家少年时代的国民学校的"爱国少年"教育，以及战后作家克服此情感的诚恳的自我解剖行为密切相关。"引起

---

① 大江健三郎：「二つの中篇をむすぶ作家のノート」、大江健三郎：『みずから我が涙をぬぐいたまう日』、東京：講談社、1972 年、7-8 頁。
② 大江健三郎：《亲自为我拭去泪水之日》，姜楠译，北京：金城出版社，2012 年版，第 116 页。

社会轰动的《政治少年之死》是促使作为作家的大江必须进行自我剖析的直接契机。之后大约过了十年，以三岛事件为契机重新拾起这一主题的时候，对大江来说，'天皇'已经清晰地作为他一生的课题牢牢地存在于其意识之中。在这个意义上，我们不得不说《亲自为我拭去泪水之日》是开启大江文学新纪元的重要作品。"①在这部小说中，大江将身份认同问题作为生存危机呈现出来，体现了作家重建身份认同的焦虑以及以反讽的形式对当下束缚日本人政治想象力的天皇制的批判。

小说从整体上可以视为是第三人称叙述者的心灵自传。小说的"笔录"部分采用的是第三人称限制视角，夹在笔录部分之间的括号里面的部分采用的是第三人称外视角。小说形成了双重结构和双重视角，表现出来的内容是互相龃龉或对立的。笔录部分看似冷静的回忆式的叙述，展现的却是非日常的狂想世界，是试图与绝对权威一体化的精神想象。括号里的部分总是与记述的当下密切相关，是对记述部分的质疑和修正，巧妙地导入与主人公相对的富有象征性的母亲的眼光，将自己的讲述相对化，也进一步将主人公的记忆回溯至历史的语境中加以检验。一条孝夫认为，小说的这一双重结构设置是"作者为避免陷入从疯狂的心理层面描写的内容自始至终都是疯子的独白这一危险而考虑的表达策略"②。的确，母亲、妻子这一女性视角的导入，使小说文本因此具有了一种分裂性，形成了反讽的结构。在母亲看来，主人公和父亲谁都没有认真考虑轰炸皇宫的事情，那些在他看来为了国体不惜牺牲的军官，完全被降格为携着钱财逃跑的猥琐的骗子。而且，母亲认为暴动事件本身就是一场闹剧，甚至根据士兵全部死亡而军官们不知去向这一点将其看作是一场有预谋的抢劫银行的犯罪事件。母亲的视角，就是站在反体制一方的另类视野。"**那个人**的所作所为都是那么愚蠢！而他一生中所做的最愚蠢的一件事情，就是带着这孩子去参加什么所谓的反抗行动！其实，**那个人**也明白那是一次注定失败的伪反抗。"③母亲指出，父亲也并不是为国体殉死，而是被误认为银行强盗而遭射杀。父亲只是这一事件的替罪羊，毫不

---

① 小林敏明：「想像される〈父〉とその想像的殺害——大江健三郎『みずから我が涙をぬぐいたまう日』を再読する」、『新潮』2008 年 8 月号、177 頁。
② 一條孝夫：「大江健三郎——その文学世界と背景」、大阪：和泉書院、1997 年、225 頁。
③ 大江健三郎：《亲自为我拭去泪水之日》，姜楠译，北京：金城出版社，2012 年版，第 114 页。

留情地打破了他对父亲之死的幻想。大江通过对父子二人的幻想进行彻底否定和批判的母亲这一女性的眼光,挖掘那种潜藏在共同体内部的带有集体无意识性质的暴力。篠原茂(篠原)指出,在这部小说中,与"同时代史"的口述者相对的笔录者、与崇拜天皇和父亲的他相对的作为社会主义者女儿的母亲分别作为批判者承担着将现实相对化和戏谑化的作用。那种戏谑化也在多重结构之上成立。比如,"他"带着崇敬之意将父亲和天皇称为"**那个人**",而母亲带着轻蔑的口气称丈夫为"**那个人**"①。可以说,母亲和妻子这一女性视角的导入摧毁了日本具有漫长历史、以男性共同体为核心、以天皇制为代表的牢固的文化体系,从事物的另一面,也就是从女性文化的新视点来营造一个伦理道德观念和对历史认知方式的新的层面。在这个意义上,主人公的身份认同不仅仅是一个心理事件,而是和意识形态息息相关。大江通过主人公身份认同的建构不仅对现代日本人精神层面天皇制的束缚进行了深入探索,还自觉地从性别立场出发,通过对父亲所代表的天皇制这一权威存在的滑稽化,以及对女性参与历史建构的描述,来达到精神反思、文化反思的最终目的。

## 第三节 真实与虚构:摇摆的"同时代史"

从表面看,《亲自为我拭去泪水之日》讲述了主人公少年时期的一段人生经历,但小说远远超出了传统人生成长故事的范畴。在叙述者讲述故事的同时,记录讲述内容的记述者即"遗言代执行人"通过打断叙述的连续性不断将叙述从过去拉回讲述的现在,并通过对讲述内容的质疑等手段试图引导叙述者正视现实本身。叙述者自己甚至开诚布公地宣布讲述内容的虚构性和幻想性。

事实上,你明知自己患有无法医治的癌症,而且即将进入昏睡状态直至死亡,为什么还以坚定的口吻讲述和实际病情完全矛盾的状况呢?"遗言代执行人"接着说,将这些虚构的事实逐一置换成文字,这样一丝不苟记录下来的谎言反而变成了事实。这让我觉得很不舒服,有种硬把自己的手指握在笔上进行记录的感觉。

---

① 篠原茂:『大江健三郎論』、東京:東邦出版社、1973年、293頁。

## 第四章 《亲自为我拭去泪水之日》的个体记忆与历史书写

"他"听后立即反击道,即使医生命令你现在必须戳穿那家伙患有癌症的谎言,也于事无补。因为,每当你说出这个谎言的时候,它就会变成一个实体漂浮在你的大脑周围。而你,则只能呆然伫立在由这谎言形成的如蚊群般的星柱状实体之中。①

在此,叙述者和记述者都认识到语言在历史和记忆中的建构功能。谎言和事实都要通过语言来表述,是语言的建构物,即使是谎言,通过语言的修辞功能也会建构出新的现实来。同样,记录下来的"同时代史"的真实感,更多地来自其形式上的"逼真性",而非来自客观真实。叙述者通过叙事动机的表白自我揭露文本虚构性的同时,也是向记述者或读者暗示后面自己所要讲述的父亲在暴动中被射杀这一历史记忆,并不是依赖于事件本身的真实性,而是依赖于能有效营造"逼真性"幻觉的叙述惯例。大江通过自揭虚构的元小说技巧,在将历史作为个人记忆来讲述的过程中凸显了历史的虚构性和叙述性,从一个侧面暴露了所谓"客观""真实"的历史文本中所隐藏的叙事逻辑和意识形态。叙述者对叙事成规决定着一个被描述的事件是否真实这一点有着清醒的认识。小说中的"他"明确表示,之所以故意使用第三人称进行讲述,是"为了写起来容易一点儿"②。也就是说,叙述者采用第三人称的讲述方式目的是隐蔽自己的声音,让记述者或读者觉得事件仿佛未沾染任何主观色彩似地在自主呈现,更便于记述者记录,这也是他认为历史书写应该具有的立场。不过,通过考察可以发现,叙述者呈现的这段历史缺乏一个稳定的支撑——这个经历和讲述"同时代史"的人,或者说这个历史主体,仅仅呈现了自己的一段记忆,但拒绝对事件和人物的真实性做出任何保证,甚至用元小说式的"侵入式叙述"公开声明其虚构,根本无法为读者提供一种稳定感和可靠感。叙述者"我也说不清是否真的经历过自己所说的那些事情。说起来,是否和现实一致,这本身就是一个毫无意义的问题"③这一叙事态度,体现出他对所谓的能够客观描述的现实主义的批判。小说叙述者通过对语言建构功能的强调,从而解构了所谓的"历史真

---

① 大江健三郎:《亲自为我拭去泪水之日》,姜楠译,北京:金城出版社,2012年版,第9页。
② 大江健三郎:《亲自为我拭去泪水之日》,姜楠译,北京:金城出版社,2012年版,第18页。
③ 大江健三郎:《亲自为我拭去泪水之日》,姜楠译,北京:金城出版社,2012年版,第15页。

实"。叙述者和记述者在此公开探讨了真实与虚构（谎言）的关系，对书写行为本身提出了自己的看法，认为谎言和真实并不是截然的两极，谎言可以通过言说、书写行为而成为真实。在此，叙述者对自己讲述的"同时代史"的态度本身呈现出浓厚的新历史主义倾向。

叙述者认为，在自己被癌症吞噬的瞬间，过去、现在和将来就凝聚在现在之中，自己就可以重新建构历史。"那个时候，那个仲夏的午后将会变成一个可以任意选择的、如弹性织物般的'现在'，出现在'他'的面前。即将真正变成癌症人的时候，'他'就会愉快地进入这个'现在'深邃、宽广的内部。"①小说为暴动事件安排了三个可能的结局。第一个结局是母亲指出的1946年8月16日在银行前发生的街垒战中，父亲"左手将军刀举过头顶，右手做出示意'别开枪、别开枪'的动作。但实际上，他还没来得及说一个字，就被击毙了"②的情景。第二个结局就是在街垒战中，除"他"之外，所有人都被射杀，父亲右手挥舞着军刀，左手从木箱里伸出来，用手指着前方，告诫他要活下去，并牢记自己看到的情景。第三个结局描写了他所幻想的自己与父亲（天皇）一体化的情景。背后中弹的他认为只有**那个人**（与天皇一体化的父亲——笔者注）才能为自己擦拭脸上的鲜血还有泪水，在通往银行入口处的石阶上，向身中数枪、用一只手臂挥舞着军刀的父亲（天皇）爬去的情景。关于暴动三个结局的设置进一步明确暴露了文本的虚构性，因为真实的现实是既定的、无法选择的，而小说虚构则有无数的可能。在这个意义上，《亲自为我拭去泪水之日》不同于那些沉迷于文字游戏，甚至脱离了历史和现实的元小说，它将后现代表现手法与社会历史语境结合起来，展现了记忆和历史可以根据意识形态进行重塑这一本质，呈现出不同权力话语和意识形态对历史的建构。

叙述者的"同时代史"对战后日本政治、社会状况的指涉将读者的注意力引向了文本外的历史和现实。他在叙述中特意强调"同时代史"的现实指涉性。在当下的他看来，战争是非正义的，"出现在这部'同时代史'的**那个人**，假如没有在战败后不久城市的巷战中被杀死，那么理应接受远东军事法庭设立在峡谷森

---

① 大江健三郎：《亲自为我拭去泪水之日》，姜楠译，北京：金城出版社，2012年版，第123页。
② 大江健三郎：《亲自为我拭去泪水之日》，姜楠译，北京：金城出版社，2012年版，第110页。

林中的临时法庭的审讯。因此，从现在开始我所要讲述的，是对联合国、对我们这个显然是战犯幸存者操纵的国家政权所表达出的最为切实的关心"①。不难看出，他对战争的侵略本质还是有着正确的认识的，表现出对当下日本是被右翼操纵的国家这一政治现实的不满。从这一点来看，犹如主人公同时具有民族主义者的父亲和反天皇制后裔的母亲两种不同的血脉一样，他的思想也具有两义性，使其自身成了一个文化人类学中骗子、小丑式的人物。他戴着泳镜，幻想自己得了癌症，试图与父亲（天皇）一体化的努力看上去滑稽可笑，但正是通过这样一种形式，达到了对禁锢现代日本人思想的天皇制的讽刺和批判。他所讲述的"同时代史"，不仅仅是一种对过去时光的再现，它具有开放性，是对权威的、一种声音的历史的反抗。它不断地在过去和现在之间摇摆，有着强烈的现实关怀。

## 小　结

将《亲自为我拭去泪水之日》置于反天皇制小说的谱系上可以看到，这部小说与早期的《十七岁》（1961）、《政治少年之死》（1961）相比，反天皇制这一主题具有很强的观念性，从而使小说对三岛的批判、对否定民主主义的天皇制的批判缺乏具体性。在这个意义上，黑古一夫（黑古）毫不客气地认为这部作品"未必是成功之作"②。不过，大江之后两部反天皇制巨作《同时代的游戏》（1979）、《水死》（2009）分别在对历史的重构和"杀王"等民俗学要素的运用上继承了这部小说的风格，特别是《水死》在小说形式上所呈现出表层结构与深层神话原型的结合、"杀王"意象所体现的与绝对天皇制社会伦理对决这一主题就是这部小说反天皇制主题的延续和深化。小说通过个人言说的记忆来重构历史的手法表现天皇制枷锁对现代日本人精神禁锢的同时，呈现出对宏大历史质疑的新历史主义倾向，体现了大江省察历史与现实的理性精神和解剖自我灵魂的自

---

① 大江健三郎：《亲自为我拭去泪水之日》，姜楠译，北京：金城出版社，2012年版，第8页。
② 黑古一夫：「天皇制——デモクラット大江健三郎の決意」、島村輝：『日本文学研究論文集成 45 大江健三郎』、東京：若草書房、1998 年、39 頁。

审精神，展现了大江在天皇崇拜和战后民主主义两种截然不同的时代精神之间进行文化反思的积极姿态。在这个意义上，无论是主题表达还是形式实验，这部小说在大江文学中均具有不容忽视的重要地位。

# 第五章

# 《别了，我的书！》的互文性叙事与晚期风格

　　《别了，我的书！》（『さようなら、私の本よ！』2005）是大江健三郎晚年代表作"奇怪的二人组合"三部曲（前两部分别为《被偷换的孩子》《愁容童子》）的最后一部。除小说标题出自俄裔美国作家纳博科夫《天赋》中的诗歌之外，英国诗人艾略特的《四个四重奏》《小老头》、陀思妥耶夫斯基的《白痴》《群魔》《卡拉马佐夫兄弟》、法国作家塞利纳《茫茫黑夜漫游》，以及大江的早期小说也以片段引用或意象借用的形式进入叙事之中，从而使这部小说成了多个文本相互缠绕、交汇贯通的复杂网络。小说的互文性特征充分表现了大江对小说创作与其他文本，以及与社会语境之间动态关系的认识，体现了作家晚年对小说形式的执着追求。本章尝试将互文性作为一种后现代文本建构策略，通过深入考察小说在叙事格调、人物塑造等方面所呈现的文本开放性，进一步探讨小说主题与大江晚年创作风格的关联。

## 第一节　双重叙事结构与元小说技法

　　在一次读书讲座中，大江提到了这部小说题名对纳博科夫《天赋》的借鉴。"《别了，我的书！》是我最新作品的书名。正如书中写到的那样，书名引用了纳博科夫使用俄语进行创作时期的代表作《天赋》。书中塑造的主人公具有永恒的生命（连书中即将死去的主人公也是如此），但书的作者却要死去。在死之

前,作家要向自己的书告别。"①也就是说,《别了,我的书!》本身具有很强的终结意识,体现了作家对创作生涯的回顾和对晚期风格的探寻。从结构来看,这部小说与《天赋》相似,主人公都在创作一部小说,小说结构均带有元小说性质。在主题上,《别了,我的书!》所表达的"破坏与重构"理念与萨义德的晚期风格思想密不可分,使小说结构本身呈现出某种形式意味。正如作品的诞生意味着脱离作家而独立存在一般,《别了,我的书!》体现了大江期待着书中描绘的世界能够平行于自身所处的现实世界而获得永恒。小说题名本身的模糊性同样预示着小说主题中"破坏与重构"这一思想的重要性。要正确理解小说的主题,不能不关注其独特的结构。

小说中,作家长江古义人(古义人)晚年因遭受暴力头部受伤入院治疗,文学创作也遇到了瓶颈。住院期间,少年时代的伙伴椿繁(繁),"因9·11纽约恐怖事件而感到震撼,便厌倦9·11之后美国的政策走向"②而和俄裔青年弗拉基米尔、华裔女青年清清来到了日本。为推广自己"Unbuilt&Unbuild"(意为未建成和拆毁——笔者注)建筑理念以及一种使"自由的个人团体"对抗"现代世界的巨大暴力构造"成为可能的设想,繁计划炸毁东京的高层建筑来获得一种犹如"9·11"事件中恐怖分子炸毁世贸组织大楼那样的巨大轰动,希望借此能为进入创作瓶颈期的古义人提供新的写作思路。"9·11"事件发生后,美国在政治上逐渐向右转。"'9·11'恐怖袭击事件在很大程度上推动了美国的保守主义运动。布什政府以反恐和国家安全为由,对内采取了一系列举措,强化社会控制,蚕食公民权利,扩大行政当局权力,并削弱立法和司法部门的权限。这已经引起美国公众的警觉和自由派势力的抵制。"③繁可以说是通过实际行动对国家暴力进行抵抗的代表。但是,他的这一计划遭到了其所属上级组织"日内瓦"的否定,于是繁决定在古义人的别墅"小老头之家"进行爆炸试验。然而,繁的手下小武和大武提前行动,导致拍摄爆破情景的小武中弹身亡。这一事件过后,古义人开始记录并解读社会上出现的"征候",将其作为自己着手创作的"互文性

---

① 大江健三郎:「大江健三郎.生きること・本を読むこと(1)さようなら、私の木よ!」,『すばる』2006年9月号、226页。
② 大江健三郎:《别了,我的书!》,许金龙译,天津:百花文艺出版社,2006年版,第11页。"9·11"应加引号。
③ 郝雨凡:《"9·11"事件与美国保守主义》,《美国研究》2002年第2期,第7页。

## 第五章 《别了，我的书！》的互文性叙事与晚期风格

小说"的要素。从整体来看，《别了，我的书！》本身就是小说中的作家古义人描述这一事件前后经过的小说，现实中的作家大江健三郎和小说中的老年作家古义人由此重合在一起，使小说形成了嵌套式的文本结构，同时包含了作者文本和主人公文本两种文本形态，能够使大江在文本内外共时性地展开情节。第三人称叙事将这部小说的叙事声音和人物视点区分开来，可以使处于外部文本的大江本人与处于内部文本的作家古义人彼此映照。序章"看呀！他们回来了"引用了古义人《亲自为我拭去泪水之日》的开头，终章"征候"引用了古义人大学时代发表的小说《奇妙的工作》临近结尾的一节，两部作品均为现实作家大江已经出版的小说，在此，现实世界与虚构的文本世界最终衔接在一起。直到小说结尾，读者才发现所读的文本或许正是古义人要创作的那部互文性小说，于是故事又回到了起点。整部小说犹如一条连续不断、错综复杂的莫比乌斯带一般可以无限循环地读下去。读者不知不觉沉浸于故事情节的同时，自己也在试图摆脱被文本左右的过程中体会到了精神冒险、掩卷遐思等审美艺术感受。

在这部小说中，大江借繁转述的吾良的观点，对古义人也可以说是大江本人长期以来的"私小说式"创作方法进行调侃，这也暗示了《别了，我的书！》的元小说特征。

> 于是呀，他（指吾良——笔者注）就对咱说了：尽管这样，可古义人还是小说家，这家伙还琢磨出某种独特的写作形式，确实有异于通常的私小说，打算大量引用奥登啦布莱克啦，来继续书写他那毫无情趣的人生。①

繁揭示了古义人长期以来的写作方法，即古义人书写自己的作家人生，但在技法上却有别于一般意义上的私小说。也就是说，小说人物既是作家凭借想象力创作出来的客体，又带有作家个人的投影。在《别了，我的书！》中，古义人认识到新的小说构想需要打破历来的创作范式。"椿繁说，我作为作家'走到尽头'……我确实数度有过这种经历。今年夏天，我出院后来到北轻井泽，实际上当时并没有任何新小说的构想。在这里听繁叙说那些事情的过程中，创作小说的

---

① 大江健三郎：《别了，我的书！》，许金龙译，天津：百花文艺出版社，2006年版，第53页。

力量似乎已经恢复了……椿繁所说的那些内容不是无中生有。"①同时，椿繁的建筑思想及接下来的行动计划也为古义人找到新的小说创作手段提供了借鉴。繁的建筑思想认为，都市的摩天大楼在结构上具有脆弱性，与现代暴力异质同构。繁所设计的破坏东京超高层建筑的爆破手册草稿，是一个"与世界的巨大暴力进行对抗的、以个人为单位的暴力装置"②。古义人也承认，繁的理论及将要实行的计划，将他身体中"有着怪异之处的家伙"③即另一个自我解放了出来。在此意义上，繁可被看作古义人内心深处另一个自我的外化。芳川泰久指出，"并不是说古义人就是作家本人。我们必须看到大江健三郎如此刻意地试图编造繁和古义人的二人组合小说这一点。之所以用'编造'一词，是因为这样创作出来的是虚构，但我们读者却巧妙地（或许这样说甚至显得幼稚）通过将古义人等同于作者，也认可了无法完全断定是虚构的部分"④。也就是说，私小说这一装置成了使二人组合具有某种现实性的源泉。《别了，我的书！》描述了古义人的读书生活、创作生活和非同寻常的冒险，小说本身就是古义人书写冒险经历的小说。但是，大江的真实不同于传统现实主义意义上的真实，他的真实淋漓尽致地体现在想象力层面上，即老年的古义人和繁拒绝与既存社会秩序的和解，试图通过想象力层面的大胆突破，来表现他们对"9·11"事件以来日本政治现状的关注。从叙事结构上看，《别了，我的书！》位于小说表层的作者文本描绘了"9·11"事件后日本知识分子对时代状况的忧思。小说给读者的第一印象便是讲述了大江自己的阅读和创作生涯，文中提及了古义人的几部作品，虽然和现实作家大江健三郎的作品书名略有差异，但都能找到其对应的现实之作。此外，大江还提到了艾略特、陀思妥耶夫斯基、塞利纳、贝克特等人的经典作品，古义人着手创作的"鲁滨孙小说"，其构思就来自描绘主人公鲁滨孙和犹如其分身一般的巴尔达缪这一二人组合人生冒险故事的《茫茫黑夜漫游》。从小说登场人物奈奥向古义人转述的繁的话语之中，可以看到繁对"鲁滨孙小说"的殷切期待。

"即便计划遭到失败，可在这个计划的准备阶段就同步记录下全过程的草

---

① 大江健三郎：《别了，我的书！》，许金龙译，天津：百花文艺出版社，2006年版，第263页。
② 大江健三郎：《别了，我的书！》，许金龙译，天津：百花文艺出版社，2006年版，第243页。
③ 大江健三郎：《别了，我的书！》，许金龙译，天津：百花文艺出版社，2006年版，第78页。着重号为原文所有。
④ 芳川泰久：「小説に現在おこっていること——大江健三郎の〈おかしな二人組〉ぃ/から」、『早稲田文学』2011年第4号、311頁。

稿，则会存留在古义手边，他可以将此作为素材完成小说。虽说那是一个悲惨失败的故事，可作为防范规模巨大的恐怖事件于未然的故事，或许会成为他整个生涯中难得一见的头号畅销书吧……"①

繁的话间接告知读者现实文本《别了，我的书！》的社会意义，即防范未来巨大暴力的预警功能。可以说，繁的话暴露了《别了，我的书！》的整体创作思路。可以说，《别了，我的书！》的主人公文本是作者文本的整体构思过程，是现实作家大江健三郎最初构思阶段的草稿，是未来要完成的作品。大江借助这部小说的私小说式框架，展示了整部作品的创作过程，从而消弭了作者文本和主人公文本之间的界限。老年作家古义人在与建筑专家繁等人的交流中使故事沿着一个个环形螺旋逐步上升，最终小说的主人公古义人与作家大江健三郎本人高度契合，小说成功跨越了小说（虚构）与生活（现实）之间的界限，小说中的作家古义人从文本内部即从小说的字里行间转入现实外部，等同于现实中存在的小说《别了，我的书！》封面上印刷的作者大江健三郎。在小说结尾，古义人最终克服了创作瓶颈，找到了自己的"晚期风格"。

一般说来，嵌套式结构多表现为文本套文本、故事套故事、作品套作品的双重叙事框架，属于元小说创作中经常采用的一种叙事结构。元小说一个重要特征就是暴露小说手法及其创作过程，这一点从繁对古义人小说创作方法的建议之中也可以看到。

"把场所设定在了'小老头'之家。从大病中恢复过来的老人坐在扶手椅上，膝头铺着软垫，软垫上面再放上一块木板，看那模样像是要写什么东西，可并不是他独自一人在写。在他身边，另一个老人躺在沙发上。这个老人基本沉默无言，可也有饶舌的时候……这两个老人是在用记录对话的方式进行写作……"②

纵观这部小说，与大江之前作品最为显著的不同便是采用了为数众多的对话场景，以及对话中大量的第三者话语转述。大江通过描写古义人和繁的"对话"

---

① 大江健三郎：《别了，我的书！》，许金龙译，天津：百花文艺出版社，2006年版，第158页。
② 大江健三郎：《别了，我的书！》，许金龙译，天津：百花文艺出版社，2006年版，第247页。

情境，以及古义人与恩师六隅、电影导演吾良等亲友的灵魂对话，将"过去"和"当下"两种叙事时间牢牢缠绕在一起，使半个多世纪的时间和历史，浓缩在一段段虚拟的对话之中。这一手法使小说故事的呈现显得更为客观，从而使故事叙述看上去似乎产生于"人物之口"而非"作者之笔"。

除"对话"这一小说形式特征外，互文性也是《别了，我的书！》最为显著的叙事特征，体现出明显的现实指涉性，可以说是大江运用元小说手法暴露策略向读者出示的另一把解读文本的钥匙。

## 第二节 互文性叙事与小说主题建构

法国文艺理论家蒂费纳·萨莫瓦约在梳理了克里斯蒂娃、巴赫金、罗兰·巴特、热奈特等理论家的文本认识之后指出，互文性是对文学本身的追忆，是"文学体系的一种手法和文本的多种表现形式"[①]，并将其具体化为引用、暗示、抄袭、参考、戏拟、仿作、合并、粘贴等文本表现形式。由此看来，《别了，我的书！》可被看作大江向其他世界文学经典致敬的作品，其互文性特征首先表现为引用。在这部小说中，大江通过古义人和弗拉基米尔、清清等人阅读、讨论艾略特《四个四重奏》、塞利纳《茫茫黑夜漫游》等作品展现了他对原文本的理解，并对这些材料进行加工，使原文本在进入新语境后产生出新的意义。借古义人之口，大江表达了自己对互文性的认识。

"早在我刚开始从事写作那阵子，曾有一位前辈鞭策我'要写互文性小说[②]'。目前，我要解读出那些正是互文性小说要素的，包括人事在内的所有一切的、微小的、甚至有些奇态的'征候'，并将其记述下来。"[③]

---

[①] 萨莫瓦约：《互文性研究》，邵炜译，天津：天津人民出版社，2003年版，第32页。
[②] 日语原文为「全体小说」，是日本作家野间宏根据法语 roman total 一词的日译。王逢振、李景端、严永兴等人编著的《新编二十世纪外国文学大词典》（南京：译林出版社，1998年版，第59页）指出，"所谓全体小说，就是指能够从生理、心理、社会诸方面综合地揭示人的各层次的长篇作品"。
[③] 大江健三郎：《别了，我的书！》，许金龙译，天津：百花文艺出版社，2006年版，第276页。

## 第五章 《别了，我的书！》的互文性叙事与晚期风格

在古义人看来，"征候"体现了文本世界与社会语境的关联。也就是说，古义人深刻地认识到互文性不仅仅是一个文本与其他文本的对话，它还存在于广阔的文化语境之中，体现了对前文本的吸收借鉴和对人类传统文化的继承。"征候（日语发音ちょうこう——笔者注）一词乍一读好像仅仅是谐音，但这一点却与开头长江古义人被标上假名读音（ちょうこうこぎと）密切相关。（中略）在读到长江的瞬间，长江就和中国的扬子江产生了关联，从而与小说中被称为'上海阿姨'的繁的母亲联系起来，与中日间的战争记忆联系起来。在这一情况下，被视为单个的词语，就开始呈现出多个分叉。"①正如小森阳一指出的那样，互文性可以通过词语读音所唤起的多个意象而得以实现，通过各种互文性要素的彼此牵连、互相映照，文本外的历史和现实得以共时再现，小说的主题也一步步得以升华。

陆建德探讨了《别了，我的书！》的互文性问题，认为互文性充分体现在大江与英国诗人艾略特的文本对话上，指出古义人的阅读带有很强的主体性，小说的互文性体现了作者文本选择的主动性和复杂的意图。②的确，这部小说的主要故事情节与主人公古义人阅读艾略特诗歌的体验同时展开，表现了古义人对死亡和信仰问题的理解。不过，从整体上来看，信仰问题是否是小说主题这一点就存在可以商榷的空间。除艾略特外，《别了，我的书！》还存在着与陀思妥耶夫斯基、塞利纳等众多作家作品的互文。小说中提到的弗拉基米尔和清清的上级组织"日内瓦"这一名称，就来自陀思妥耶夫斯基《群魔》的原型——1869年发生在莫斯科的涅恰耶夫事件。事件的主人公涅恰耶夫图谋在俄国建立反政府恐怖组织，就携带由无政府主义者巴枯宁签署的所谓"日内瓦指令"回到俄国行动，但却因杀害试图退出该组织的伊万诺夫而使计划流产。"作者为文本内的恐怖组织冠以'日内瓦'这个子虚乌有的名号本身，就泄漏了这位人道主义作家有意与之保持距离的心态。"③大江用日内瓦这一《群魔》中的地名来指涉繁等人的上级恐怖组织"日内瓦"，试图使读者意识到这一意象的同时，在形式上借用了原文

---

① 小森阳一：「言葉の記憶の分岐点：大江健三郎『さようなら、私の本よ！』に寄せて」、『世界』2006年1月号、266頁。
② 陆建德：《互文性、信仰及其他——读大江健三郎〈别了！我的书〉》，《外国文学研究》2006年第6期，第36页。
③ 许金龙：《盘旋在废墟上的天使》，《博览群书》2006年第9期，第6页。

本，但在内容和理念上却为其赋予了当代内涵。日内瓦事件是利用集体权力摧残人性的暴力事件，但暴力在这部小说中却表现为个体针对国家暴力的反抗。有别于恐怖分子的行为，繁等人的暴力计划是为了暴露国家权力脆弱的一面。万海松通过对《别了，我的书！》中所引用的陀思妥耶夫斯基《群魔》创作背景的分析，该作指涉了陀思妥耶夫斯基创作《群魔》时俄国发生的一起借助集体权力残害个体的案件，认为《群魔》和《别了，我的书！》均是对"日内瓦指令"的讽刺性模拟。①不过，需要说明的是，同样的暴力事件在不同的历史和现实语境中的意义可能大相径庭。大江借用《群魔》的这一情节，除了让读者关注两部作品之间的相似性之外，更是要借这一相似情节来凸显与现代国家暴力对抗的个人暴力。"在世界史的这个阶段，这种巨大暴力（指与国家暴力对抗的恐怖事件——笔者注）的解放如果不在世界各地发生，人类就无法走向下一个阶段。"②也就是说，大江在某种程度上肯定了反抗国家暴力的个人暴力的社会意义，他充分利用所引用文本的生产性进行重构，体现了对"9·11"事件后美国国家暴力的批判，以及对日本右翼势力抬头的警惕，极大地丰富了小说的思想内涵与批判意味。

除了对国家暴力进行批判之外，大江还从个人角度反思了个体内心的暴力。小说第六章"三岛＝冯·佐恩计划"提到了三岛剖腹自杀事件对古义人的思想冲击，促使古义人反思存在于自己内心深处的暴力倾向，特别是小时候对繁的暴力及进入老年后自己内心的暴力冲动，这也是他在听到繁等人的作战计划后觉得内心深处"有着怪异之处的家伙"正发挥作用的原因。大泽真幸指出，暴力最终与绝望相连。之所以如此，是因为暴力的结果一般分为胜利者和失败者，暴力只产生胜者的历史。"像人体炸弹恐怖事件中，恐怖主义者为之殉死的教义和理念，作为从破坏中断然逃离的胜方而掌握主权。本雅明将胜利者和失败者这一划分视为'从法律肯定的暴力朝向法律维持的暴力的转换'。但是，《别了，我的书！》或者说大江的许多小说在这一点上独具匠心，动摇了暴力要终结的'胜利者/失败者'这一划分，使模糊介入其中。独特的'奇怪的二人组合'这一设定

---

① 详见万海松：《恐怖的"日内瓦指令"：从莫斯科到东京——〈群魔〉和〈别了，我的书！〉对日内瓦指令的讽喻》，见陈众议、莫言、许金龙等：《大江健三郎文学研究：2006 论文集》，天津：百花文艺出版社，2008 年版，第 127 页。
② 大江健三郎：《别了，我的书！》，许金龙译，天津：百花文艺出版社，2006 年版，第 167 页。

（詹明信指出，之后大江也意识到的大江小说惯用的设定），就是这一思考。"①正如大泽真幸指出的那样，在小说第一部"宁愿听到老人的愚行"中，大江假设三岛自杀未遂，指出三岛会在20世纪80年代泡沫经济开始出现时期再次煽动自卫队发动军事政变并取得成功的可能性。这样，三岛剖腹自杀这一既定历史事件就作为广为人知的前文本同主人公对历史的假想构成互文。真实事件与历史假设之间的差异与变化，使读者将目光投向《别了，我的书！》这一文本得以产生的话语空间和思想空间。大江将真实的历史与虚构的故事素材巧妙地糅合在一起，利用"故事"和"历史事件"的互文，虚实相间地描述了日本当代政治的危险倾向。在此意义上，《别了，我的书！》的互文性策略不仅体现在小说与其他文学文本之间的相互联系和转化上，还体现在小说与社会历史现实之间的互动上。大江利用互文性叙事策略有效地将文本内外联系起来，使小说诗学形态与意识形态之间保持着一定张力，凸显了文本与社会文化的关系。

沼野充义（沼野）指出，《别了，我的书！》具有复杂的结构。"与这种惊世骇俗的情节（指椿繁用个人的暴力来对抗国家暴力——笔者注）的纵线相对，通过实例对艾略特、陀思妥耶夫斯基、塞利纳、纳博科夫这些作家作品的解读作为横线覆盖了作品整体，私生活（私小说式要素）、虚构、先行文学这三个层面错综复杂地相互缠绕，共同指向小说的反高潮式结局。"②可以说，大江的互文性策略使读者能够在与其他文本的参照中建立一张互文之网来对文本进行创造性解读。这一策略和许多后现代文本通过运用互文来对传统文本中的人物、故事、文类规范进行颠覆和解构不同，《别了，我的书！》的互文性叙事，体现了一种向经典致敬的人文精神。可以说，借助互文本之间的相互作用，大江表达了对以三岛由纪夫为代表的日本右翼思潮的批判，完成了对当代知识分子人文精神的文学书写，从而使互文性具有了某种意识形态批判意味。

一般认为，互文性将后结构主义作为哲学基础，彻底摧毁了作者的意图及作家因素对文本阐释的束缚，从而可以将文本置于互文本关系中进行动态考察。在此意义上，互文性就成为"文本与其他文本，文本及其身份、意义、主体以及社

---

① 大澤真幸：「書評『さようなら、私の本よ！』死者として生き残る」、『文学界』2006年1月号、246页。
② 沼野充義：「終わりの中の始まりを求めて——『古義人三部作』を読む」、『群像』2005年11月号、169页。

会历史之间的相互联系与转化之关系和过程"①。可以说,《别了,我的书!》将大江本人的读书和创作生活导入小说,把文本和现实平等并置在一起,给读者一种"文本即现实"的幻觉,最终获得了通过挖掘引用文本的所指潜能,最大限度地实现了小说意义的多样性和丰富性。《别了,我的书!》所引用的原文本意义和小说意义互相交错、多元共生,形成了一个无限延伸的意义链条,使读者徜徉于文本浩瀚的互文性之海的同时,切身体验到罗兰·巴特所推崇的那种带着焦虑和挫败感参与文本意义生成的阅读的愉悦。

## 第三节 "奇怪的二人组合"与"晚期风格"

小说第十四章"'奇怪的二人组合'之合作"②这一章节标题本身就体现了这部小说的人物塑造特征。"二人组合"也是大江小说一贯的人物设置模式,但"奇怪的二人组合"这一用语却来自美国批评家对古义人小说的评论。

繁和自己确实是 couple。这个英语单词,是古义人在美国批评家用挑出他小说固定样式的方法批评他小说的文章里发现的,pseudo-couple,奇怪的一对。古义人还意识到,这个词汇最初出于贝克特的小说《无名的人》。③

pseudo-couple 英语可以直译为"伪二人组合",源于贝克特对《无名的人》的主人公"米歇尔与卡米尔"这对小说人物的称呼。现实生活中,美国评论家詹明信在2003年11月20日的《伦敦图书评论》上发表了以"pseudo-couple"为题的大江小说评论。詹明信在评论大江描写当代宗教团体故事的小说《空翻》(1999)时回顾了作家小说中频繁出现的"父亲和残疾儿"这一对人物形象,并将其定义为"伪二人组合"。大江将现实生活中的这一真实事件导入小说,体现

---

① 李玉平:《互文性:文学理论研究的新视野》,北京:商务印书馆,2014年版,第5页。原文为黑体字,本书引用时字体有改动。
② 大江健三郎小说的主要中文译者许金龙先生曾用"奇怪的二人配"指大江小说中出现的这种人物设置模式,与"奇怪的二人组合"只是中文译名不同,意思完全相同。
③ 大江健三郎:《别了,我的书!》,许金龙译,天津:百花文艺出版社,2006年版,第116页。"词汇"应为"词语"。

## 第五章 《别了，我的书！》的互文性叙事与晚期风格

了他深受詹明信书评的启发，开始有意识地关注这一人物塑造模式所具有的形式意义。繁这一人物对古义人小说创作的建议充分体现了这一点。

"因此呀，咱想出了另一个方法，那就是在今天拍摄录像的过程中，使其成为具有现实性的构想。你呀，古义，首先就从你和咱这相辅相成的二人组合出现在舞台上这个场景开始写起。就写贝克特式的、你和咱之间的对话。作为小说导入部分的镜头，则从描写舞台人物之处开始。"①

田尻芳树指出，《别了，我的书！》中，大江将 pseudo couple 这一用语作为比贝克特小说中以机械式反复为特质的二人组合更加宽泛的概念来接受。"古义人与繁的关系和米歇尔与卡米尔关系大不相同。但对大江来说，这一点并不是问题。可以认为在最初将 pseudo 一词大胆地意译为'奇怪'之时，大江就刻意从贝克特脱离，试图将其作为自己独特的二人组合概念提示出来。它是一个囊括文学史上各种不同二人组合的极为总括性的概念，同时也是指示出大江小说和生活方式原理性部分的固有概念。"②的确，大江"奇怪的二人组合"中"奇怪"这一修饰语，为小说本身增添了滑稽、不合常理等意象，促使读者重新思考二人组合这一文学中常见的人物设置模式。

在这部小说中，古义人和繁组成的二人组合是分别从事不同领域工作的作家和建筑家。古义人帮助繁推行其建筑理念，繁帮助古义人寻找晚期的创作风格。繁炸毁东京高层建筑的大胆设想营造出一种富有戏剧性的非日常的情节。《别了，我的书！》将"奇怪的二人组合"这一人物设置作为小说的原理提示了出来，这明确表现在繁对自己和古义人二人关系的认识上。

"如果说，咱母亲和你母亲之间有一个密约……也就是说，她们呀，希望咱和你意识到彼此间是一种可以为对方而死的关系。而咱们呢，则如此这般地成了老人，已经大致做完了在现世必须做的工作。在这种处境中，如果想要彻底尝试

---

① 大江健三郎：《别了，我的书！》，许金龙译，天津：百花文艺出版社，2006 年版，第 84 页。
② 田尻芳樹：『ベケットとその仲間たち：クッツェーから埴谷雄高まで』、東京：論創社、2009 年、137-138 頁。

并从事某种全新的事物,那不是很可能成为一件趣事吗? 这可是由非常难得的缘分结合而成的二人组合所要干的事呀!"①

大江借人物繁之口暗示了古义人和繁"互为对方的替身或分身"这一关系。细读文本可以发现,大江将"影子人"这一故事原型灵活运用在这部小说的人物塑造上。影子人这一原型一般指作品中出现的面貌相似、如影随形的两个主人公,且大多与双胞胎、镜子、影子及双重性相关。如果从外表来看,古义人和繁并无许多相似之处,但在二人关系上,却具有与影子人原型相似的结构。"'二人组合'也就是两人在一起,'二'是'对话'的基本形态。'分身含有或许是自身的意思。很难明确地在分身与自身之间画一条界线。何为原版、何为翻版就变得模糊不清。也许对另一半来说自己才是分身。但是,实际上或许没有必要拘泥于'在此存在的是被他者化的自己呢,还是与之相反的自我化的他者呢'这一问题,重要的是姑且像接受自身那样切实地接受位于彼处的对象之存在。"②在影子人这一模式中,表面相似的主人公往往和他的影子之间表现出不可调和的激烈冲突。这部小说中,虽然古义人和繁的母亲希望二人是"可以为对方而死的关系",二人在老年也达成了和解,但少年时代的古义人却对繁持有一种强烈的抗拒心理。

古义人成为作家后曾数度写到这个情景,却没有提及那个正在战斗的孩子想要杀死对手,也就是说,没有提及自己存在暴力性冲动……③

在传统的影子人模式中,主人公和影子激烈对抗,影子的存在使主人公陷入一种焦虑困境,对影子的反抗始终伴随着主人公。少年时代的古义人在听到繁贬低母亲,否定自己的存在时,用石块砸向繁的头部。那种试图要杀死对方的内心深处的暴力,一直伴随着古义人。到了老年,这一内心的暴力冲动就具体化为影子人繁及其建筑理念。他所感受到的身体中存在的"具有某种怪异之处的另一个

---

① 大江健三郎:《别了,我的书!》,许金龙译,天津:百花文艺出版社,2006年版,第40页。
② 小野正嗣:「受けとめあう「二人組」——大江健三郎の『さようなら、私の本よ!』をめぐって」、『群像』2005年11月号、178頁。
③ 大江健三郎:《别了,我的书!》,许金龙译,天津:百花文艺出版社,2006年版,第15页。

自我"①，或许可被看作是繁这一影子人的内化，是老年的自己内心深处的不协调音，也是形成自己晚期风格的要素。与繁的合作，也就是与内心深处另一个自己（分身）的和解。繁所说的在老年"想要尝试并从事某种全新的事物"是"非常难得的缘分结合而成的二人组合所要干的事"充分证明了这一点。二人组合看似异想天开的行动形成了文本的动力，推动着故事情节的发展。可以说，古义人和繁这一奇怪的二人组合设置，就是大江为创造自己的晚期风格而精心设置的人物。

这部小说多处提及"晚期工作"一词，很明显借鉴了研究艺术家晚年创作风格的萨义德的晚期风格思想。在《别了，我的书！》中，萨义德也以古义人的友人瓦蒂的身份登场，使"晚期工作"一词切实成为解读小说的一条重要线索。在与清水彻的对谈《诗与小说之间》中，大江提到了好友萨义德的晚期风格思想。

面对个人成熟且被社会认同的大团圆那样的态度，被大众公认的晚年生活方式，也就是说，优秀的艺术家达到了性质与圆满、和谐这些完全相反的境界，虽然也有艺术家并非如此。接下来，他提到了贝多芬，剧作家中提到了易卜生。②

大江在对谈中体现的对晚期风格的理解虽然并未超越萨义德理论本身的范畴，但却敏锐地认识到萨义德对贝多芬、易卜生所代表的晚期风格尤为推崇的思想动机。萨义德在晚年著作《论晚期风格》中指出，许多艺术家的晚年创作因为纯熟的创作手法和时间的锤炼而呈现出一个圆满、和谐的艺术境界，但一些艺术家的晚期创作却具有一种令人费解的复杂性，存在着尖锐的冲突和无法调和的矛盾，与当时的社会流行风气格格不入。这种晚期风格可以说超越了艺术家所处的时代而走在了前沿。"在晚期风格中存在着一种内在的张力，它否认纯粹的资产阶级的衰老，坚持晚期风格所表现出来的孤寂、放逐、时代错误的日渐增长的意义，更为重要的是，表现出要在形式上维系自身。"③对小说主人公古义人和繁来说，二人都步入老年，无论是建筑思想还是创作思想均表现出离经叛道的一

---

① 大江健三郎：《别了，我的书！》，许金龙译，天津：百花文艺出版社，2006年版，第6页。着重号为原文所有。
② 大江健三郎、清水彻：「特別対談 詩と小説の間」、『群像』2005年11月号、105頁。
③ 萨义德：《论晚期风格：反本质的音乐和文学》，阎嘉译，北京：生活·读书·新知三联书店，2009年版，第15页。

面,呈现着一种刻意为之的否定性特征。"那些晚期风格的作品或许很难说是完全摆脱了时代的限制,但是它们却降低了接近世界的热情,加大了离弃世界的距离,以富有强大个人意志与色彩的方式去呼唤乃至创造着一个自足的艺术世界。一方面,这个艺术世界或许只是未来世界的预先投影,但另一方面,这个艺术世界或许是永远平行于此在的世界的,并获取了它自身的永恒。"①或许可以说,在对晚年风格作品特征的把握上,正如古义人收集"征候"所体现的那样,小说只是未来世界的预先投影,作家在完成创作的一瞬间,小说世界已经脱离了此在世界而具有了永恒性。《别了,我的书!》这一小说题名融入了萨义德"晚期风格"思想,体现了与纳博科夫原著《天赋》不同的独特意义。

　　同样,小说"奇怪的二人组合"这一人物模式设置也与晚期风格有着密切的关系,体现了大江一贯主张的民主主义思想。福嶋亮大(福嶋)认为,大江文学私小说式的设定可被视为一种政治性寓意进行解读。大江的"二人组合",是同性恋式的,同时也是兄弟爱式的。这种兄弟爱的形象,确实可以说与政治性内容相关。"实际上,所谓民主主义,说到底是一种人们自己统治自己的自我参照性的系统,所以,作为其形象,并没有采用垂直性的亲子爱,而是采用水平性的兄弟爱,这一点也绝非偶然。"②可以说,福嶋指出了大江小说二人组合的一个主要特征,这一洞见同样适用于繁和古义人组成的二人组合。在德里达看来,兄弟爱的形象是一个从亚里士多德到蒙田、卡尔·施密特,或者说是从希腊世界到基督教世界普遍贯穿着西方民主主义思想的重要主题。德里达指出,友谊政治学的灵魂是一种兄弟义气即"博爱"。古代希腊人在与"蛮族"的无数战争中,博爱意味着珍视与战死同胞之间的兄弟情义,它构成希腊人同仇敌忾的天然纽带。"我要指出,我使用男性称谓([男性]朋友,他,如此等等),却并未处在一种自恋的兄弟博爱的分裂暴力之中,为的是揭示一个有待我们去解决的问题。这个问题就是友爱的经典结构——男性中心结构——之中的兄弟问题。"③小说中古义人与过世的六隅先生、吾良等师长、友人的幽灵对话这一设置,也可被看作是

---

① 王威廉:《登临漆黑顶峰的孤独灵魂——读萨义德〈论晚期风格〉》,《书城》2009年第10期,第93页。
② 福嶋亮大:「大江健三郎の神話装置——ホモエロティシズム・虚構・擬似私小説」,『早稲田文学』2011年第4号、275頁。
③ 德里达:《友爱的政治学及其他(上)》,夏可君编,胡继华译,长春:吉林人民出版社,2011年版,第25页。

出于这样一种考量。"当然，摄像机并不能摄下从彼界返回来的那些朋友的姿势，也无法录下他们的声音。不过，我们可以看见他们的姿势，可以听见他们的声音。尽管难以让摄像机感应到这一切，但我们如果重复自己耳朵听到的那声音，再与本人的发言复合起来，就可以留下那'对话'了。"[1]可以看出，对这样一种假想式男性中心结构的执着已成为古义人凭借以博爱（兄弟爱）为代表的民主主义来对抗现代暴力的手段。在这一点上，繁和古义人的二人组合本身就具有了某种形式意义，体现了大江文学的政治性、思想性源流。古义人与死者对话的场景，也可被视为一种古义人与缺席的他者组成的多个"二人组合"之间的精神交流。由此，"自我对话的对象，已不再局限于'二人组合'这一狭隘的范畴。自我面对这些可视化的他者，脱离因'物'化而完全僵硬的主体存在，恢复自由结合与离散的可能性。也就是说，自我成了离散的主体，这样，古义人发现了自我存在于当下、此地，发挥着与多个缺席的他者对话的网络功能"[2]。也就是说，繁拍摄古义人与一个个死者的对话这一情节设置，同时也暗示着对话已经不再局限于固定的二人之间而具有了开放的可能性。人物关系的开放性与文本的开放性一道，体现了大江对"9·11"事件后美国拒绝对话，利用强权掀起新的战争的愤慨，表现出对日本当下右翼势力蠢蠢欲动的政治保守倾向的忧虑和对人文精神回归的呼唤。

## 小　　结

作为日本战后人文主义者渡边一夫的弟子，大江是一位秉持人文主义，高举民主主义旗帜的知识分子。他在"9·11"事件后世界充满对恐怖分子责难的社会风潮中，在美国政府借打击恐怖主义之名将国家暴力扩大化的时代危机中，通过这部小说将被主流话语全面否定的个人的暴力推向了前台，进而试图瓦解产生非正义国家暴力的权力结构，这显然与萨义德批判深陷权力结构的话语模式的主

---

[1] 大江健三郎：《别了，我的书！》，许金龙译，天津：百花文艺出版社，2006年版，第93-94页。
[2] 村上克尚：「対話の「ネットワーク」としての「私」——大江健三郎『さようなら、私の本よ！』における諸概念の分析を通じて」，『言語情報科学』2013年第11号、267頁。

张高度契合。大江对晚期风格的执着也从一个方面证明了萨义德文学艺术中并不存在完全本质化的传统这一"反本质论"观点。这也是大江通过私小说式的创作来实现对日本文学传统超越的理论基础。《别了，我的书！》在小说结构、人物塑造、叙事风格、主题诉求等方面均体现了大江对世界文学、文化经典的吸收和借鉴。借互文性强调文本间的交流互动这一特征，大江从一个侧面表达了对"9·11"事件后美国政治保守倾向的批判和对日本当代政治状况的忧虑。在此意义上，《别了，我的书！》的互文性叙事实现了小说形式与主题诉求的高度契合，呈现出一种兼容并蓄与反叛规范的创造性，既是大江对自己小说创作生涯的回顾，又体现了他对自己晚期风格的执着追求。

## 第六章

# 《优美的安娜贝尔·李寒彻颤栗早逝去》的跨界叙事与身份认同

大江健三郎《优美的安娜贝尔·李寒彻颤栗早逝去》(『臈たしアナベル·リイ 総毛立ちつ身まかりつ』2007)是一部关于电影创作的小说。小说书名来自日夏耿之介翻译的美国诗人爱伦·坡的诗歌《安娜贝尔·李》中的一句。通过在小说中多次引用这首诗歌,大江将诗中安娜贝尔·李的悲惨遭遇与曾在少女时代出演"安娜贝尔·李电影"的女演员樱联系起来。同时,由于诗歌的女主人公安娜贝尔·李和纳博科夫小说《洛丽塔》的男主角亨伯特少年时代因伤寒死去的初恋情人具有相同的名字,加上樱的遭遇与洛丽塔也具有某种相似性,进而使三部作品紧密联系在一起,成为互相参照的三个文本。在这部小说出版后的访谈中,大江提到了这部小说的创作动机。

我看过数遍《洛丽塔》,正因为书中安娜贝尔·李作为具有现实感的少女出现,每次阅读我都心潮澎湃。而且,那种心动的方式随着年龄增长不断变化。因此,我预感到书写与此不同的、自己的安娜贝尔·李的时候总有一天会到来。

事实上,我心中一直存在着这种预感和像樱那样的女性形象。我想将其塑造为与早年夭折的安娜贝尔·李相反的、永远活着的女性。她比我稍微年长,美丽且具有丰富内涵,也会随着年龄的增长经常处于某个危险的转折点,但她绝不会向自己所受的创伤屈服。①

---

① 大江健三郎:「『臈たしアナベル·リイ総毛立ちつ身まかりつ』刊行記念インタビュー「成熟」を引っくり返す大冒険」、『波』2007年12月号、3頁。

大江的发言告诉读者，这不是一部反映作家少女情怀的浪漫小说，也绝不是一部像《洛丽塔》那样描写畸恋的悲剧小说。在直面人生苦难的女主人身上，体现了作家从人生的绝望中寻找希望的抗争精神。在小说形式上，这部小说的现在时叙事使人物描写具有了浓厚的现实感。叙述者"我"通过电影改编和"电影小说"创作过程的展现，很好地体现了大江对自己作家人生价值的省察和确认。可以说，这一切都与这部小说的跨界叙事不无关系。

## 第一节 现在时技法与影像叙事

小说讲述了作家"我"和电影制片人木守有、演员樱一起制作电影的故事。30年前，"我"接受大学同窗木守有的委托，将德国作家克莱斯特的小说《米夏埃尔·科尔哈斯》（1811）与幕府末期在自己的家乡四国发生的农民暴动联系起来，将原著以男性为中心的故事改编成以樱出演的起义领导人"铭助妈妈"为中心的电影。然而，在筹划过程中，摄影师惹出了儿童色情照片丑闻，从而导致电影计划被迫搁浅；樱也因看到少年时代的自己在出演"安娜贝尔·李电影"时被当时的养父、现在的丈夫——美国军人迪比多·马加尔沙克猥亵的场面而深受打击。30年后，已成为老人的三人重启拍摄计划，由樱将其中的一幕《"铭助妈妈"出征》的"述怀"一节拍成电影，"我"模仿英国小说家马尔科姆·劳里将菲茨杰拉尔德的《夜色温柔》改编为电影剧本时所采用的"正在看电影"的视点，将樱拍摄电影的情况写成了"电影小说"。女作家川上弘美敏锐地觉察到电影在这部小说中的重要地位，"序章和第4章描写的是现在，第1、2、3章描写的是30年前的现在。具有这样一种结构的这部小说的故事起点出现在第2章，即在松山度过高中时代的叙述者'我'记忆深处某部8毫米电影。那是根据坡的诗歌《安娜贝尔·李》拍摄的少女的映像"①。的确，樱在拍摄电影中的遭遇不仅仅是故事的一个重要情节，还与30年前流产的电影计划和30年后重启拍摄计划关系密切。从小说内容来看，整个故事都是围绕电影制作展开。少女时代的樱主

---

① 川上弘美：『『臈たしアナベル・リイ　総毛立ちつ身まかりつ』』、『早稲田文学』2013年第6号、463頁。

演《安娜贝尔·李》8毫米电影；"我"改编自克莱斯特原著的幕府末期四国农民暴动的电影剧本；对樱即将出演的《"铭助妈妈"出征》"述怀"一节的描写；"我"想象着樱演出的场景创作的电影小说。可以说，大江借助电影拍摄情节，试图通过大量具有视觉性的语言来实现电影与小说两种文体的互渗和融合。

大江是一位对电影、绘画、戏剧、音乐等艺术有着深厚造诣的作家，在大学时代就有创作剧本《野兽之声》的经历，还曾经将剧本改编成小说《火山》。在《优美的安娜贝尔·李寒彻颤栗早逝去》中，大江采用现在时叙事，刻意呈现出与文学固有的回忆模式背反的姿态，体现了他对电影现在时态的借鉴。在小说序章"怎么，你竟然会在这种地方？"的开头，大江采用第三人称叙事和追求一种视觉化、动态化，带有强烈画面感的语言，缓缓拉开了故事的序幕。

一个肥胖的老者左手手持看上去沉甸甸的红色树脂弹力棒快步向前走着，一个肥胖的中年男子握着蓝色树脂弹力棒走在他的右侧。（中略）

老人（就是我）被查出脉律不齐停止游泳后，俱乐部的教练建议我尽步走，我也积极地希望借此能够纠正儿子拖着腿走路的习惯。①

不难看出，小说开头用第三人称叙事描绘的老人和中年人的散步场景，具有明显的电影镜头感。接下来的一段以"老人（就是我）被查出脉律不齐停止游泳后……"这一犹如电影画外音般的叙述者话语插入打开了记忆的闸门。这样，具有展示性效果的第三人称叙事自然地转换为讲述型的第一人称。可以说，这一带有第三人称叙事所具有的强烈视觉化的客观描写和第一人称现在时的讲述，充分体现了大江有意识对电影等视觉艺术的借鉴。

小说的主要故事发生在30年前，就题材本身而言，它是对往事的追忆。小说以现在时讲述了"我"30年后与木守有、樱重新开始电影拍摄的故事。30年前的过去时间依靠"我"的回忆完成了与现在的对接，成为现在时间流程中的一个有机组成部分，参与了小说意义的建构。小说中的人物犹如活动在舞台上进行即时表演一样，他们的动作都是现在时的。也就是说，这部小说在叙事形态和表

---

① 大江健三郎：『美しいアナベル・リイ』、東京：新潮社、2010年、10頁。

现形式上具有了影像叙事特征。"过去"与"现在"只是在"我"的经历中有先后之别,但在表现上却是共时性的对照。现在时叙事时态不仅使这部小说具有电影或舞台演出直观、鲜活的艺术效果,而且使小说的意义结构更为丰富,奠定了小说令人怀念的叙事基调。

小说第3章中,"我"与樱二人一起去看垂枝樱花的场面很好地体现了这一现在时态的表达效果。"车子在狭窄街道两侧浓密的人流中穿行,浓重、低垂的夜幕直接从正上方朝着街道的亮光罩了下来。"①酒醉的"我"向樱诉说了自己对京都的印象,樱也向我说起自己在墨西哥体验到的与京都相同的感受。这时,"我"的思绪又从京都飞到了自己半年后才经历的墨西哥体验中。

那之后过了半年,我一个人在墨西哥城生活期间,在市中心广场乘坐出租车(司机借夜深为由漫天要价,根本不按计价器收费)前往大学城的宿舍。即将驶入起义者大街南路而进入的那条道路上行人很多,但幽暗,静谧,头顶上是漆黑一片的广袤的夜幕。我对此深感怀念,啊啊,难道在京都就已经预先体验到目前在墨西哥的感受了吗?樱当时的反应,真是准确得不可思议。

之后,又过了一些时候,在书写这一场景的现在,我记起那个夜晚,从停车的地方到圆山公园这段下坡路上行人虽然不多,但却与广场相似。②

不难看出,在以现在时讲述京都的感受时,"我"还没有关于墨西哥城黑夜的记忆,然而在此却宛如已经感受到的那样描述了出来。在"我"京都经历的时点上,那种情感是意义尚未确定的、强烈的"怀念"印象。在此,不是墨西哥城像京都,而是京都像墨西哥城这一强调时间逆流的部分中,过去将与之相对的未来拉了进来,两个不同的时间并置在一起相互回响。也就是说,在回忆起京都的场景时还没有回想起墨西哥城的场景,但由于樱的话,在忆起京都场景的现在,当时尚未经历的墨西哥城的记忆就混入进来,这就是小说采用电影蒙太奇手法带给读者的震撼力。

古谷利裕指出,"在书写这一场景的现在"这句话使读者很容易联想起大江

---

① 大江健三郎:『美しいアナベル・リイ』、東京:新潮社、2010年、157頁。
② 大江健三郎:『美しいアナベル・リイ』、東京:新潮社、2010年、158-159頁。

第六章　《优美的安娜贝尔·李寒彻颤栗早逝去》的跨界叙事与身份认同

健三郎本人，从而使这部小说的"现在"具有了复数的意义。"它是作为联想起那件事这一时间点上的现在，是作为以那样一种形式被书写的现在，是阅读那样书写内容的'现在'，是讲述的现在，重新讲述的现在；是书写的现在、重新改写的现在。"①这句话重新将话题转移到作者的写作行为上来，从而使现实与虚构这一泾渭分明的二元对立关系变得模糊起来。可以说，这部小说的现在时叙事体现了大江试图打通文本的内与外，通过重新书写省察创作人生的深层动机。

现在时叙事使这部小说时空高度浓缩，情节普遍具有一种场景化效果，给读者一种犹如在剧场中观赏表演的同步效果。在小说结尾，"我"读着劳里用现在时书写的电影小说手稿中所描写的电影结束时的场景，在脑海中浮现出樱即将拍摄的电影的结尾场景。

摄影机进入了被枫叶渲染的树林包围着的女人们中间，樱那悲叹和愤怒的"述怀"高涨起来，人浪按照音乐节奏摇摆着。在那声浪的高潮点上，沉默和静止到来了。在"小咏叹调"即将完全填补这一静止时刻的过程中，樱的呼喊声响起，作为无声的回应，星辰在银幕上闪烁……②

小说结尾描写的叙述者想象的电影场面和小说序章开头展现的通过健步走克服身体疾病的父子二人散步场面相呼应，具有了电影或戏剧那样的结构整一性。在樱出演的"述怀"一幕结束之际，小说也在余韵中结尾。电影结束时银幕上闪烁的星光，昭示着电影女主人公"铭助妈妈"在绝望中看到的希望，也是小说女主人公樱超越人生苦难，通过精神炼狱的象征。两个不同时代的女性，在小说的结尾重合在一起，充分显示了这部小说现在时叙事的永恒魅力。

## 第二节　翻译与改编：身份认同的探寻和建构

《优美的安娜贝尔·李寒彻颤栗早逝去》故事的最初起点，来自叙述者

---

① 古谷利裕：「死を置き換える『臈たしアナベル・リイ　総毛立ちつ身まかりつ』論」、『群像』2009年11月号、127頁。
② 大江健三郎：『美しいアナベル・リイ』、東京：新潮社、2010年、260頁。

"我"高中时代在松山的美国文化中心看到的电影。在将爱伦·坡的诗歌《安娜贝尔·李》电影化的 8 毫米电影即将结束之际,"我"被放映电影的美国军人皮特叫出来,没有看到电影的最后一幕。在拍这部电影的过程中,犹如被六翼天使吹寒风冻死的安娜贝尔·李的悲惨命运一样,樱也受到自己的养父、后来的丈夫的猥亵,与少女时代告别,留下了永久的、难以愈合的精神创伤。但这一童年不为人知的秘密,在拍摄另一部电影的过程中浮现出来。

小说中,"我"的剧本编写工作本身就是一种跨媒介活动,"我"的剧本改编过程就是两种不同艺术媒介之间的叙事转换过程。"我"将自己通过阅读外国诗歌创造新的文体的经验和改编后的剧本缩写联系起来,认为二者之间具有某种相似性。具体地说,就是将诗歌翻译和电影改编放在两种媒介系统、两种语言间的转换生成中进行观照。

年轻时起,我一直尝试翻译艾略特和奥登的诗句,目的并不是为了出版。首先,我特意逐字逐句翻译(当然,会比原诗长些),再将句子缩短。翻译出来的诗句虽然和自己的散文文体不同,但我还是有意识地尽可能将其口语化。在这个过程中,我经常会听到一种新的语言的回响,它并不是来自自己的内部。这一回响一点一点地引导着我重新创造自己的文体。现在的剧本缩写与诗歌翻译相似……①

一般认为,翻译是以语言规则为手段,将一种语言书写的文学作品转换为另一种语言的二度创作;电影改编是将镜头和蒙太奇作为艺术手段,将文学语言转换为电影语言的一种创作,二者均是以原著作为参照进行另一种语言的转换生成活动。可以看到,叙述者"我"在两种语言互相转换的翻译中寻求新的特质和内涵,进而实现了自己新文体的创造。张英进认为,翻译是一种文化改编,而改编本身也是一种翻译。"几十年来,关于'忠实'及其对应物(忠诚、准确)等观念控制着文学翻译和电影改编的理论和实践。在翻译中,原文总是被置于译文文本之上。类似地,在改编中,文学作品也被置于电影改编之上。既然权威事先就

---

① 大江健三郎:『美しいアナベル・リイ』、東京:新潮社、2010 年、149 頁。

# 第六章 《优美的安娜贝尔·李寒彻颤栗早逝去》的跨界叙事与身份认同

置放在原文中,'Traduttore,traditore'中所含的矛盾使翻译和改编都成了危险的运作,于是理论家和实践者常常躲藏在忠实或隐形的神话之后,将翻译者或改编者自己的作者身份置之不提。最近,翻译和改编研究的发展已经揭破了这类神话,转而提倡范式的转移,远离隐形,超越忠实,走向作者身份。"①也就是说,改写是电影改编和翻译的本质,小说中的"我"的剧本改编就遵循这一原则。"我"编写剧本的过程,同时也是将科尔哈斯的暴动故事在日本幕府末期的历史语境中进行重新解读的过程。"我"的改编不能以忠实作为评价的基准,或许可以说,正是和原著的差异,体现出"我"主体性的一面。这样,改编剧本的过程,不仅是文本在异国的旅行,也是"我"对自己作家个人身份的再确认之旅。

沼野充义认为,"这部小说是那种临近晚年的作家拒绝锤炼的成熟手法,使迄今为止潜藏的内容不经意间喷发出来那样的作品。坡和纳博科夫就是为实现这一目标的新的催化剂"②。的确,与之前大江惯用的引用策略不同,在这部小说中,爱伦·坡和纳博科夫的作品与小说形成了互相对应的关系。互文性理论认为,新文本是在与它之前文本的关联中对其他文本进行转换的产物。也就是说,《优美的安娜贝尔·李寒彻颤栗早逝去》是对诗歌《安娜贝尔·李》、小说《洛丽塔》的吸收与转化,它们犹如镜子一样相互参照,彼此牵连,形成一个潜力无限的开放网络。

在这部小说中,关于樱童年精神创伤的根源一直是一个谜。樱的知己柳夫人将樱的经历置于诗歌《安娜贝尔·李》、由这首诗歌改编的 8 毫米电影和《洛丽塔》这些作品构成的文本关系网中进行探寻。她根据《洛丽塔》中亨伯特与年轻时期的恋人安娜贝尔·李在海滨沙滩上由于下流老人的干扰而未能结合这一情节出发,从男女主人公是否发生了性关系这一点对诗歌《安娜贝尔·李》中"这位少女活着没有别的心愿,只为与我两情相许"这句诗所体现的诗人与安娜贝尔·李的关系提出疑问。同样,对"我"所描述的电影《安娜贝尔·李》中宽衣少女躺在草地上的最后场景,柳夫人很敏锐地意识到结尾本身所具有的未完成

---

① 张英进:《改编和翻译中的双重转向与跨学科实践:从莎士比亚戏剧到早期中国电影》,秦立彦译,《文艺研究》2008 年第 6 期,第 31 页。
② 沼野充义:「円熟とは異なる唐突な自由」、『群像』2008 年 2 月号、349 頁。

性，带有揶揄地问道："'I'没有猥亵安娜贝尔·李的尸体吧？"①可以说，柳夫人的质疑本身也是对诗歌和电影空白的一种解释，柳夫人对诗歌和电影《安娜贝尔·李》结尾一幕的质疑终于在无删减版电影的放映中得到验证。从柳夫人一开始质疑诗歌《安娜贝尔·李》所谓的"永远的少女"这一形象开始，小说就开始引导读者一步步追寻樱精神创伤的根源。可以说，这一情节设置使得《优美的安娜贝尔·李寒彻颤栗早逝去》具有了典型的悬念故事的风格，从而使读者能够在阅读过程中体验到发现秘密和拆解谜团的乐趣。这样，樱每天夜晚所做噩梦的真相——拍摄那部电影的过程中被性侵的场景就显得更具震撼力。小说通过柳夫人的质疑，在对诗歌和电影的空白进行填补的同时，暗示着安娜贝尔·李和樱所代表的"永远的少女"这一形象的终结。柳夫人世俗化地对诗歌和电影中潜在的两性关系进行追问，辛辣地嘲讽了诗人及小说作者"我"那种对少女持有的浪漫情怀。

在克莱斯特的原著《米夏埃尔·科尔哈斯》中，主人公米夏埃尔·科尔哈斯在商业活动中受到了不公正待遇，希望通过正常法律途径公正解决。然而，他的妻子却因为上诉失去了宝贵的生命。对社会绝望的科尔哈斯便组织义军向不公平的社会宣战。在对原著进行改编的过程中，樱的角色一开始是相当于原著科尔哈斯妻子丽丝珀和吉卜赛女人角色的"铭助妈妈"，主要任务是辅助暴动领导人"铭助转世之人"。但在剧本策划过程中，樱被"我"讲述的"我"母亲在战后经济困难时期筹划、主演反映女性苦难和内心压抑的村戏《"铭助妈妈"出征》的事迹所感动，建议"我"直接将"铭助妈妈"塑造成承载人生苦难的暴动领导人。30年后，经受人生苦难的樱在"我"的妹妹、柳夫人等人的帮助下，通过诠释"铭助妈妈"这一具有不屈反抗精神的女英雄形象，从对人生的绝望之中找到了希望。

纵观樱的演员生涯和现实生活可以看到，她在不同时间和不同媒介中，是安娜贝尔·李，是洛丽塔，是丽丝珀，是吉卜赛女人，是"铭助妈妈"，同时也是现实生活中曾在精神病院长期疗养的老人，是从好莱坞电影起步、因扮演神秘的东洋姑娘角色而广为人知的女演员，是少女明星，是演了安娜贝尔·李的无名少

---

① 大江健三郎：『美しいアナベル・リイ』、東京：新潮社、2010年、130頁。

女。"我"是老年患了心律不齐的老人 kenzaburo，是迎来中年危机的作家，是从农村刚刚来到驹场的学生 kensanro，是从某幅照片中感受到生理冲动的高中生，是和母亲一起站在乡村戏台上的少年 kogi。小说以回想的形式书写，从应该是回忆的终点——30 年前三人相遇的场面频繁地回溯到松山高中时代、驹场东京大学时代。小说永恒的现在时阻碍了线性时间的流动，使复数的时间和记忆同时并列起来。在这种复数的时间和媒介的转换中，樱从笼在自己身上的被寒风冻死的安娜贝尔·李那样的悲剧命运，到作为直面人生苦难的"铭助妈妈"重新复活；"我"从驹场时代的学生作家，成为直面人生危机和创作瓶颈，最终通过协助樱，坚持将具有反抗色彩的"述怀"精神传承下去的老年作家。"我"通过将原著小说中作为从属地位的女性推向前台，通过对反抗强权的女性不屈灵魂的描绘，实现了改编者的再创造，通过写作完成了自我身份认同和对作家人生价值的再确认。"我"和"樱"一样，在一系列人生的转换中经历了苦难，最终在绝望之中找到了希望。

## 第三节　纪实与虚构：私小说叙事中的元小说技法

小说开头，进入老年的作家"我"和儿子"光"进行步行锻炼时的对话体现了"我"对小说内容与形式问题的思考。在"我"看来，"与主题比起来，如找到新的形式就打算写"[1]，而新的小说方法的出现和这天与大学同窗木守有的再次相遇直接相关。

但是，就在这天，新的方法出现了。一个从其转过的脸来看宛如少年的人，使光踏入硬化路面边缘的冬日的枯草丛中。这人用老人的声音向身后有节奏地迈着沉重步伐走过来行人招呼道："What! are you here？"我重新打量这位说着英国口音将肩膀靠过来的人，发现竟然是一个意想不到的人物。（中略）

---

[1] 大江健三郎：『美しいアナベル・リイ』、東京：新潮社、2010 年、12 頁。

"哎呀！你竟然在这种地方？……是这句话吧？"①

可以看到，宛如少年的老人以及他用英文向"我"寒暄的方式在缺少任何铺垫的情况下突兀出现，造成了悬念。读者随后得知这二人谜一样的寒暄是对艾略特原诗和与之相对的西胁顺三郎的翻译的引用。也就是说，"新的方法"就是和语言转换相关的方法。可以说，这部小说通过小说本身来演示、说明与创作有关的问题和方法，从而使小说自身具有了元小说的自我指涉性质。

另外，剧中剧的双重叙事结构构成了小说自我指涉的另外一环。"我"以电影小说的形式书写樱拍摄电影的故事，而这一故事中又包含了 30 年前"我"编写剧本的故事。叙述者"我"具备多重身份：既是叙述者，又是作品中的人物，同时还是作品中故事的作者（即整个故事是"我"书写的电影小说）。作者、叙述者、人物三位一体，构成了这部小说的基本框架。可以说，小说整体就是一部如何编写剧本、如何创作电影小说的元小说。

大江在《优美的安娜贝尔·李寒彻颤栗早逝去》中嵌入的戏剧使樱的私人生活和她在电影中的角色重叠在一起，二者互为框架，暗示着她少女时代、青年时代和老年时代的不同人生。戏中戏构建了宽广的叙事空间，时空在二者之间交错，增强了小说的故事性。可以说，戏中戏这一策略本身就体现了作家对小说创作的反思。犹如元小说手法打破真实与虚构的界限一样，大江戏中戏的设置打破了戏剧（电影）与生活的界限，让读者穿梭在小说中的现实与剧本中的幻想世界之中。

在这部小说中，大江提供了带有纪实性质、接近作家本人的真实生活片断。小说的开端缘于 30 年后的现在，远在美国的樱阅读了大江在《新潮》2007 年 1 月号发表的诗作《追忆之歌》和为 2007 年 11 月出版的新潮文库版《洛丽塔》新译本撰写的解说，得知"我"当前在为无法找到自己晚年新的创作风格而困惑，就提出要"我"协助她拍摄电影。小说在故事现在时的序章和终章之间，火杂讲述了 30 年前发生在作家大江健三郎身上的恩师渡边一夫去世、大江参加的要求释放韩国诗人金芝河的抗议活动以及大江旅居墨西哥的体验等 20 世纪 70 年代一

---

① 大江健三郎：『美しいアナベル・リイ』、東京：新潮社、2010 年、12 頁。

## 第六章 《优美的安娜贝尔·李寒彻颤栗早逝去》的跨界叙事与身份认同

系列真实事件，很容易给读者一种阅读私小说的错觉。川本三郎指出了这部小说与私小说的关系，"对大江来说，私小说这一近代日本文学传统写作手法最终也成了他超越私小说的手段。读者原本是作为私小说来阅读的，但不知不觉就被带到了幻想的世界，私小说和幻想小说混杂在了一起，在此，存在着大江作为文学先锋的恒久的魅力"[1]。也就是说，这部小说采用了私小说惯用的让读者很容易将作品人物与作家联系起来的写作技巧，大江在这种伪装下巧妙地导入了虚构。与私小说不同，作家一方面导入个人真实信息为读者营造一种真实感，另一方面又暴露写作过程和创作手法，在二者的张力中营造出自己独特的幻想空间。

莲实重彦（莲实）指出，小说中对"我"的称呼因人而异，并不是固定的。在这个意义上，"我"只是像影子一样的极其稀薄的存在。[2] 当然，如果从人物形象塑造来看，"我"的确不像其他登场人物那样鲜活。但是，如果将叙述者"我"与作家大江健三郎自身联系起来看的话，"我"也是具有自我主体意识和丰富精神内涵的人物。一般认为，叙述者和人物属于文本内的存在，小说作者与叙述者不在一个层面上。然而，在这部小说中，大江尝试打破这个成规。他在小说中将自己名字的英文 kenzaburo、诺贝尔文学奖获奖者这些个人真实信息及自己发表的作品题名等真实内容置于文本之中，其意图显然是要扰乱作者、叙述者和人物的界限，以此宣告真实和虚构界限的瓦解。除此之外，叙述者"我"或讨论小说方法，或回到创作的现在展示创作过程，但这一策略并没有造成读者阅读的断裂感，反而使虚构世界和现实世界的距离最大限度地得以接近，读者很容易进入作家的创作过程和构思过程中来。

我就这样写起了相隔多年再会的木守有和自己的故事（我们都仅仅是配角）。然而，那位看上去如同少年的老人声音的号召力是强大的，我很快从现在被推回到三十年前。而且，就这样写成了长长的故事，这在我的小说创作方法中从未有过。

那是为了等待确认以下事实，即我个人就不用说了，有着奇异风姿的木守也

---

[1] 川本三郎：「解説」、大江健三郎：『美しいアナベル・リイ』、東京：新潮社、2010 年、265 頁。
[2] 蓮実重彦：「去年の暮れ、突然に——大江健三郎『鵬たしアナベル・リイ 総毛立ちつ身まかりつ』」、『新潮』2008 年 1 月号、284 頁。

只能将主角的位置让给樱·荻·马加尔沙克。然后，我和木守还有光，重新回到现在时的运河边那条散步小道上来……①

故事的叙述者兼书写者"我"面对想象中的读者，将小说人物角色的安排这一反映创作者思想观点的内容明确呈现出来，在故事中向读者展示正在进行的叙述本身，展示编写故事的手段和人物配置的动机，进而展现叙述内容的"故事性"和"文本性"。这也就是在告诉读者，小说世界并非现实本身，而是一个语言组织起来的"故事"。"然后，我和木守还有光，重新回到现在时的运河边那条散步小道上来……"一句把故事又切换到叙述的现在。叙述者"我"这一如电影画外音一样的叙述充分发挥了叙事声音的创造作用，把叙述本身的表现力拓展到故事之外。叙述和场面描绘的转换产生了电影蒙太奇那样的效果，引导读者进一步将注意力转移到小说叙述本身上来。

然而，这部小说与大多数元小说通过作者介入公开声称小说的虚构性，甚至通过炫耀虚构小说的手法来戏弄读者，颠覆传统文学成规不同，读者可以看到大江暴露写作手法背后那种在小说内部寻求小说意义的真诚的自我反省精神。在文学边缘化的今天，大江不惜违背读者的审美习惯挑战艺术成规，本身就是为了在解构历来叙述成规的基础上昭示另一种新的建构的可能性。许多作家通过元小说叙事来否定所谓的"真理""真实"，体现了一种小说创作的虚无主义立场。《优美的安娜贝尔·李寒彻颤栗早逝去》没有像许多元小说那样使小说意义走向虚无，这在一定程度上与这部小说"从绝望中寻找希望"的小说主题有关。大江对元小说手法的使用，在某种程度上是对"虚构"的当代价值的追问。

从整体来看，《优美的安娜贝尔·李寒彻颤栗早逝去》是"我"讲述、书写的以樱为主人公的故事，同时也可以看到，这也是关于"我"的故事，"我"在30年前的剧本改编和30年后按照劳里的手法创作电影小说的过程中充分体现了自己的个人主体性。"我"将小说《米夏埃尔·科尔哈斯》改编为反映女性抗争的剧本，再按照剧本将其改编为电影小说。改编的动机，缘于"我"试图超越人生危机的不屈精神。

---

① 大江健三郎：『美しいアナベル·リイ』、東京：新潮社、2010年、218-219頁。

# 第六章 《优美的安娜贝尔•李寒彻颤栗早逝去》的跨界叙事与身份认同

"亚纱说了,哥哥成为作家也好,一直坚持艰苦的创作也好,不管程度如何,都是因为从母亲那里继承了'述怀'精神。"①

可以说,大江采用元小说技法在许多元小说作家止步的地方做出了自己对抗虚无的坚定回答。他把"纪实"与"虚构"推向极端,一方面将个人私生活纳入作品,另一方面又根据故乡的地方史料、传说虚构出地方抗拒中心的女性神话,塑造出"铭助妈妈"这一具有反抗性的女性形象并将之赋予了明确的精神内涵。大江试图将小说作者与小说人物混为一谈,也是希望读者在小说中看到他自己。"大江先生通过这部作品对'绝望之为虚妄,正与希望相同'作出了自己的解读,从而为樱找到了希望,为自己找到了希望,当然,也为诸多处于绝望中的人找到了希望。"②的确,希望是摆脱虚无的精神力量。在严酷的现实面前,虚构本身把世界和孤独的自我联系起来,为读者提供了通过团结协作来应对生存困境的一种可能性。在这个意义上,《优美的安娜贝尔•李寒彻颤栗早逝去》不仅是关于樱超越精神苦难的励志故事,也是"我"通过 30 年后协助樱拍摄电影,通过写电影小说超越人生困境,找到老年写作方式的精神自传,同时也是对自己作家人生的回顾和再审视。

## 小 结

榎本正树指出,《优美的安娜贝尔•李寒彻颤栗早逝去》中搞吾良、千樫等登场人物与"奇怪的二人组合"三部曲相同,该作的人物设置暗示了它与三部曲的密切关系。在这部作品中,二人组合的谱系达到了一个新的展开。"女性二人组合和男性二人组合复合式的结合和交替,可能会成为形成今后大江文学特征的要素。"③的确,除樱之外,大江还塑造了柳夫人、妹妹、母亲、阿婆等一系列

---

① 大江健三郎:『美しいアナベル・リイ』、東京:新潮社、2010 年、227 頁。
② 许金龙:《译者序——"我无法从头再活一遍,可是我们却能够从头再活一遍"》,见大江健三郎:《优美的安娜贝尔•李寒彻颤栗早逝去》,许金龙译,北京:人民文学出版社,2009 年版,第 4 页。
③ 榎本正樹:「「おかしな二人組」の継承と新展開——大江健三郎『臈たしアナベル・リイ 総毛立ちつ身まかりつ』」、『すばる』2008 年 2 月号、321 頁。

女性群体形象，以丰富的想象、丰沛淋漓的笔触描述出战后女性的传奇，表达了对生命伦理的深切思考，讴歌了女性面对精神创伤和种种困境不屈的生命力。大江自己也认为，"在我塑造的女性形象中，《安娜贝尔·李寒彻颤栗早逝去》中的樱是最好的"①。通过在小说中导入剧本创作，大江将主人公樱和她在剧本中角色的命运结合起来，立体地塑造了一个勇敢直面人生苦难的女性形象。在这个意义上，《优美的安娜贝尔·李》蕴含了大江对正义、女性、历史等问题的深刻思考和积极探索，体现了他对作家人生价值的追问和对身份认同的确认，具有很强的思想性。在小说结构上，大江的跨界思维使他将诗歌、小说和剧本解说等多种体裁的文本导入私小说框架，同时采用元小说叙事技巧，以现在时叙事呈现记忆，建构了宽阔的对话空间，使私小说这一日本传统文学形式焕发出了新的生机，充分体现了作家强大的叙事能力和执着的文学创新精神。

---

① 大江健三郎：『大江健三郎　作家自身を語る』、東京：新潮社、2013年、365頁。

# 第七章

# 《水死》的戏剧叙事与伦理诉求

《水死》(『水死』2009)是一部大江健三郎在创作晚期回顾自己一生精神历程的鸿篇巨制。小说围绕着以大江本人为原型的作家长江古义人("我")探寻父亲死亡的真相展开,讲述了以穴井将夫(将夫)和鬐发子为中心的"穴居人"剧团将古义人的小说《亲自为我拭去泪水之日》、夏目漱石的《心》搬上舞台,以及改编、演出村戏《铭助妈妈出征和受难》过程中发生的故事。在以戏剧活动为中心的故事中,穿插了鬐发子少女时代被伯父强奸、被迫堕胎的经历,以及古义人与家人特别是儿子阿亮和解的故事。小说很好地将小说书写和戏剧改编、舞台表演融合在一起,在探讨小说创作和戏剧改编的过程中展开故事情节,从而使小说呈现出浓重的戏剧色彩。

正如小说第三部第十四章的标题"所有手续均被戏剧化"所提示的那样,大江通过导入戏剧这种具体可感的表演性艺术形式实现了对作家以往小说创作手法的突破。与小说相比,戏剧由于其重视表演现场的共时性特征而长期被排斥在叙事文学之外。美国叙事学家杰拉德·普林斯将叙事定义为"由一个、两个或数个(或多或少显性的)叙述者 NARRATORS 向一个、两个或数个(或多或少显性的)受述者 NARRATEES 传达一个或更多真实或虚构事件 EVENTS(作为产品和过程、对象和行为、结构和结构化)的表述"[①]。叙事既然是一种传达事件的表述,其表现手段就不能仅仅局限于话语层面,戏剧就可以视为演员在舞台上用台词、肢体行为等形式向观众讲述故事的叙事形式。小说通过线性的语言表述呈现舞台表演和剧本改编的构思过程,反过来也会为小说叙事带来新的变化。在与

---

[①] 普林斯:《叙述学词典》(修订版),乔国强、李孝弟译,上海:上海译文出版社,2011年版,第136页。

剧作家野田秀树的对谈中,大江谈到了自己对小说和戏剧的认识。

> 我认为小说家就是灵媒,把潜藏在暗处的幽灵收入自己体内,通过自己的肉身引出幽灵的声音,我的小说常常如此。
>
> 以我自身为例来看,小说家是灵媒,野田先生不就是法师吗?野田先生是驱邪的专家,作用就是将折磨人的恶灵转移至演员这一灵媒身上并使其发出声音吧。①

可以看到,大江敏锐地意识到小说家和剧作家文学创作的共同点和不同之处。小说家通过将自身作为灵媒来表现幽灵,而剧作家就像驱魔法师那样需要借助演出现场的演员这一灵媒的身体来表达思想。大江将小说家比喻为灵媒,将剧作家比作法师,着重强调的一点便是作家创作时犹如作品人物灵魂附体那样的一种工作状态。在大江看来,既然二者都将使人物灵魂发声作为艺术表达目的,那么小说也应该和戏剧那样重视展示,使故事呈现出客观化效果。大江的这一认识完全符合从传统小说注重讲述到现代小说侧重展示的小说技法发展趋势。借助戏剧叙事的表达效果,《水死》的人物形象鲜活生动,故事给读者一种如同身临其境的强烈的镜头感。《水死》的戏剧叙事所呈现的并不仅仅是传统意义上戏剧与小说表现手法的相互借鉴,更是将民俗学中的巫术、演员职能和人物塑造、小说主题建构、伦理指向紧密结合起来,使小说呈现出焕然一新的叙事面貌,体现了大江对自己晚期创造风格的执着追寻。

## 第一节　戏剧元素与人物形象塑造

村井华代指出,《水死》从整体来看大致由"古义人对父亲'水死'的探究""以阿纱为中心的长江家人的故事""鬈发子主演的《铭助妈妈出征和受难》的上演问题"三个中心内容构成,与戏剧直接相关的是"古义人对父亲'水死'真相的探寻"和"鬈发子主演的《铭助妈妈出征和受难》的上演问题"。表现这两个主题的戏剧,进而可分为"作为意志表现物在舞台上上演的戏剧"和

---

① 大江健三郎、野田秀樹:「憑坐と験者の対話」、『新潮』2009 年 11 月号、159-160 頁。

"小说世界中潜在的世界构造的戏剧性"两个层次。前者是朗诵剧《心》及《铭助妈妈出征和受难》等实际上演的剧目所呈现出的层次,后者是如同古义人的父亲水死那样构成小说整体基调的看不见的戏剧装置,这一装置戏剧化地再现了已变得模糊而失去确切面貌的历史。[1]其中,作为意志表现物在舞台上上演的戏剧成为大江小说人物塑造最为直接的手段。

在小说第二章"戏剧版《亲自为我拭去泪水之日》的彩排"中首次出现戏剧场景。这是一部 "穴居人"剧团根据古义人(现实中的大江健三郎)的小说《亲自为我拭去泪水之日》改编的朗诵剧。这部小说是古义人早年为写"水死小说"向母亲索要父亲遗物红皮箱里的资料未能如愿之后,一气之下凭借想象创作的用来替代"水死小说"的长篇小说,虽然小说结局虚构为父亲遭枪击而死,但"我"却坚信自己描绘出了父亲精神层面的真实,导致了"我"与母亲、妹妹亚纱之间断绝关系长达数年之久。

戏剧版《亲自为我拭去泪水之日》中,在鬈发子扮演的头戴战斗帽的少年看来,"爸爸曾经把叫做非国民的家伙、叫做战败主义者的家伙的名字都写到了纸上"[2],也就是说,父亲的工作类似军国主义情报机关的间谍。参加父亲策划的军事行动的军人,都渴望战败之际乘飞机撞向皇宫,全体为天皇殉死。但母亲却否定了父亲的行动,认为这一行动原本就是一场"伪举事"。将夫告诉古义人,改编《亲自为我拭去泪水之日》的宗旨是"忠实地一节、一节地再现了您的《亲自为我拭去泪水之日》"[3],但实际并非如此。小谷瑛辅考察了《亲自为我拭去泪水之日》小说版和《水死》中引用的戏剧版场景片段在细节上的差异,认为二者差异明显之处在于原著中的第三人称"他"在戏剧版中全部被替换成了第一人称"我"或"俺","那个人"全部被替换为"爸爸"。在小说版《亲自为我拭去泪水之日》中称呼自己用的是第三人称"他",在置换为用鲜活的肉体直接再现故事的戏剧方法之时完全蜕变为"我""俺"这种直观的第一人称。也就是说,在人物形象塑造上,无论是父亲还是小时候的"我",形象都变得更为立体

---

[1] 村井華代:「大江健三郎の演劇装置(1)『水死』を中心に」、『共立女子大学文芸学部紀要』2012年第58号、78-79页。
[2] 大江健三郎:《水死》,许金龙译,北京:金城出版社,2013年版,第48页。"叫做"应作"叫作"。
[3] 大江健三郎:《水死》,许金龙译,北京:金城出版社,2013年版,第47页。

生动，特别是戏剧通过让古义人观看舞台上再现的少年时代的自己，从而将过去与古义人所处的当下联系起来。利用戏剧版《亲自为我拭去泪水之日》中的戏剧元素，大江让古义人将自身对象化来客观地感受剧情。观看彩排时，古义人深受感动，竟情不自禁地跟着演员唱起了那首巴赫的康塔塔。髫发子坦言自己在演出过程中也体会到了意外的感动。"我呀，知道您为了反对走向超国家主义的回归，尤其在随笔等文章里，一直在全力与之争斗。尽管那样，您在孩童时代毕竟经受过如此强烈的情感体验，这种情感体验目前也还在以这种形式复苏……"① 也就是说，髫发子理解了长期以来一直批判日本超国家主义的古义人在观看戏剧版《亲自为我拭去泪水之日》的彩排时会那么情绪激昂的原因。亚纱敏锐地感觉到古义人观剧时的情感变化，"在看着唱歌的哥哥那期间，我就在想，这很可能是一件可怕的事……"② 古义人少年时代所受的军国主义教育作为一种无意识犹如幽灵一般潜藏在他内心深处，到了晚年产生了某种复苏的迹象，民主主义和国家主义两种不可调和的时代精神在古义人心中不断抗争着，使他时刻面临着精神崩溃的危机。将夫在与髫发子的谈话中一针见血地指出："在长江身上，存在着与那种教条主义的政治感觉所不同的、面对更为幽深郁暗的日本人感觉漫溢而出的部分"③，并预感到"在他的'水死小说'里，那东西会更猛烈地漫溢而出"④。在将夫看来，古义人在借助写作"水死小说"谋求为国家主义复权，这也是亚纱所担心的"有人批判说哥哥现在开始向右派阵营暗送秋波什么的"⑤。将夫认为古义人因对"红皮箱"中的内容感到失望只能放弃写作计划的行为，就是萨义德提及的艺术家在其人生终点会推翻此前全部作品而失去从事真正"晚年的工作"的勇气。⑥换句话说，就是担心古义人会凭借"水死小说"的创作走向国家主义。这也是古义人母亲和亚纱尤为担忧的，同时也是母亲在去世前将红皮箱里的一些资料毁弃的原因。戏剧版《亲自为我拭去泪水之日》借军国少年古义（古义人的小名——笔者注）和信奉国家主义的父亲这些舞台人物诱导出作为观

---

① 大江健三郎：《水死》，许金龙译，北京：金城出版社，2013年版，第62页。
② 大江健三郎：《水死》，许金龙译，北京：金城出版社，2013年版，第53页。
③ 大江健三郎：《水死》，许金龙译，北京：金城出版社，2013年版，第62页。着重号为原文所有。
④ 大江健三郎：《水死》，许金龙译，北京：金城出版社，2013年版，第62页。着重号为原文所有。
⑤ 大江健三郎：《水死》，许金龙译，北京：金城出版社，2013年版，第53页。
⑥ 大江健三郎：《水死》，许金龙译，北京：金城出版社，2013年版，第246页。

众的老年古义人心中的国家主义幽灵。同时，因《亲自为我拭去泪水之日》为现实作家大江健三郎的作品，古义人这一形象又可以和现实中的作家大江健三郎联系起来，呈现出一种立体而又复杂的人物形象。不难发现，《亲自为我拭去泪水之日》对大江健三郎和古义人来说，其定位大相径庭。大江健三郎创作《亲自为我拭去泪水之日》的动机是对二·二六事件以及1970年三岛由纪夫在日本陆上自卫队东部总监部发动军事政变未遂后剖腹自杀这一连串现实事件的回答。与此相反，古义人书写这部小说的动机，与《金枝篇》、家住高知的先生、父亲举事等与《水死》这一文本内世界固有的信息相关。"在作品中，作家大江健三郎原来的创作动机被隐去，取而代之的是将长江古义人固有的写作动机设置于作品之中，这一动机被其他登场人物当作解释、批判、议论的对象。大江的问题被隐去这一点，并非意味着《亲自为我拭去泪水之日》仅能文本论式地进行阅读，即作为脱离作家意图的自律的文本来阅读。情况并非如此，作为与作家长江古义人的意图密切相关的作品，《亲自为我拭去泪水之日》通过登场人物将其视为问题。"①也就是说，在古义人这一人物塑造上，大江将自身经历及现实中出版的作品《亲自为我拭去泪水之日》导入虚构的《水死》中，借助古义人观看戏剧版《亲自为我拭去泪水之日》，立体地塑造了父亲和少年时代的古义人形象，进而以此呈现了老年古义人饱受两种时代精神撕扯的精神状态。

与古义人这一男性形象相比，大江在鬓发子这一女性人物形象的塑造上更多地利用了她从事演艺工作的职业特点，让其在对角色的诠释中展现自己的个性。在松山小剧场上演的朗诵剧《心》中，鬓发子采用了与观众互动的"扔死狗"戏剧的方式，加入了之前在森林峡谷的圆形剧场上演时所没有的高中教师与代表教育委员会的"国民"的表演。鬓发子扮演死去的先生。"国民"主张先生是为明治精神殉死，高中教师认为先生之死是其个人的内心作用使然。最后死去的先生也站起身发声："'先生'呀，瞧，就是如此这般地彻底纠结于个人的内心问题，在尽力想要使年轻人理解自己个人的、因个人而起的、为了个人的内心问题之后死去了，这怎么就是为了明治精神而殉死呢？"②观点针锋相对的双方和分别支持各方观点的观众互相投掷死狗形状的布偶来表达自己的态度，这一情节体

---

① 小谷瑛輔：「大江健三郎『水死』と『みずから我が涙をぬぐいたまう日』：フィクションはいかにして生成するか」，『言語態』2012年第12号，47頁。
② 大江健三郎：《水死》，许金龙译，北京：金城出版社，2013年版，第153-154页。着重号为原文所有。

现了"扔死狗"戏剧要平等呈现不同观点的戏剧宗旨。鬈发子认为先生的自杀纯粹是个人式的,掀开了国语教育中长期以来一直笼罩在先生身上的为明治精神殉死这一意识形态面纱。也就是说,国语教育中先生为明治精神殉死这一权威解读导向带有强烈的国家主义色彩,这正是鬈发子强烈反对如此解读的原因。对鬈发子这一人物的塑造,除利用"我"与她亲身接触获得的直接意象之外,还通过她所饰演的角色进一步客观地加以呈现。鬈发子在演出工作中践行着自己坚信的政治理念,可以视为现实作家大江所坚信的民主主义的化身。从另一个角度看,鬈发子的朗诵剧《心》在某种程度上也是对古义人试图利用红皮箱中的资料为父亲之死正名,将其视为昭和前期精神(国家主义)殉死的批判,也可以视为古义人透过鬈发子的行动对自身的反思。在台湾举办的"国际视野中的大江健三郎文学"研讨会上,大江提到了自己对《心》的理解。"我阅读《心》,是在青年时期。书中描写了虽然活在那个时代却与当时社会毫无关联的知识分子,为了'明治精神'或曰'时代精神'而殉死,这一点让我感觉很不自然。因此,我排斥漱石。"①大江通过鬈发子这一女性人物形象塑造来体现自己对《心》的理解。鬈发子想要在戏剧中达到的目的,就是将先生的自杀与明治精神这一思想体系区别开来,将为明治精神殉死这一僵化的小说解读转变为先生因个人问题而死。个人主义可以说是一种与国家主义对立的思想体系,所谓的明治精神,实际上建立在国家主义对个人主义的压制之上。鬈发子扮演的角色体现了她一贯的精神追求,这一点在其改编、主演的《铭助妈妈出征和受难》之中进一步得以体现,很好地体现了处于历史上社会边缘的女性反抗国家暴力这一主题,也使鬈发子这一当下人物散发出熠熠生辉的魅力。

鬈发子策划的《铭助妈妈出征和受难》戏剧,可以视作是大江小说《优美的安娜贝·李》中古义人协助樱女士制作的电影《"铭助妈妈"出征》的戏剧版,采用的同样是"扔死狗"手法。鬈发子在改编中插入了"铭助妈妈"被失去旧藩身份的年轻武士轮奸、"铭助转世"童子被活埋的凄惨场面,使铭助妈妈在"述怀"中发出"男人强奸咱们,国家强奸咱们 咱们女人 出来参加暴动呵"②的呐喊。鬈发子将这些场景与自己少女时期被时任文部省高官的伯父强奸、被迫强行堕胎的亲身经历联系起来,使历史和现实中女性的命运、女性的反抗得以共时再

---

① 大江健三郎:《来自"晚期工作"之现场》,熊淑娥译,《作家》2010年8月号,第3页。
② 大江健三郎:《水死》,许金龙译,北京:金城出版社,2013年版,第294页。引文中空格为原文所有。

现。时渝轩指出，"髦发子在'述怀'中增添的前半句唱词'男人强奸咱们'，还原了电影版结局中被删除的部分，没有脱离原来的"述怀"中女性暴动（可以理解为反抗男性的暴动）这一主题。但是，后半句'国家强奸咱们'将'男人'置换为'国家'，在此就强调了男性=国家这一模式"①。髦发子的戏剧暴露了男性=国家这一带有封建家长制色彩的政治结构。她革命性地将自己的亲身经历融入历史剧之中，将被侮辱、被迫害的妇女推向舞台前景，打破了传统历史对女性遭受着来自男性、国家的暴力这一真相的遮蔽，为历史打上了鲜明的女性印记。大江通过戏剧这一装置将历史人物与当下人物并置于特定的时空之中，塑造出鲜活的女性群体形象，从而改变了女性在历史和现实中失语、无名的状况。借助髦发子这一女性形象的塑造，大江间接地呈现了自己对日本历史和当下政治状况的认识。

　　从以上分析可以看到，《水死》中的戏剧对人物塑造具有不容忽视的重要作用。通过戏剧版《亲自为我拭去泪水之日》，展现了军国主义教育对古义人造成的那种渗入意识深层的精神创伤；朗诵剧《心》展现了摆脱固化的国家主义思想体系，恢复个体主体性的重要性和艰难历程；《铭助妈妈出征和受难》追溯了明治以前位于边缘的地方存在的反抗国家的精神，尤其是彰显了女性的力量，表现了与国家主义彻底对决的精神。髦发子以"扔死狗"戏剧的形式让观众从戏剧情境中脱离出来，开始关注现实问题，意识到国家犯罪迄今仍层出不穷。读者通过朗诵剧《心》《亲自为我拭去泪水之日》和取材于当地传说的《铭助妈妈出征和受难》这些具有强烈在场感的戏剧场景描写，可以把握《水死》小说人物的戏剧演出和作者的小说创作意图，进而在读完小说之后与原著对照，思考戏剧的改编，将戏剧中的人物形象与作为小说人物的演员进行对照，从而将过去（舞台角色）和现在（作家、演员的现实生活）联系起来，使小说读者在阅读中又具有了一种戏剧观众独特的观剧体验，甚至可以借助"扔死狗"戏剧手法调动自己的主观能动性来参与小说人物形象建构。读者可以发现，战后日本虽然走上了民主主义道路，但以古义人为代表的现代知识分子仍然没有完全摆脱国家主义历史的阴

---

① 时渝轩：《大江健三郎研究——20世纪80年代以后小说中的自我重写》，西安：西安交通大学出版社，2020年版，第203-204页。引文原文为日文，译文为笔者所译。

影。三浦雅士指出，左翼=鬈发子和右翼=大黄可以视为代表日本现代知识分子精神层面的两个分身，二者矛盾地集中于一体。"鬈发子是战后民主主义的象征，大黄是可以上溯遥至明治维新时期的农本主义的象征。理念上来说，将渡边一夫和丸山真男视为前者的理论支撑，将柳田国男甚至是平田笃胤设定为后者的理论支撑就容易理解了。大江健三郎惊魂未定、痛苦挣扎着生活在日本思想史中。"①在此意义上，读者很容易理解在古义人、鬈发子这些人物身上所体现的大江对自我精神历程的回顾和反思，亲身感受到作家对鬈发子所代表的新一代女性能够将民主主义理念贯彻到底的殷切希望。

## 第二节　戏剧化特征与小说主题生成

一般说来，小说叙事以文字为媒介展开，戏剧叙事则更侧重视觉画面，二者作为不同的文学体裁，具有各自独特的文体规定性。戏剧和小说在叙事交流上的不同之处在于"在戏剧舞台上，故事中的一切完全由人物自行演出，观众体验到的直接性直接展示了艺术的真实性"②。在此意义上，小说的戏剧化叙事可以说是小说叙事借鉴戏剧叙事的产物，是一种增强小说叙事客观化效果的手段。也就是说，在表现形式上，小说运用语言来讲述故事，给读者一种"过去完成时"那样的时态感觉；戏剧叙事话语以独白、对白或唱词为中心，侧重于舞台人物的行为呈现，表达较为直观，观众的时态感是"现在进行时"。在《水死》中，三部戏剧作为异质文体要素进入小说文本，不仅会影响小说叙事格调和人物塑造，为小说文本的故事呈现与阐释提供新的可能，还起到了丰富小说主题的作用。除了导入朗诵剧《亲自为我拭去泪水之日》《心》等将小说的文字朗读与表演结合，呈现一种现在时的"戏剧式"叙述之外，大江还采用多元第一人称叙事来推进故事。叙述者古义人"我"是与现实中的大江健三郎几乎等身大的视点人物，《水死》总体上采用了以"我"为视点人物的叙事，最大限度地降低大江自身的叙述声音来凸显小说的客观化表达效果。池泽充弘（池泽）分析了《水死》中多

---

① 二浦雅上：「三島由紀夫の幽霊——大江健三郎『水死』を読む」、『文学界』2010年3月号、157-158頁。
② 申丹，韩加明，王丽亚：《英美小说叙事理论研究》，北京：北京大学出版社，2005年版，第113页。

元化的第一人称叙事，指出第一人称叙述者古义人将叙述的主导权让位给了多个登场人物。从第二部"女士优先"开始，妹妹亚纱使用的"あたし"这一日语女性第一人称自称词就开始替代古义人使用的"私"这一男女通用第一人称代词。池泽在考证中发现，亚纱在给古义人的信中有一处使用了"私"这一第一人称，认为从中可以看到大江在叙事人称设置上的匠心。

亚纱使用"あたし"和"私"这些自称时的摇摆，从这一意思上可以说集中表现了《水死》整体叙述的摇摆以及第一人称叙述者逐渐将叙述让位给其他角色的过程。不仅"扔死狗"戏剧，《水死》中有许多角色使用"私"这一主语。与曾经的"僕"（日语男性自称词——笔者注）这一自称不同，因男女均可平等地使用的"私"这一自称，得以一边保持角色各自的差异，一边又使其缓缓贴近。①

大江一方面希望读者将小说和自己的现实生活联系起来进行解读，另一方面又采用小说其他登场人物的视点或叙述尽可能地淡化可以联想到大江本人的古义人的讲述，力求多角度、客观地呈现人物观察的现实，特别是利用戏剧构思、戏剧脚本改编和演出塑造出了丰满的典型人物形象。或许大江健三郎希望小说能够像戏剧一样，将故事作为事件直接展现给读者，他利用作者隐没声音而产生的作者与故事之间的最大距离来体现这一直接性，以最经济的手段创造最大限度的戏剧张力，使《水死》成为展示登场人物思想意识的戏剧。大江借助戏剧中人物的独白，用小说叙述者声音之外的另外一种声音来升华小说的主题和意义。《水死》的戏剧化叙述，使小说叙事呈现出明显的场景式特征，不仅形成了为复数的空间——历史空间、当下空间相互交融，而且使叙事主体"我"也演变为复数的"我"。小说不仅通过亚纱的信描述戏剧上演的情景，还通过叙事人称的更替将不同声音导入小说，登场人物均具有独立的自我意识，从而构成了小说独特的复调叙事结构。关于父亲的一生，小说通过古义人的梦境和回忆、母亲的录音、大黄的谈话等方式多次提及，但对其死亡之谜却没有下最终结论。这些叙述使读者对事件的认识更为立体，但当不同的言说通过"红皮箱"产生喻义联系之时，母

---

① 池沢充弘：「unlearn，unteach する「女たち」の語り－大江健三郎『水死』における憑坐と教育」、『言語態』2016 年第 15 号、58 頁。

亲、大黄、"我"对这一事件认识上的差异显然使这种喻义变得更加扑朔迷离。不难发现,《水死》对男性所代表的国家主义的批判不仅诉诸古义人、鬈发子这些现代知识个体的创伤体验,还借助文本意义的不确定性和文本的"空白"来引导读者像观剧一样回到战时国家主义思想笼罩的历史语境之中,让读者调动自身的生命体验和情感认知来深入思考个体的命运。从形式上来看,大江将亚纱的信、阿律的日记等内容平行地导入文本,有意回避了"我"(古义人)单一的男性叙事声音,凸显了女性在叙事中的声音比重,特别是通过描写鬈发子自身的生命体验、精神生态和面临的现实困境来书写女性个体的命运,对背负着历史和现实双重苦难的女性报以深切的同情和真诚的期待,站在山谷村庄的铭助妈妈传说所代表的女性文化立场上对国家主义进行了尖锐的批判。

可以说,《水死》的小说戏剧化追求并不只体现在小说中导入戏剧这一点,更体现在大江将独立、异质的声音导入古义人的叙述中这一叙事手法上。叙述者"我"尽可能以冷静的笔调直观呈现人物言行,致力于小说和戏剧体裁边界的消弭。《水死》关于鬈发子的故事在某种意义上就像鬈发子个人舞台人生和现实人生之剧的交替。通过与铭助妈妈传说相关的戏剧,小说将阿婆和母亲、亚纱、鬈发子这些不同时代的女性的命运联系在一起,极大地拓展了小说表达的历史空间。在《水死》描写的现实空间中,鬈发子的人生经历与饰演的角色相互映照,她借助角色来表达自己的人生诉求,通过剧中人物来实现自我身份认同。鬈发子"扔死狗"戏剧手法注重演员与观众互动,这一形式也体现了《水死》小说本身具有的对话性。"穴居人"剧团负责人穴井将夫的戏剧方法与复调小说强调主人公独立的自我意识这一点高度契合。"就我的戏剧方法而言,不管是什么人的发言,都要将其视为运用各种思维方式进行思考的人们中的一人的思考而听取,以便在舞台上再现不同人物的自我表现。"[①]的确,不管是正面人物还是反面人物,都被赋予了表达自己观点的机会。鬈发子策划在《铭助妈妈出征和受难》的最后一幕从饰演角色中抽离出来,作为现实中的个体坦言自己曾被伯父强奸的经历,从而将历史和当下结合起来,使表演显得有血有肉。"也不是说仅仅是我一人在讲述并独白获得胜利。就像伯母现在所做的这样,伯父也可以参加并对我提

---

① 大江健三郎:《水死》,许金龙译,北京:金城出版社,2013年版,第67页。

出反方盘诘。"①"扔死狗"戏剧本身就是一种开放的戏剧手法，平等对待每一个个体的声音、观点。体现在小说叙事上，就是叙述者"我"尽可能避免自己的叙事干预来影响读者的价值判断，从而将一切解释权归还给读者。

朗诵剧《心》所体现的将先生之死归结为个人原因这一点与《水死》的主题密切相关。关于父亲之死，母亲通过录音告诉古义人，父亲和将校军官们的"杀王"计划本身就是一个笑话，只有父亲将这一计划当真。他在了解到这一计划的严重后果后心怀恐惧，便乘舢板在山洪暴发之夜出逃，意外溺水身亡。父亲的弟子大黄却认为父亲外出时就已经做好了死亡的心理准备。之所以带上古义人，只是进行一种类似将自己身上的怨灵转移至古义人身上的仪式，父亲希望自己的未竟事业由古义人继承下去。不过，综合母亲和大黄的观点，读者还会发现另外一种可能性。即父亲外出的目的就是告发"杀王"计划，因为父亲坚决反对那些将校军官将飞机停在山谷圣地"鞘"，红皮箱里装的是要证明自己这一计划的材料。担心父亲告密的将校军官派人监视父亲，且让监视者骑着自行车顺着河沿岸追赶父亲并第一时间发现舢板翻在河下游的河中沙洲那里。母亲之所以读了《亲自为我拭去泪水之日》后与古义人断绝关系，其中一点便是抗议古义人将父亲之死与国家主义联系起来。也就是说，母亲希望古义人将父亲之死视为一个彻头彻尾的个人事件。在这一点上，穴井将夫和鬈发子策划的"若干个小插曲被用溺死者尸体的声音讲述出来，会说话的溺死者尸体被卷入漩涡……"②这一《水死》戏剧的场景与母亲的观点相似，"水死小说"可被视为一部父亲在水底的水流中不断浮起沉下并回顾其一生的个体生命故事。不难看出，正如鬈发子在朗诵剧《心》中将先生之死恢复为个体之死一样，"我"中途放弃的"水死小说"是一个死者复活回顾一生的故事，创作动机与朗诵剧《心》异曲同工。"借主人公'我'这第一人称开始写那个故事，任凭水底的水流带着我浮起、沉下，最终，/说完了故事的小说家，被猛然卷入漩涡之中……"③在此，父亲水死的情形很明显借鉴了艾略特《荒原》中描写腓尼基人水手弗莱巴斯水死的诗句"海底的潮流/在悄声细语中拾起那遗骨。随波浮沉之际/越过老境和青春的各个阶段/继而被卷入漩涡之中。"④，这也是此诗出现在小说卷头并与小说所要表达的个人主体性

---

① 大江健三郎：《水死》，许金龙译，北京：金城出版社，2013年版，第290页。
② 大江健三郎：《水死》，许金龙译，北京：金城出版社，2013年版，第96页。着重号为原文所有。
③ 大江健三郎：《水死》，许金龙译，北京：金城出版社，2013年版，第5页。
④ 大江健三郎：《水死》，许金龙译，北京：金城出版社，2013年版，扉页。

主题紧密相关的证据。

　　大黄证言,三本《金枝》是他陪父亲去高知的先生那里带回来的书。古义人考察了书中的标记,认为"那显然是实实在在的政治教育……"①,将这册《金枝》看作是高知的先生对父亲实施政治教育的教科书。也就是说,父亲的超国家主义政治倾向与高知的先生的影响不无关系,这就不难理解驻守松山的年轻军官们手持高知的先生的介绍信来到山谷时,父亲会热衷于杀王计划的原因。书中一些用彩色铅笔圈起来的地方可以看到父亲具有一种文学性资质,连大黄也认为"真实的先生,却好像以文化青年的姿势一直活到五十岁呐"②。在大黄看来,影响父亲行动的思想因素不是单一的,父亲并非一个彻头彻尾的国家主义者。"长江先生也不是本地人,却是发自内心地接受了森林里流传下来的传说,比起他对军官们讲授的超国家主义思想,森林中的那种影响更是根深蒂固。"③正如大黄所言,父亲更多地接受了山谷村庄民间文化的影响。当两种思想发生冲突时,父亲依然选择了守护地方文化,强烈反对爆破"鞘"的大陨石。他携带红皮箱出行,打算一个人象征性地举事或告发此事。不管怎样都会破坏这一计划,从而可以保留地方文化之根。昭和前期的时代精神即国家主义思潮虽然已经侵蚀到以土俗思想为代表的地方文化,但山谷村庄共同体文化对个体仍然存在着不容忽视的影响。刘霞将古义人父亲之死置于当时的伦理语境之中进行深入分析,认为父亲的水死是其陷入绝对天皇制思想和地方土俗思想这一伦理两难困境中所导致的自我毁灭。"'父亲'的这种自杀方式保护了森林的中心'鞘',也就是保护了原始神话的发源地和心底的信仰;同时也达到了一种让外界人以为自己殉死于绝对天皇制的表象,从而走出了伦理两难的困境。"④可以说,父亲的国家主义倾向是信奉地方土俗思想的代表母亲、亚纱对古义人这一同样的倾向心存忌惮的原因,也是母亲在镇上为纪念古义人获得国际文学奖所立的纪念碑上的诗句"让古义攀上森林的准备都没做,就如河水冲走般一去不还"⑤中所言的事实。"攀上森林"就是"祭祀死去之人"⑥,也就是说,母亲对父亲没有引导古义(古义人的小名)攀上森林、获得自身的文化认同之根而耿耿于怀,对父亲的超国家主

---

① 大江健三郎:《水死》,许金龙译,北京:金城出版社,2013年版,第220页。
② 大江健三郎:《水死》,许金龙译,北京:金城出版社,2013年版,第221页。
③ 大江健三郎:《水死》,许金龙译,北京:金城出版社,2013年版,第233页。
④ 刘霞:《从〈水死〉的互文性看大江健三郎的政治伦理观》,《湖北大学学报》(哲学社会科学版)2017年第2期,第139页。
⑤ 大江健三郎:《水死》,许金龙译,北京:金城出版社,2013年版,第16页。
⑥ 大江健三郎:《水死》,许金龙译,北京:金城出版社,2013年版,第17页。

义倾向充满了戒备。同时，母亲对少年时代深受军国主义毒害的古义人离开家乡后通过创作《亲自为我拭去泪水之日》来为父亲正名的动机背后隐藏的超国家主义幽灵忧心忡忡，因此烧毁了红皮箱里的一些材料并留下了讲述自己对父亲水死事件看法的录音。或许可以说，亚纱借母亲遗言中将红皮箱在自己去世十年后交给古义人这一约定邀请古义人带阿亮归乡，并在穴居人剧团的斡旋下上演了朗诵剧《亲自为我拭去泪水之日》，使一直坚守民主主义理念的老年的古义人意识到少年时代的军国主义教育带给自己的负面影响。朗诵剧《亲自为我拭去泪水之日》犹如驱魔仪式，使古义人意识深处的国家主义幽灵现形；朗诵剧《心》，剥去了为明治精神殉死这一笼罩在先生身上的意识形态色彩，将先生之死恢复为现代个体之死；《铭助妈妈出征和受难》将处于社会边缘的女性与国家的对决推向了顶峰，使古义人从历史、现实中遭受苦难但永不屈服的女性身上获得了直面苦难的勇气。从小说第一章"穴居人的到来"中髻发子装作邂逅，在古义人撞在灯杆上时及时用身体支撑他，防止他倒下这一场景，到小说结尾古义人想象的大黄水死的场景，小说情节发展都带有强烈的戏剧画面感。由于小河将髻发子绑架至大黄的修炼道场，原定在《铭助妈妈出征和受难》中设置的髻发子与伯父剧中对决的场面转移到了现实之中，狂风暴雨中的修炼道场成了戏剧矛盾冲突集中爆发的舞台，大黄作为解决对立双方矛盾的人物登场，令人意外地开枪打死了小河。可以说，此处明显带有亚里士多德《诗学》意义上"指行动的发展从一个方向转至相反的方向"[①]的"突转"这一戏剧结构技巧的痕迹。在枪杀小河之后，大黄温和地让阿律转告古义人，长江先生早已抱有赴死之心，之所以让古义人和自己一起出行，就是希望古义人继承自己的思想，将怨魂的"灵媒"从自己身上转移至古义人身上。

"……刚才开枪的时候，俺虽说只有一条胳膊，却未曾射偏，本来附体于长江先生的怨魂，现在把俺当作新的'灵媒'了。虽然已经耽误了太长时间，不过俺还是跟随而去呀。长江先生最好的弟子，还是俺大黄啊！"[②]

《水死》中这一描写明显采用了摄像机式的视角，如同一幕戏剧中的人物独白一般生动再现了当时的场景。与小河这一右翼思想代表人物有着千丝万缕联系

---

① 亚里士多德：《诗学》，陈中梅译注，北京：商务印书馆，2017年版，第89页。
② 大江健三郎：《水死》，许金龙译，北京：金城出版社，2013年版，第313页。着重号为原文所有。

的大黄大段的内心独白,给读者强烈的震撼力。大黄认为自己是"长江先生最好的弟子",自己才是长江先生精神的传承人。也就是说,大黄最终理解了古义人父亲那颗一度迷茫,但在最后关头回归山谷村庄共同体信仰的灵魂,意识到古义人父亲思想的真正核心——基于乡土之爱的民族主义思想,彻底与以小河为代表的国家主义思想决裂并以生命为代价对其发动致命一击。这一突转一反故事发展的既定轨道,呈现出现代个体激昂澎湃的心理变化,在打破读者期待视野的同时,也让读者关注到小说中古义人所放弃但却由现实作家大江健三郎完成《水死》这一"水死小说"所要表达的主题意义和伦理指向。

## 第三节 戏剧叙事与晚期风格

英国戏剧理论家马丁·艾思林指出,戏剧与宗教都源于宗教仪式,二者密切相关,可以将戏剧视为一种仪式。"在仪式里如同在戏剧里一样,其目的是要提高觉悟水平,使人对于生存的性质获得一次永志不忘的领悟,使个人重新精力充沛去面对世界。用戏剧术语来说是:净化;用宗教术语来说是:神交,教化,彻悟。"①的确,戏剧在本质上具备某种仪式功能。《水死》在建构情节过程中细致入微地描绘了仪式,体现了小说戏剧化的深入发展。《水死》中幽灵(或怨灵)与灵媒的关系成为建构小说结构的重要元素。特别是在第十二章"古义的传记和附体"中,髻发子提及了自己曾在改编自《平家物语》的戏剧中扮演阴魂附体的灵媒小童的经历。"只由我一人对应所有阴魂,我为此而竭尽了全力。"②或许可以说,"灵媒"一词可以视为解读小说戏剧叙事的一把钥匙。演员的表演可以看作是角色的灵魂附体于灵媒(演员)的仪式。不难发现,对髻发子拟定在山谷的男性禁地"鞘"上演的铭助妈妈御灵"述怀"的场景很明显带有宗教秘仪的性质。阿律也认为,古义人的阿婆和母亲通过咏唱"述怀",在男人全都顺应战败后环境的时代,"表演者不就把当地那些战后的女人与八十年前参加暴动的女人联接起来了吗?"③借助演员这一灵媒,处于当下的演员和自己所扮演(被附体)的幽灵连接在一起,进而通过表演这一仪式,处于社会底层的女性获得了

---
① 艾思林:《戏剧剖析》,罗婉华译,北京:中国戏剧出版社,1981年版,第21页。
② 大江健三郎:《水死》,许金龙译,北京:金城出版社,2013年版,第247-248页。着重号为原文所有。
③ 大江健三郎:《水死》,许金龙译,北京:金城出版社,2013年版,第252页。

精神疗愈，进而从铭助妈妈身上汲取了与国家暴力抗争的力量，这也是鬈发子坚持要在"述怀"表演之后脱下戏服，控诉自己曾在十七岁时被代表国家的伯父强奸的原因。

安藤礼二（安藤）指出，怨灵与灵媒的关系，其原型甚至可以追溯至折口信夫的天皇论。"折口认为天皇是灵魂拥有者。特别是在王位继承之时，需要承担垂听神的声音和让他人听到神之声并对其进行解释的两种人的角色。折口将垂听神之声音的人形容为'神妻'。她们的工作也成了艺能即'戏剧'的源头。"① 可以说，"灵魂的转移"这一带有原始巫术性质的仪式奠定了小说基本的叙事模式。戏剧表演本身就带有演员将过去或死去之人的灵魂附着在活人身上，借用现实中人的肉体再现过去这一特征。"人神的能力一暴衰退的迹象，就必须马上将他杀死，必须在将要来的衰退产生严重损害之前，把它的灵魂传给一个精力充沛的继承者。"② "红皮箱"里的《金枝》中做了标记的地方所暗示的"杀王"这一意象意义不明，"精力充沛的继承者"或许可以理解为新时代的开拓者，这一意象设置很好地体现了大江批判天皇制所象征的日本传统文化的立场。

在大黄看来，军官们的"杀王"计划本身就是一种带有玩笑性质的"空想"，而只有父亲一人将此事当真，大黄的认识在这一点上与母亲的观点相似。据大黄讲，父亲和军官们决裂后曾告诉他们如果独自干点什么就会带走那只红皮箱。军官们在古义人的父亲出行之前要求翻看红皮箱里的内容并烧毁了一部分，且监禁了大黄。或许可以说，父亲和之后的大黄一样充当着民俗学、文化人类学意义上的骗子、小丑式的人物功能，在地方传统文化与国家主义产生龃龉，山谷共同体的利益受到侵犯时，就会对侵犯者反戈一击。无论父亲是独自驾着舢板装作去东京"杀王"，还是告密，抑或是看到计划落空就以自杀来进行替罪羊式的"自我惩罚"，都可以将父子水边的一幕视为父亲试图净化儿子被国家主义幽灵所缠绕的灵魂的祓禊仪式，正如《心》中的先生"现在，我切开自己的心脏，想要把那里的血泼到你的脸上。当我的心脏停止鼓动之时，倘若你的胸脯能够孕育出新的生命的话，我会感到满足"③这一富有牺牲精神的举动一样，父亲以自己

---

① 安藤礼二：「「懐かしい年」の変容——大江健三郎『水死』論」、『群像』2010年2月号、101頁。
② 弗雷泽：《金枝——巫术与宗教之研究》（上），汪培基、徐育新、张泽石译，北京：商务印书馆，2013年版，第439页。
③ 大江健三郎：《水死》，许金龙译，北京：金城出版社，2013年版，第133页。

的死来换取古义人灵魂的重生，希望古义人能够继承当地的土俗思想，灵魂最终可以回归到森林之中。纪念碑上母亲的诗句既是对古义人父亲没能带领古义人回归山谷共同信仰，获得身份认同的遗憾，同时又是对古义人带领阿亮攀上森林的期待，希望两代人最终从山谷村庄的文化中获得身份认同，进而获得灵魂的救赎。古义人在梦中梦到自己只是看着大黄攀上森林的身影，脑海中浮现出大黄水死的情景。

不过，大黄是个善于在森林中行走的老手，他会谨慎地奋勇向前而绝不会倒下吧。修炼道场正上方的森林从本镇区域迂回过去，与峡谷的森林联接起来。大黄将会奔走不息，将近拂晓之际，就已经到达无须担心追踪的警察队伍会追赶上的场所吧。然后，他只需将面孔埋入树木最浓密的叶片上蓄满的雨水中，站立不动水死而去。①

可以说，大黄进入了生（修炼道场的森林）与死（峡谷的森林）的中间地带，与父亲被洪水冲走一去不返相反，大黄的灵魂最终回归到峡谷的森林这一神话空间之中，回到了时间循环往复的灵魂重生的空间。伊东祐吏指出，"从《水死》的最后一幕依稀可以看到大江通过大黄表现出的要为战后'时代精神'站立不动水死而去的身影。大江愿为战后民主主义赌上性命，那映入眼帘的影像，化为不可思议的感动激荡着我们的胸膛"②。的确，大黄站立不动水死而去这一戏剧式的最后一幕令人印象深刻，由此可以看到大江对战后"时代精神"的坚守。古义人在梦里虽然只是望着大黄的背影，但在现实中却从大黄的行为之中获得了立于边缘与国家暴力对抗的勇气，这也是古义人听了母亲、大黄等人关于父亲水死的不同说法后希望将父亲之死从国家主义脱离开来而使之回归到个体之死的原因。

从整体来看，古义人回乡考察父亲水死真相和放弃创作水死小说的过程本身可以视为是亚纱和穴居人剧团联合主导的一场驱逐古义人心中的国家主义幽灵，疗愈老年作家精神创伤的仪式。大江在与戏剧家野田秀树的对谈中将小说家视为

---

① 大江健三郎：《水死》，许金龙译，北京：金城出版社，2013年版，第315页。
② 伊東祐史：「水死する大江健三郎」、『三田文学』2012年第111号、155-156頁。

灵媒。《水死》的叙述者古义人采用冷静、客观的描写，也是现实作家大江健三郎将自身作为灵媒，为传达登场人物独立声音而采用的小说叙事技巧。《水死》就是经过现实作家大江健三郎这一灵媒将多声部的复调的语言记录、编辑而成的小说。大江放弃了之前叙述者的中心地位，主动作为灵媒来讲述父亲、大黄、鬈发子等背负着不同过去的复数的他人的故事。正如灵媒在巫术中的作用是引出怨魂并超度它一样，这一讲述故事的叙述机制的最终目的正是灵魂的净化与疗愈。以上关于大黄站着水死的想象，既是哀悼，同时又是祈祷死去之人的灵魂返回森林的镇魂。

关于灵媒所承载的幽灵、怨魂，还体现在小说的意识形态诉求上，着重表现了国家主义幽灵对个体的戕害。铃木贞美（铃木）指出，民族主义（nationalism）是思想原理、情绪倾向、政策、运动之类的统称，意义的细微差异也多种多样，是一个包含了多种意义的多义词。"为避免讨论的混乱，'nationalism'在当今日本分别用来表达①'民族主义'、②'国民主义'、③'国家主义'等意思"①。根据铃木的考证，东京帝国大学的宪法学者以古代神话的普遍性作为"国学"的至高传统，借用德国新教的民族宗教论，用"天皇"这一观念对应基督教中的上帝，构成了普遍主义的民族主义亦即"超国家主义"的根本。这也是《亲自为我拭去泪水之日》中父亲和军官们将巴赫康塔塔中的"god"一词理解为"天皇陛下"的现实依据。在这样一种观念的支配下，战前的日本国民犹如柏拉图描写的洞穴中的囚犯一般，习惯于在超国家主义这一制度枷锁下生存而到了愚昧无知的境地。"穴居人"剧团的名称和剧团的演出剧目显而易见地体现了大江对《理想国》这部探究个体人性、社会伦理和政治秩序建构的经典之作的借鉴。在此意义上，《水死》就自然具有了一种柏拉图意义上的启蒙意味。

柏拉图《理想国》的"洞穴隐喻"指出，居住在洞穴中被束缚的囚徒，他们看到的只是透过光投射到他们对面墙上的影子而不是事物本身。这一局限多表现为被事物的假象（影像）所蒙蔽而看不到事物真相的人类知识处境。"柏拉图认为，由于利益的存在我们无法对世界的本来面貌形成正确的认识，因此主张我们周围的一切都是虚幻的，而在此之外的'理念世界'才是最真实的存在。'理

---

① 铃木贞美：『日本の文化ナショナリズム』、東京：平凡社、2005年、34頁。

念'才是这个世界的本源,而且这个理念就存在于人的灵魂之中,只有通过教育才能让灵魂实现转向,从而通过教育才能培养出适合治理国家的'哲人王'。"①由此看来,"穴居人"剧团中鬈发子、阿律等人的工作带有一种启蒙色彩,剥离了国家代表的中心文化附加在现代个体身上的意识形态色彩,使现代个体彻底挣脱国家主义枷锁,真正用自己的眼睛来观察世界。在"好像敞开洞口的浅浅洞穴"②的圆形剧场舞台上,"穴居人"剧团以《心》为切入口,通过"扔死狗"戏剧的手法反驳了"教育委员会的同伙们和他们的拥护者们"和"国民"们将先生的自杀归结为为明治精神殉死的看法,将先生之死还原为个体之死。不难想象,这一设置明显是对朗诵剧中提到的日本《教育基本法》修订中加强爱国主义教育这一内容的批判。"洞穴隐喻"表达了个体灵魂由"可见世界"到"可知世界"的转向,自然就与教育发生了关联。当古义人读了父亲的遗物《金枝》中标有记号的内容之后,轻而易举地判断出父亲从高知那位先生处接受了政治教育。亚纱告诉古义人,"妈妈认为爸爸人生中最糊涂的事,就是被那位先生的书信给弄得不正常了"③。也就是说,正是"先生"的政治教育,使父亲狂热地沉浸在被将校们视为闹剧的"杀王"计划中从而走上了不归之路,这也是《水死》通过设置朗诵剧《心》来反思教育问题的原因。被誉为日本国民作家的夏目漱石和收入日本国语教材的《心》,集中体现了国家意识形态通过"国语""国文学"教育来对国民进行意识形态控制的一面。一般认为,民主主义是一个与国家主义对立的概念。"纵观《日本国宪法》制定实施后的日本政治发展史,有关君权无害民权的原则遵守得并不令人满意,天皇制的存在成为日本右翼保守势力的精神家园,导致日本在有关历史认识、战争责任等一系列问题上往往挑战基本的历史认识底线。"④昭和前期的日本具有浓厚的封建性,在推动近代化进程的同时,又基于传统的"神国"思想,把"万世一系"的"现人神"天皇推到了权力之巅;战后日本反省走过的道路,走上了民主主义道路,但象征天皇制的并存和传统文化的复活使日本仍处于一种精神撕裂的暧昧之中。正如大江本人指出的那样,

---

① 闵繁盛:《"视界"与"影子"——由柏拉图"洞穴隐喻"引发的"投影"思考》,《齐齐哈尔大学学报》(哲学社会科学版) 2017 年第 8 期, 第 43 页。
② 大江健三郎:《水死》, 许金龙译, 北京: 金城出版社, 2013 年版, 第 131 页。
③ 大江健三郎:《水死》, 许金龙译, 北京: 金城出版社, 2013 年版, 第 75 页。
④ 田庆立:《象征天皇制与日本民主主义的融合与冲突》,《日本学刊》2013 年第 6 期, 第 149 页。

"帮助日本人走向新生的,是民主主义和不战誓言,这就是日本人新的根本道义。然而,内心拥有这种道义的个人和社会并非清白无辜,因为侵略亚洲的经历而染上了污点。"①遗憾的是,日本在战后对历史的反思并不彻底,国家主义思想阴魂不散,已成为日本人的集体无意识,即小说中提到的"幽深郁暗的日本人感觉"②。正如髫发子通过朗诵剧《心》将先生之死从国语教育中为明治精神殉死这一解读中解放出来一样,古义人通过对父亲水死故事的书写,塑造了一个为了地方的文化传承而背弃国家主义的人物。古义人的书写就是一场将国家主义从父亲身上脱离开来的镇魂仪式,充分体现了大江对个体生命的深切关注。戏剧元素成为隐匿在小说叙述语言之中的另一种声音,与叙述者的声音相互应和,在小说中形成了微型对话,使大江可以游刃有余地通过质疑为"时代精神"殉死这一《心》中先生自杀的动机来探讨"时代精神"本身的虚妄,强调了个人主体性确立的积极意义。大江在叙述上巧妙地将髫发子的戏剧演出活动和现实层面的"水死小说"写作结合起来,营造出一种戏里戏外、历史与现实重叠的艺术氛围。读者在这种氛围中可以切身体验到髫发子那种从自己个人体验出发抗争国家权力的女性力量,感受到作家"我"对自己心中仍然存在的国家主义勇于批判的反思精神,以及进入老年后努力追求晚期风格的文学创新精神。

《水死》在形式上同样体现了大江对个体的关注。小说整体上是以"我"作为视点人物,但是不断通过信件、个人记忆转述等内容将观察的主体让位给妹妹亚纱、阿律和大黄。这种使叙述客观化的尝试很自然地将叙事场景过渡到叙述者视力未及之处,通过他人之眼继续以戏剧化直观的方式,即以外显的动作、神态或对话生动地再现。比如,小说第六章"'扔死狗'戏剧"第三节开始导入的妹妹亚纱的信、第十二章"古义的传记和附体"中导入了穴井将夫和古义人的访谈,第十五章"水死"中为了体现自己对事件经过的客观再现出现了"以亚纱对我如此说出的内容为基础,还包括事后阿律补充的细节,我书写整理如下"③等关于信息来源的说明,因此,尽管《水死》也表现了叙述者"我"的内在精神世界,但对女主人公髫发子却没有采用直接的内心独白或采用心理分析的形式加以

---

① 大江健三郎:『あいまいな日本の私』、東京:岩波書店、9頁。
② 大江健三郎:《水死》,许金龙译,北京:金城出版社,2013年版,第62页。
③ 大江健三郎:《水死》,许金龙译,北京:金城出版社,2013年版,第311页。

直观呈现，而是通过"我"与其接触、对话，以及旁观者对其人物形象的直观描述体现出来的。小说叙述了鬐发子在高中时被伯父猥亵直至发展到被其强奸的痛苦经历。这一经历由鬐发子自己亲口讲述，甚至鬐发子在讲述时也坦诚地说到自己因为当时不谙世事也沉浸在伯父的爱抚之中①，从而为伯父利用"通奸"这一借口为自己的罪恶行径开脱提供了话柄。这样，读者可以站在自己的角度上能动地判断鬐发子和伯父关系的性质。对大黄枪杀小河的描写，"我"（古义人）的书写只是整理了阿律的讲述，自己并未做出有关事件性质的价值判断。小说中，父亲溺亡的故事通过不同人物的眼光和话语陆续多次呈现，但父亲的死亡真相始终没有正面叙述。这些叙述，就是大江经常提及的"包含差异的重复"叙事。这一叙事手法使读者对事件有一种立体的看法，当不同的言说通过"红皮箱"产生了喻义联系之时，母亲、大黄、军官、"我"对这一事件的不同认识显然使这种喻义变得更加复杂、深刻。《水死》中"我"的叙述冷静、客观，通过场景描写、戏剧中人物的对话，以及戏剧中演员与观众的"扔死狗"互动让人感受到作品的激情。小说的主观抒情性首先体现为小说结构设计与场景描写的象征性。小说把古义人作为叙述者，同时交叉着亚纱、鬐发子和律子的视点来展开。这一结构使小说呈现出多声部特征，是一部全面对话的复调小说。也就是说，让每个人都各抒己见才能产生对世界更好的解读。《水死》不是在作者统一的意识支配下层层展开的众多性格和命运构成的统一的客观世界，而是故事中的主人公更多地在与他人的对话和自己的内心反思中发现了自我，以及自我与他者、世界的关系。

那么，现代个体在时代的洪流中如何对抗来自国家的暴力呢？戏剧的主要功能之一便是可以通过身体演绎使死者复活，给予生者面向未来的希望。藤田护（藤田）考察了萨义德"晚期风格"（late style）中的"late"一词和日语「後る」「遅る」及同源的「送る」「贈る」等词语分别表示的意义，认为英语 late 一词同时具有"过去的""最新的"等意思，词义跨越了生（现在）与死（过去）的界限，并使生死变得模糊，为晚期风格赋予了与亡灵对话这一构想，lateness（late 的名词形式——笔者注）自然就与"对死者（以及自身）的'哀

---

① 大江健三郎：《水死》，许金龙译，北京：金城出版社，2013年版，第288页。

悼工作'联系起来,与以亡灵现身的这些人物的对话联系起来"①。戏剧及其舞台可以说是连接现世和彼界的装置,过去的人和事通过这一媒介装置得以想象性再现。通过舞台环境和演员这些媒介,死者能够以和灵媒——演员合体的形式出现,从而激发观众的想象力去回忆死者。这与母亲纪念碑上所写的"攀上森林"、小说结尾古义人想象的大黄"攀上森林"体现了相同的文化内涵,也为父亲、大黄之死赋予了与日本近代民族国家相对的地方文化色彩,实现了对那些彷徨灵魂的哀悼。大江在对萨义德晚期风格的"晚期"概念的理解上,借助日语中「遅る」「後る」「送る」的同源性,进而又通过"灵媒"和戏剧叙事联系在一起,使小说的形式意义和主题意蕴达到了完美的统一。

萨义德考察了身体状况与美学风格之间的关系,认为那种充斥着与圆满、成熟相对的不妥协、艰难和无法解决之矛盾的晚期,往往会产生一种尤为具有讽刺意味的表现。对这一晚期风格类型,萨义德情有独钟。"我想要探讨对这种晚期风格的体验,它包含了一种不和谐的、不安宁的张力,最重要的是,它包含了一种蓄意的、非创造性的、反对性的创造性。"②在《水死》第九章"晚年的工作"中,髻发子向亚纱描述了自己构思的"水死戏剧"开头和结尾两个戏剧场景,这一构思源于古义人讲述的"水死小说"序章的草稿,戏剧最初的场景和最后一幕均设置了一个悬在空中的偶人——古义人小时候认为是自己分身的古义俯视着舞台呈现的两个场景,开头一幕为舞台上几位演员分别讲述少年的情况,最后一幕展现行将溺死的老人的内心所想。"水死戏剧"如亚纱所言内容包含了"在等待家兄完成作为'晚年的工作'的'水死小说'的同时,要一同表现写作那部小说的家兄和那个故事中行将水死的家父"③。也就是说,原来策划的"水死戏剧"和朗诵剧《心》一样,是一部交叉着"原样朗读写完了的小说相应部分"④而讲述现代个体生命体验的朗诵剧。从《水死》第一部"水死小说"的序章"玩笑"提及的父亲的"水死",到第三部第十五章"殉死"中古义人想象的大黄站立着水死的情景,章节标题"水死小说"这一副文本的具体内容就隐藏在小说之中,但却是一个未能实现的流产的特殊文本。大江戏谑式地将其作为环形

---

① 藤田護:「大江健三郎『水死』における言葉の方法——「後れ」が導き入れる現代の物の怪と憑坐」、『言語態』2011年第11号、77頁。
② 萨义德:《论晚期风格:反本质的音乐和文学》,阎嘉译,北京:生活·读书·新知三联书店,2009年版,第5页。着重号为原文所有。
③ 大江健三郎:《水死》,许金龙译,北京:金城出版社,2013年版,第199页。
④ 大江健三郎:《水死》,许金龙译,北京:金城出版社,2013年版,第200页。

叙事的一部分进行填充和书写，最终演绎成了《水死》这部小说的正文。大江以古义人创作"水死小说"为线索、话柄，创造出"玩笑"般的戏剧效果。小说叙事借主人公古义人与作家大江健三郎的高度重合来故意模糊现实与虚构的界限，以及正、副文本的边界，在"水死小说"因古义人中途放弃而无法成为正文的情况下，现实中的作家大江健三郎借助戏剧叙事使死者复活，以一种带有反讽意味的晚期风格使之成为现实文本《水死》。

## 小　结

《水死》是一个由古义人和鬏发子两条线索、父亲的水死真相、"我"与阿亮的故事、鬏发子与伯父的故事等多个故事交织而成的复杂的织体，多种人物视角和多重叙事意义在同一文本中交汇、抗争，使小说犹如一部气势恢宏、震撼人心的复调戏剧，表达了大江对现代个体命运的叩问、对日本政府修订《教育基本法》的批判，以及对地方边缘文化的认同。大江对戏剧表演与民俗仪式中灵魂附体这一现象的异质同构性有着深刻的认识，通过将戏剧元素引入小说创作，借助灵媒这一要素呈现了国家主义思想对日本人的精神禁锢、现代个体对日本国家主义的批判。《水死》的戏剧叙事展现了大江创作晚期别样的艺术风格与精神诉求，深化了小说的审美形式与主题意蕴，很好地体现了作家对民主主义思想理念的执着坚守。

## 结　语

　　以上各章从小说叙事角度对大江健三郎不同时期长篇小说代表作的诗学特征及其主题意蕴、伦理指向进行了较为详尽的阐释。《感化院少年》作为大江的长篇小说开山之作，沿袭了大江创作初期书写日本人在战后封闭的政治状况中徒劳的生存图景这一主题，明确体现了大江在叙事视角、空间设置等小说诗学层面富有个人风格的探索。通过对该作叙事视点、叙事空间的主题建构功能进行考察可以看出，第一人称叙事视角体现了小说"凝视与反凝视"的权力对抗关系；山谷村庄这一封闭空间是具有权力秩序的空间，存在着"支配"和"被支配"的权力关系。小说关于逃亡的创伤叙事暗示着对中心文化所浸淫的封闭异托邦的逃离，体现了作家力求用"边缘"的这一隐形结构来构建时代整体性的伦理指向。《感化院少年》的边缘意识体现了大江对个人主体性的张扬，展现了作家对战争这一疯狂暴力的批判和对理性回归的呼唤。中期代表作《个人的体验》体现了大江对小说结构精雕细刻的匠心。大江利用反映主人公精神生态的空间设置和大量的镜中映像、动物意象描绘了与现实世界对应的可能世界，使小说结构呈现出一种镜像式特征，充分体现了镜像世界与主人公鸟身份认同之旅的密切关系。小说叙事以鸟的个人体验为中心展开，也存在着与显性叙事平行的讲述火见子个人体验的隐性叙事进程。这一隐性叙事与小说情节进程呈现出对照式的相反走向，在主题意义上构成了对鸟伦理选择的反讽暗流，体现了大江健三郎对个体身份认同和存在主义伦理选择问题的多元把握。《万延元年的足球队》全面展现了大江小说高超的时空叙事艺术，是一部将当下和过去同时置于主人公心理空间之中，借此来实现过去与当下的对话，呈现现代个体生命体验的小说。通过对小说叙述者兼主人公蜜三郎的时空意识进行考察可以发现，在时间呈现上，蜜三郎逃避现实的行为意味着过去、现在和未来这一时间流动的断裂；就空间来看，小说中的森林代表着死者的世界，是积淀着所有过去时间的空间。蜜三郎的心理时间围绕着自我身份认同展开，他勇于面对现实苦难的小说结局暗示了在充满断裂的现代社会中分裂的主体试图实现自我同一性的努力。在此意义上，《万延元年的足球队》的时空叙事充分实现了小说叙事对主题的建构，表现了大江将个体记忆融入历史叙述之中，从边缘出发来反映时代整体的创作姿态，充分体现了大江小说的时空美学。《亲自为我拭去泪水之日》是大江健三郎天皇制批判主题小说的扛鼎之作，充分呈现了作家在历史叙事层面别出心裁的探索。在运用叙事学和精神分析理论将《亲自为我拭去泪水之日》置于作家创作的历史语境中进行深入分析后不难发现，在故事深层结构上，小说通过对俄狄浦斯神话原型的借鉴，将原型运用与反天皇制主题紧密结合起来，再现了天皇制枷锁对现代日本人的精神禁锢，体现了作家省察历史与现实的理性精神和解剖自我灵魂的自审精神。在叙事上，小说采用元小说技法，通过口述现场的彰显，以个人言说的记忆来重构历史，呈现出对宏大历史叙事质疑的新历史主义倾向。《亲自为我拭去泪水之日》呈现了大江对民俗学、文化人类学、精神分析学、后现代历史叙事学等多个学科领域前沿理论的吸收和借鉴，淋漓尽致地体现了大江小说兼容并蓄的诗学特征。大江晚年小说代表作《别了，我的书！》体现了大江小说创作的互文性特征。该作通过对主人公长江古义人和繁晚年冒险经历的描绘，全方位地展现了大江对美国"9·11"事件的深刻认识和对国家暴力的批判。在对小说叙事特征、人物塑造和主题诉求进行细致考察之后可以看到，大江创造性地运用互文性叙事强调文本间交流互动的功能，采用私小说、元小说等多种小说技法，引入诗歌、访谈等多种体裁，使小说呈现出无限的开放性。小说的互文性叙事指涉了文本外的时代语境，批判了美国和日本的政治保守主义倾向，实现了小说形式与主题诉求的完美契合。可以说，《别了，我的书！》的互文性叙事具有一种意识形态批判色彩，呈现出一种兼容并蓄与反叛规范的创造性，既是作家人生经历的回响，又是其人格个性、精神诉求的集中表现，充分体现了大江的晚期风格。《优美的安娜贝尔·李寒彻颤栗早逝去》突出体现了大江小说诗学的跨界特征。在这部小说中，大江以追求视觉化、动态化的现在时叙事，描绘出遭受精神创伤的女性通过制作电影在绝望中寻找希望的人生故事。大江在传统的私小说框架中导入元小说技巧，通过电影改编和电影小说书写等跨界叙事方式，打破了传统私小说单一的线性叙事，建构了文本广阔的对话空间，表现了大江对女性命运的深切关注和对女性力量的期待，也体现了他对自己作家人生价值的追问和再审视。《水死》是一部体现大江尝试对《亲自为我拭去泪水之日》《优美的安娜贝尔·李寒彻颤栗早逝去》等作品进行"重写"的带有复调风格的鸿篇巨制。小说讲述了陷于老年创作瓶颈的作家"我"在对父亲战争结束前夕水死真相的追寻中经历的现代个体反思战前时代精神、反抗国家暴力的故事。小说借演员角色演绎和幽灵通过灵媒附体的相似性来刻画小说人物，并借戏剧悬念、冲突和突转等戏剧性手法推动小说情节的发展并最终将故事推向高潮。《水死》打破了小说和戏剧的叙事边界，通过对"穴居人"剧团的戏剧活动、演员鬈发子个体精神创伤的描绘，呈现出一种戏剧叙事特有的展演性，暴露了国家主义这一政治话语对现代个体精神的异化和戕害。在此意义上，《水死》可以说是一个以个体伦理对抗国家伦理的具有启蒙色彩的文本，很好地体现了大江在晚期创作风格的不懈追求和对民主主义精神理念的执着坚守。可以说，本书选取的七部代表作，全面体现了大江在小说文本结构、时空设置、叙事风格、人物塑造等方面的匠心。在此基础上，我们可以看到大江健三郎小说诗学呈现出如下特征。

（1）大江小说诗学呈现了小说形式对小说主题的建构，从而使其形式成为"有意义的形式"，这也是其不同主题的小说具有不同叙事格调的主要原因。这也是今后的研究者在论及大江小说社会意义时不可忽视的一个方面。

（2）大江小说诗学呈现出明显的跨界特征，这不仅体现在作家对世界文学的接受和借鉴上，还表现在对民俗学、文化人类学、心理学、媒介理论等世界文学、文化理论、西方文艺思潮的深刻理解和运用上。特别是大江自身写下了大量的文艺随笔、文学理论著作，这些著作充分体现了大江小说诗学的另外一个向度——文学理论。鉴于时间和个人精力所限，本书仅仅涉及了这些文论在大江小说创作实践层面的体现。不过，对作家文学理论的整理和全面考察必将成为大江文学研究的一个重要方向。笔者目前正从事大江文学理论的翻译、整理工作，这一部分研究有待今后另著深入探讨。

# 参考文献

## 一、中文部分（作者姓氏汉语拼音序）

### （一）著作

艾思林. 戏剧剖析. 罗婉华译. 北京：中国戏剧出版社，1981.

巴尔. 叙述学：叙事理论导论（第二版）. 谭君强译. 北京：中国社会科学出版社，2003.

巴赫金. 诗学与访谈. 钱中文主编. 白春仁，顾亚铃等译. 石家庄：河北教育出版社，1998.

巴赫金. 小说理论. 白春仁，晓河译. 石家庄：河北教育出版社，1998.

布斯. 小说修辞学. 华明，胡晓苏等译. 北京：北京联合出版公司，2017.

陈德文. 日本现代文学史. 南京：南京大学出版社，1991.

陈众议，莫言，许金龙等. 大江健三郎文学研究：2006论文集. 天津：百花文艺出版社，2008.

大江健三郎. 个人的体验. 王中忱译. 北京：光明日报出版社，1995.

大江健三郎. 死者的奢华. 王中忱编选. 北京：光明日报出版社，1995.

大江健三郎. 万延元年的足球队. 于长敏，王新新译. 北京：光明日报出版社，1995.

大江健三郎. 愁容童子. 许金龙译. 海口：南海出版公司，2005.

大江健三郎. 别了，我的书！. 许金龙译. 天津：百花文艺出版社，2006.

大江健三郎. 亲自为我拭去泪水之日. 姜楠译. 北京：金城出版社，2012.

大江健三郎. 水死. 许金龙译. 北京：金城出版社，2013.

大江健三郎. 我的小说家修炼法. 王成译. 北京：中央编译出版社，2019.

大江健三郎. 小说的方法. 王成译. 北京：中央编译出版社，2019.

德里达. 友爱的政治学及其他（上）. 夏可君编. 胡继华译. 长春：吉林人民出版社，2011.

邓国琴. 大江健三郎与鲁迅的契合与差异. 北京：中国社会科学出版社，2016.

方珊. 形式主义文论. 济南：山东教育出版社，1994.

方小莉. 叙述理论与实践——从经典叙述学到符号叙述学. 成都：四川大学出版社，2016.

费伦. 作为修辞的叙事：技巧、读者、伦理、意识形态. 陈永国译. 北京：北京大学出版社，2002.

费伦，拉比诺维茨. 当代叙事理论指南. 申丹，马海良，宁一中等译. 北京：北京大学出版社，2007.

弗兰克等. 现代小说中的空间形式. 秦林芳编译. 北京：北京大学出版社，1991.

弗雷泽. 金枝（上）. 汪培基，徐育新等译. 北京：商务印书馆，2013.

弗洛伊德. 图腾与禁忌. 文良文化译. 北京：中央编译出版社，2005.

傅修延. 叙事：意义与策略. 南昌：江西高校出版社，1999.

赫尔曼. 新叙事学. 马海良译. 北京：北京大学出版社，2002.

黑古一夫. 大江健三郎传说. 翁家慧译. 北京：中国广播电视出版社，2008.

黑古一夫. 大江健三郎论——森林思想及生存原理. 徐凤，陶晓霞译. 杭州：浙江工商大学出版社，2018.

胡亚敏. 叙事学. 武汉：华中师范大学出版社，1994.

怀特. 后现代历史叙事学. 陈永国，张万娟译. 北京：中国社会科学出版社，2003.

霍士富. 大江健三郎：天皇文化的反叛者. 北京：人民出版社，2013.

金莉，李铁. 西方文论关键词（第二卷）. 北京：外语教学与研究出版社，2017.

雷蒙-凯南. 叙事虚构作品：当代诗学. 赖干坚译. 厦门：厦门大学出版社，1991.

柯里. 后现代叙事理论. 宁一中译. 北京：北京大学出版社，2003.

兰立亮. 大江健三郎小说叙事研究. 北京：科学出版社，2015.

利科. 虚构叙事中时间的塑型：时间与叙事卷二. 王文融译. 北京：商务印书馆，2018.

黎志敏. 诗学构建：形式与意象. 北京：人民出版社，2008.

刘小枫. 沉重的肉身——现代性伦理的叙事纬语. 北京：华夏出版社，2004.

刘振瀛，卞铁坚，潘金生. 日本近现代文学阅读与鉴赏. 北京：商务印书馆，1993.

龙迪勇. 空间叙事研究. 北京：生活·读书·新知三联书店，2014.

陆扬. 精神分析文论. 济南：山东教育出版社，1998.

栾栋. 人文学概论. 广州：暨南大学出版社，2012.

栾栋. 文学通化论. 北京：商务印书馆，2017.

罗钢. 叙事学导论. 昆明：云南人民出版社，1994.

马丁. 当代叙事学. 伍晓明译. 北京：北京大学出版社，2005.

梅尔基奥尔-博奈. 镜像的历史. 周行译. 桂林：广西师范大学出版社，2005.

聂宝玉. 英美文学叙事理论研究. 西安：西安交通大学出版社，2017.

普林斯. 叙述学词典（修订版）. 乔国强，李孝弟译. 上海：上海译文出版社，2011.

普林斯. 叙事学：叙事的形式和功能. 徐强译. 北京：中国人民大学出版社，2013.

热奈特. 叙事话语　新叙事话语. 王文融译. 北京：中国社会科学出版社，1990.

荣格. 原型与集体无意识. 徐德林译. 北京：国际文化出版公司，2011.

萨莫瓦约. 互文性研究. 邵炜译. 天津：天津人民出版社，2003.

萨特. 存在与虚无. 陈宣良等译. 北京：生活·读书·新知三联书店，1987.

萨义德. 论晚期风格：反本质的音乐和文学. 阎嘉译. 北京：生活·读书·新知三联书店，2009.

尚必武. 当代西方后经典叙事学研究. 北京：人民文学出版社，2013.

申丹. 叙述学与小说文体学研究. 北京：北京大学出版社，2001.

申丹，韩加明，王丽亚. 英美小说叙事理论研究. 北京：北京大学出版社，2005.

升味准之辅. 日本政治史（第四册）. 董果良译. 北京：商务印书馆，1997.

时渝轩. 大江健三郎研究——20世纪80年代以后小说中的自我重写. 西安：西安交通大学出版社，2020.

斯科尔斯，费伦，凯洛格. 叙事的本质. 于雷译. 南京：南京大学出版社，2015.

苏贾. 后现代地理学——重申批判社会理论中的空间. 王文斌译. 北京：商务印书馆，2004.

谭晶华. 日本近代文学名作鉴赏. 上海：华东理工大学出版社，2017.

谭君强. 叙事理论与审美文化. 北京：中国社会科学出版社，2002.

谭君强. 叙事学导论——从经典叙事学到后经典叙事学. 北京：高等教育出版社，2008.

谭君强. 叙事学研究：多重视角. 北京：中国社会科学出版社，2018.

王建湘. 大江健三郎传. 长春：时代文艺出版社，2013.

王先霈，王又平. 文学理论批评术语汇释. 北京：高等教育出版社，2006.

王新新. 大江健三郎的文学世界（1957-1967）. 北京：人民文学出版社，2004.

王一川. 语言乌托邦——20世纪西方语言论美学探究. 昆明：云南人民出版社，1994.

王琢. 想象力论——大江健三郎的小说方法. 上海：上海文艺出版社，2004.

魏善浩. 大江健三郎创作论. 长沙：湖南文艺出版社，2002.

伍茂国. 从叙事走向伦理：叙事伦理理论与实践. 北京：新华出版社，2013.

徐岱. 小说叙事学. 北京：商务印书馆，2010.

徐旻. 重复中包含差异——获诺贝尔文学奖后的大江健三郎文学（1995—2005）. 上海：文汇出版社，2011.

亚里士多德. 诗学. 陈中梅译注. 北京：商务印书馆，2017.

杨月枝. 大江健三郎文学作品艺术特色研究. 石家庄：河北科学技术出版社，2013.

余杰. 开端叙事学. 北京：中国社会科学出版社，2015.

张文红. 伦理叙事与叙事伦理——90年代小说的文本实践. 北京：社会科学文献出版社，2006.

张新军. 可能世界叙事学. 苏州：苏州大学出版社，2011.

赵一凡，张中载，李德恩. 西方文论关键词（第一卷）. 北京：外语教学与研究出版社，2017.

赵毅衡. 广义叙述学. 成都：四川大学出版社，2013.

## （二）杂志论文

安藤礼二. 循环时间和线性时间——大江健三郎和折口信夫. 史姬淑译. 山东社会科学，2011（7）：79-81.

白洋本. 大江健三郎、艾略特作品中小老头形象比较研究. 忻州师范学院学报，2015（4）：35-38.

曹顺庆，李甡. 英语世界大江健三郎的翻译与研究. 当代外国文学，2019（1）：57-63.

陈宝剑. 从共生到再生——试论大江健三郎《个人的体验》中的文化蕴涵. 牡丹江大学学报，2019（7）：38-40，66.

陈世华. 大江健三郎《晚年样式集》中的鲁迅《孤独者》映像. 山东社会科学，2014（12）：103-108.

董世奎. 解读大江健三郎早期小说中"鸟"的象征和隐喻意义. 外国文学研究，2015（6）：142-150.

段慧敏. 大江健三郎《静静的生活》与塞利纳《轻快舞》之间的互文关系. 法国研究，2017（4）：61-70.

范晶. 民族社会的清醒者——大江健三郎与鲁迅比较. 文化学刊，2020（1）：79-81.

冯立华. 叙述者的"回心"：大江健三郎"最后的小说"《晚年样式集》. 东北师大学报（哲学社会科学版），2017（1）：145-149.

冯立华. 接受与差异——觉醒、救赎与超人主题在鲁迅和大江健三郎文学中的变奏. 东北师大学报（哲学社会科学版），2018（2）：104-108.

高华鑫. 1960年安保运动与大江健三郎的中国之行. 外国文学评论，2020（2）：90-110.

顾建栋，史永霞.《万延元年的足球队》的存在主义解读. 常州工学院学报（社科版），2016（3）：39-41.

何建军. 大江健三郎《广岛札记》《冲绳札记》里的边缘意识. 世界文化，2015（8）：41-43.

胡志明. 暧昧的选择——大江健三郎早期创作中对萨特存在主义影响的消化. 外国文学评论，2000（1）：84-92.

胡志明. 无神时代的自我拯救——论大江健三郎后期作品的文化救赎思想. 国外文学，2005（2）：117-124.

胡志明. 大江健三郎小说创作的互文性特征. 国外文学，2011（3）：59-66.

黄芳. 论日本两代诺贝尔文学奖得主的女性观——以川端康成《生为女人》和大江健三郎《人生的亲戚》为例. 天津外国语大学学报，2017（4）：36-42，81.

黄悦.《水死》中的神话原型与文化隐喻再探. 中国比较文学，2017（2）：191-203.

霍士富. 超越心灵地狱——大江健三郎的《个人的体验》和《空中怪物》解读. 西北大学学报（哲学社会科学版），1998（4）：50-53，128.

霍士富. 破坏性的民族反省——评大江健三郎新作《别了，我的书！》. 外国文学，2007（6）：108-113，126.

霍士富. 从《优美的安娜贝尔·李寒彻颤栗早逝去》看大江健三郎的叙事艺术. 当代外国文学，2009（4）：41-49.

霍士富. 为"时代精神"殉死的多重隐喻——大江健三郎《水死》论. 外国文学评论，2012（4）：206-218.

霍士富. 诗性语言的散文体叙事——大江健三郎《水死》论. 外国文学，2013（6）：62-69，158.

霍士富，吐雅. 历史叙事与现实书写的罅隙之间——大江健三郎《晚年样式集》论. 当代外国文学，2016（4）：139-145.

霍士富，王晶. "反抗绝望"的生命哲学——大江健三郎《形见之歌》与鲁迅《希望》比较研究. 西北大学学报（哲学社会科学版），2016（3）：159-167.

霍士富，胡莉蓉. "核爆"悲剧的历史书写——S. A. 阿列克谢耶维奇《切尔诺贝利的悲鸣》与大江健三郎《晚年样式集》比较研究. 湖南科技大学学报（社会科学版），2020（1）：49-55.

吉莉. 平凡少年的右翼蜕变之路——评大江健三郎的小说《十七岁》与《政治少年之死》. 青岛农业大学学报（社会科学版），2015（4）：88-90.

姜文莉. 福克纳与大江健三郎小说中的身份主题比较研究——以《八月之光》和《个人的体验》为中心. 辽宁大学学报（哲学社会科学版），2018（6）：146-153.

姜文莉. 从"个人体验"中透视"人类共相"——论福克纳和大江健三郎创作的契合与差异. 沈阳师范大学学报（社会科学版），2020（4）：61-68.

靳丛林，姜文莉. 文学记忆与时代精神的碰撞——福克纳与大江健三郎互文性创作的比较研究. 东北师大学报（哲学社会科学版），2020（2）：69-76.

景如月. 大江健三郎作品中的创伤解读——以《万延元年的足球队》为例. 盐城师范学院学报（人文社会科学版），2017（5）：72-75.

康洁. 基于大江健三郎小说创作的互文性特征研究. 北京印刷学院学报，2020（3）：63-65.

兰立亮. 形式的意义——大江健三郎小说的第一人称叙事. 外语研究，2006（6）：71-74.

雷晓敏. 成长的逻辑——大江健三郎小说《个人的体验》评析. 唐都学刊，2012（4）：76-80.

雷晓敏. 《水死》的文学通化解读. 广东外语外贸大学学报，2018（6）：46-52.

雷晓敏. 论大江健三郎文学作品的人文学特点. 渭南师范学院学报，2019（8）：69-74.

李方阳. 《冲绳札记》与大江健三郎的历史观. 湖北社会科学，2014（6）：115-117.

李方阳. 信仰自由的危机——大江健三郎小说《燃烧的绿树》之解读. 佳木斯职业学院学

报，2015（11）：60-61.

李方阳. 强健的他者——论大江健三郎早期文学中的朝鲜人形象. 戏剧之家，2014（16）：264-265.

李浩. 摇晃中的建筑与被洪水淹及的灵魂——从大江健三郎《洪水淹及我的灵魂》谈起. 创作评谭，2019（2）：46-49.

李红. 从人道主义到后人道主义：大江健三郎《万延元年的足球队》再审视. 当代外国文学，2013（3）：25-31.

李慧文，夏欢. 摆脱阴影，走向新生——从大江健三郎获奖作品看其重塑日本民族性格的尝试. 合肥学院学报（社会科学版），2015（3）：83-87.

林进. 论大江健三郎的少儿战争体验文学——《饲育》与《掐去病芽，勒死坏种》解读. 长春大学学报，2015（5）：58-61.

刘苏曼. 《万延元年足球队》中"眼睛"的意象作用. 日语学习与研究，2017（1）：119-126.

刘伟，倪琦. "最不可思议的幸运"——试论鲁迅对大江健三郎的文学影响. 绍兴文理学院学报（人文社会科学），2020（3）：11-17.

刘霞. 从《水死》的互文性看大江健三郎的政治伦理观. 湖北大学学报（哲学社会科学版），2017（2）：136-142.

陆建德. 互文性、信仰及其他——读大江健三郎《别了！我的书》. 外国文学研究，2007（6）：36-46.

陆建德. 诗人与社会——略谈大江健三郎与威廉·布莱克. 上海师范大学学报（哲学社会科学版），2012（2）：106-109.

麦永雄. 论大江健三郎的叙事视角与空间化小说. 日本研究，2000（1）：64-67.

朴裕河. 《水死》：为了崭新的共同体. 孙军悦译. 山东社会科学，2011（7）：82-84.

钱韧. 大江健三郎反战作品的写作亮点——评"诺贝尔文学奖"作品《个人的体验》. 江西社会科学，2018（3）：11.

任雅萱. 浅析大江健三郎《人羊》中的人物形象. 汉字文化，2019（2）：105-107.

邵晓慧. 论大江健三郎《个人的体验》中人物的生存状态. 闽西职业技术学院学报，2015（4）：78-81，98.

史文娟. 大江健三郎战争主题小说的创作特色. 菏泽学院学报，2019（6）：97-100.

史小华，龙臻. 刍议大江健三郎小说中的复调现象——以《聪明的"雨树"》为例. 盐城师范学院学报（人文社会科学版），2018（4）：59-61.

田泉. 大江健三郎《奇妙的工作》中的现实批判. 天津外国语大学学报，2015（5）：72-76.

佟姗. 论中国作家对日本后现代文学的影响——以大江健三郎为例. 名作欣赏，2019

（33）：40-41，44.

涂险峰. 超越心中的地狱——《万延元年的足球队》中的罪孽、创伤与救赎. 长江学术，2011（3）：45-53.

王爱军. 大江健三郎的原爆文学思想——以《广岛札记》为中心. 新闻爱好者，2010（19）：113-114.

王丽华，邱鸣. 大江健三郎《空中的怪物 Agui》中的"Agui"意象解析. 北京第二外国语学院学报，2018（6）：89-102.

王丽华，邱鸣. 大江健三郎的宗教思想. 名作欣赏，2018（18）：5-8.

王丽华，邱鸣. 大江健三郎核文学的叙事策略. 名作欣赏，2018（15）：5-7，26.

王丽华，邱鸣. 大江健三郎文学的"晚期风格"——以《晚年样式集》为中心. 名作欣赏，2018（12）：5-7，39.

王丽华. 大江健三郎反核文学中"宗教的想象力". 哈尔滨师范大学社会科学学报，2013（6）：143-146.

王新新，李亚男. 抒写人性觉醒 表现个体独立——试论作为启蒙文本的《饲育》和《拔芽击仔》. 东北亚论坛，2006（2）：115-118.

王新新. 发自心底的无声呐喊——大江健三郎《万延元年的足球队》浅析. 日语学习与研究，1996（2）：57-60.

王新新. 大江健三郎早期文学的战后启蒙与文化批评. 社会科学战线，2003（6）：121-124.

王新新. 历史意识的追究 文化批评的达成——再论大江健三郎《万延元年的足球队》. 日语学习与研究，2003（1）：62-65.

王新新. 唤起"危险的感觉"——试析大江健三郎早期文学中战后再启蒙意识. 解放军艺术学院学报，2005（4）：53-57.

王琢. 人·存在·历史·文学——大江健三郎小说论纲. 社会科学战线，1988（2）：299-307.

王琢. 现代森林神话与救济的可能性——论大江健三郎《万延元年的足球》. 东北亚论坛，1997（1）：87-91.

武凤娟. 大江健三郎的森林意识探究. 文艺争鸣，2019（6）：187-190.

夏怡. 从"自甘堕落"到"自我救赎"——解读大江健三郎《个人的体验》. 华西语文学刊，2012（6）：191-197，299.

谢春丽. "古屋"的倒塌——《万延元年足球队》中的"暴力"解构. 昌吉学院学报，2013（1）：31-33.

徐旻，宋高远. 大江健三郎作品中的"残疾"主题. 日语学习与研究，2014（3）：122-127.

许金龙.《水死》的"穴居人"母题及其文化内涵. 外国文学评论, 2012（4）: 189-205.

杨芳, 霍士富. 民族灵魂的自省与呐喊——大江健三郎《十七岁》与鲁迅《阿Q正传》比较. 西北大学学报（哲学社会科学版）, 2014（4）: 98-103.

杨华, 汪霞琴. 大江健三郎文学的本土化及对我国的启示. 大连大学学报, 2019（1）: 58-61, 68.

杨龙辉. 解析大江健三郎《饲育》中的自我觉醒. 湖南科技学院学报, 2016（9）: 39-41.

杨伟, 张雅蒙. 论大江健三郎《个人的体验》的广岛记忆与时代性. 宝鸡文理学院学报（社会科学版）, 2019（2）: 83-88.

姚继中, 周琳琳. 大江健三郎与莫言文学之比较研究——全球地域化语境下的心灵对话. 四川外语学院学报, 2006（4）: 15-19, 24.

叶琳. 综论大江健三郎文学的译介与研究. 南京社会科学, 2010（11）: 7-15.

张国华. 大江健三郎与莫言童年故乡印象书写的对比研究. 东北师大学报（哲学社会科学版）, 2014（6）: 166-171.

张华英. 论大江健三郎小说中"边缘人"生存现象. 语文学刊, 2019（2）: 109-113.

张剑. 民族主义的再度形塑——论大江健三郎"反核"文学的思想内涵. 外语研究, 2018（1）: 103-108.

张剑, 何建军. 民族与世界——谈大江健三郎反核文学缘起和发展. 外语研究, 2019（6）: 96-101.

张楠, 陈宝剑. 论大江健三郎《广岛札记》中的和平意识. 长沙大学学报, 2015（6）: 114-116.

张文颖. 无垢的孩童世界——莫言、大江健三郎文学中的儿童视角. 日语学习与研究, 2007（4）: 70-74.

张雅蒙, 杨伟.《万延元年的足球队》中对侦探小说叙事的借用与超越. 日语学习与研究, 2019（2）: 95-101.

赵春英."自在的存在": 恶心·荒谬·自欺——论大江健三郎《个人的体验》之虚无存在. 辽宁大学学报（哲学社会科学版）, 2017（3）: 144-148.

周砚舒. 大江健三郎的最新长篇小说《晚年样式集》. 外国文学动态, 2014（3）: 42-44.

## （三）学位论文

冯立华. 大江健三郎的文学世界. 吉林大学博士学位论文, 2018.

韩静. 大江健三郎的晚年风格: 重写. 上海外国语大学博士学位论文, 2014.

景如月. 论大江健三郎作品中的记忆之维. 苏州大学硕士学位论文, 2018.

李春晓. 大江健三郎《迟到的青年》中的主人公形象——巨变的日本战后社会中苦闷的个人. 吉林大学硕士学位论文, 2020.

李书慧. 叙事伦理视角下的大江健三郎小说研究. 江苏师范大学硕士学位论文, 2013.

林啸轩. 大江健三郎文学论——立足边缘, 走向共生. 山东大学博士学位论文, 2013.
史忠秋. 论大江健三郎早期作品中的身体叙事——以《饲育》《人羊》为中心. 复旦大学硕士学位论文, 2014.
王丽华. 大江健三郎文学中的"核"主题. 北京外国语大学博士学位论文, 2016.
王丽婷. 论大江健三郎的《万延元年的足球队》. 黑龙江大学硕士学位论文, 2014.
张雅蒙. 大江健三郎小说中的女性形象——以"两义性"为中心. 四川外国语大学硕士学位论文, 2019.

## 二、日文部分（作者姓氏五十音图序）

### （一）大江健三郎著作

**1. 小説**

大江健三郎. 芽むしり仔擊ち. 東京：講談社, 1958.
大江健三郎. 個人的な体験. 東京：講談社, 1964.
大江健三郎. 万延元年のフットボール. 東京：講談社, 1967.
大江健三郎. みずから我が涙をぬぐいたまう日. 東京：講談社, 1972.
大江健三郎. 憂い顔の童子. 東京：講談社, 2002.
大江健三郎. さようなら, 私の本よ！. 東京：講談社, 2005.
大江健三郎.「おかしな二人組」三部作（特装版）. 東京：講談社, 2006.
大江健三郎. 臈たしアナベル・リイ総毛立ちつ身まかりつ. 東京：新潮社, 2007.
大江健三郎. 水死. 東京：講談社, 2009.
大江健三郎. 大江健三郎自選短編. 東京：岩波書店, 2014.
大江健三郎. 大江健三郎全小説（全15巻）. 東京：新潮社, 2018-2019.

**2. エッセイ・評論・講演・対談**

大江健三郎. ヒロシマ・ノート. 東京：岩波書店, 1965.
大江健三郎. 持続する志. 東京：新潮社, 1968.
大江健三郎. 壊れものとしての人間－活字のむこうの暗闇. 東京：新潮社, 1970.
大江健三郎. 核時代の想像力. 東京：新潮社, 1970.
大江健三郎. 鯨の死滅する日. 東京：文藝春秋社, 1972.
大江健三郎. 同時代としての戦後. 東京：講談社, 1973.
大江健二郎. 文学ノート附=15篇. 東京：講談社, 1974.
大江健三郎. 厳粛な綱渡り. 東京：文藝春秋社, 1975.
大江健三郎. 言葉によって 状況・文学**. 東京：新潮社, 1976.
大江健三郎. 小説の方法. 東京：岩波書店, 1978.
大江健三郎. 表現する者 状況・文学. 東京：新潮社, 1978.

大江健三郎. 方法を読む=大江健三郎文芸時評. 東京：講談社，1980.
大江健三郎. 大江健三郎同時代論集（全10巻）. 東京：岩波書店，1980-1981.
大江健三郎ほか. 言葉と世界. 東京：岩波書店，1981.
大江健三郎. 核の大火と「人間」の声. 東京：岩波書店，1982.
大江健三郎. 日本現代のヒューマニスト 渡辺一夫を読む. 東京：岩波書店，1984.
大江健三郎. 生き方の定義－再び状況へ. 東京：岩波書店，1985.
大江健三郎. 小説のたくらみ．知の楽しみ. 東京：新潮社，1985.
大江健三郎. 新しい文学のために. 東京：岩波書店，1988.
大江健三郎. 最後の小説. 東京：講談社，1988.
大江健三郎. ヒロシマの「生命の木」. 東京：日本放送局出版協会，1991.
大江健三郎. 人生の習慣. 東京：岩波書店，1992.
大江健三郎. 新年の挨拶. 東京：岩波書店，1993.
大江健三郎. 小説の経験. 東京：朝日新聞社，1994.
大江健三郎. あいまいな日本の私. 東京：岩波書店，1995.
大江健三郎. ゆるやかな絆. 東京：講談社，1996.
大江健三郎. 日本の「私」からの手紙. 東京：岩波書店，1996.
大江健三郎. 新年の挨拶. 東京：岩波書店，1997.
大江健三郎. 恢復する家族. 東京：講談社，1998.
大江健三郎. 私という小説家の作り方. 東京：新潮社，1998.
大江健三郎. 言い難き嘆きもて. 東京：講談社，2001.
大江健三郎. 鎖国してはならない. 東京：講談社，2001.
大江健三郎. 「自分の木」の下で. 朝日新聞社，2001.
大江健三郎. 暴力に逆らって書く：大江健三郎往復書簡. 東京：朝日新聞社，2003.
大江健三郎. 「新しい人」の方へ. 東京：朝日新聞社，2003.
大江健三郎. 「話して考える」（シンク・トーク）と「書いて考える」（シンク・ライト）. 東京：集英社，2004.
大江健三郎. 「伝える言葉」プラス. 東京：朝日新聞社，2006.
大江健三郎. 読む人間：読書講義. 東京：集英社，2007.
大江健三郎ほか. 21世紀ドストエフスキーがやってくる. 東京：集英社，2007.
大江健三郎. 定義集. 東京：朝日新聞出版，2016.
大江健三郎，尾崎真理子. 作家自身を語る. 東京：新潮社，2013.
大江健三郎，柄谷行人. 大江健三郎、柄谷行人全対話. 東京：講談社，2018.
大江健三郎. 咆えろ！劇場－ハイティーンの生活と意見（座談会）. 文芸春秋，1958（5）：210-221.

大江健三郎. サルトルの肖像. 世界, 1962 (195): 54-63.

大江健三郎. われらが文学 (対談). 文学界, 1964 (12): 104-116.

大江健三郎. 現代学生の知的状況 (対談). 中央公論, 1966 (3): 330-341.

大江健三郎. 政治と文学〔沖縄の問題を中心に〕(対談). 文学界, 1967 (10): 144-155.

大江健三郎. 文学における明治と戦後 (対談). 展望, 1967 (100): 176-188.

大江健三郎, 野間宏. 現代の文学と想像力 (対談). 群像, 1968 (9): 172-197.

大江健三郎, 柏原兵. 三われらの文学 (対談). 文学界, 1968 (3): 118-127.

大江健三郎, 鶴見俊輔. 語りつぐ戦後 28 戦後民主主義は放棄されねばならないか (対談). 思想の科学, 1969 (87): 147-159.

大江健三郎, アップダイク J. 文学によって何を求めるか (対談). 新潮, 1970 (9): 6-36.

大江健三郎, 金石範, 李恢成. 日本語で書くことについて (座談会). 文学, 1970 (11): 1-27.

大江健三郎, 小島信夫, 吉行淳之介. 現代文学と性 (座談会). 群像, 1970 (10): 218-243.

大江健三郎, 野間宏, 小田実. 現代文学における公的なるものと私的なるもの (座談会). 群像, 1971 (1): 196-226.

大江健三郎, 安岡章太郎. 対談 作家と文体. 文体, 1977 (創刊号): 60-86.

大江健三郎, 中野孝次. 対談 小説作法. 文学界, 1982 (7): 206-228.

大江健三郎, 隅谷三喜男. 私たちはいまどこにいるか: 主体性の再建. 東京: 岩波書店, 1988.

大江健三郎, 三善晃. 三善晃対談シリーズ・現代の芸術視座 12 完 大江健三郎—「最後の小説」・期待の地平へ. 音楽芸術, 1988 (12): 54-68.

大江健三郎, 井上ひさし, 丸谷才一. 新人であるということ—文学は「そのこと」にこそ意味がある. 文芸春秋, 1995 (13): 274-286.

大江健三郎, サイード. 特別対談 生の終わりを見つめるスタイル. 世界, 1995 (8): 1-41.

大江健三郎, 加賀乙彦. 〈対談〉長編小説, 時代の鏡と層をなす語り—『炎都』における激動期の群像. 新潮, 1996 (7): 222-249.

大江健三郎, 柄谷行人. 戦後の文学の認識と方法. 群像, 1996 (10): 352-383.

大江健三郎, 河合隼雄, 谷川俊太郎. 日本語と日本人の心. 東京: 岩波書店, 1996.

大江健三郎, 古井由吉. (対談) 百年の短編小説を読む. 新潮, 1996 (7月増刊号): 358-388.

大江健三郎，原広司．対談 生き延びた羊飼いとして．波，1998（4）：6-11．

大江健三郎，鶴見俊輔．対談「揺すぶり読み」の力－『宙返り』を語る．群像，1999（7）：190-216．

大江健三郎，井上ひさし．新春ビッグ対談 大江健三郎 VS. 井上ひさし－「世紀末びっくりしたこと」．週刊朝日，1999（1）：30-36．

大江健三郎，井上ひさし．世紀末対談「溝に落ちる小説と国家」．週刊朝日，1999（2）：154-160．

大江健三郎，目取真俊．特別対談 沖縄が憲法を敵視するとき－「癒し」求める本土への異議－「沖縄ノート」から30年、地元の芥川賞作家と語る．論座，2000（62）：174-187．

大江健三郎，加藤周一．特別対談 私はなぜ憲法を守りたいのか．世界，2003（709）：46-61．

大江健三郎，菅野昭正．対談 大岡昇平 人と文学－全集の完結にあたって．ちくま，2003（390）：6-11．

大江健三郎，舟越桂．対談・小説家の来し方、彫刻家の行く末「芸術」は「破綻」から誕生する．婦人公論，2003（23）：143-147．

大江健三郎，舟越桂．公開対談 たましいを彫る 舟越桂．美術の窓，2004（6）：32-43．

大江健三郎，鄭義，藤井省三．対談 自由のために書く．世界，2004（723）：214-224．

大江健三郎，清水徹．特別対談 詩と小説の間．群像，2005（11）：102-128．

大江健三郎，町田康．特別対談 二つのカタストロフィと二つの「おかしな二人組」．群像，2005（11）：130-152．

大江健三郎，平野啓一郎．〔群像〕創刊六十周年記念対談 今後四十年の文学を想像する．群像，2006（10）：487-510．

大江健三郎，リービ英雄．新しい文学のモデル 対談 異言語に身を晒す．世界，2006（756）：50-61．

大江健三郎，長嶋有．第一回大江健三郎賞記念対談 若い作家の言葉の力を世界に押し出す．群像，2007（7）：198-216．

大江健三郎，沼野充義．対談 ドストエフスキーの"新しい読み"の可能性―ロシア・東欧文学をめぐって．すばる，2007（4）：196-217．

大江健三郎，岡田利規．第二回大江健三郎賞記念対談 あらゆる場所に目があるように書く．群像，2008（7）：154-171．

大江健三郎，安藤礼二．第三回大江健三郎賞記念対談 自分を批評家に育てる手法．群像，2009（7）：138-150．

大江健三郎，野田秀樹．特別対談 憑坐と験者の対話．新潮，2009（11）：158-171．

大江健三郎，高行健．ノーベル賞作家対談 21世紀の文芸復興へ 政治を超える「人間の歴史」を書く．中央公論，2010（12）：48-59.

大江健三郎，中村文則．第四回大江健三郎賞記念対談 スリの「物語（レシ）」のなかの現代．群像，2010（7）：58-69.

大江健三郎，成田龍一，小森陽一．特集 鼎談 加藤周一が考えつづけてきたこと．ちくま，2010（467）：6-13.

大江健三郎，沼野充義．対談 短篇から広がる小説の力．すばる，2010（12）：176-192.

大江健三郎，古井由吉．特別対談 詩を読む、時を眺める．新潮，2010（1）：222-241.

大江健三郎，Le Clezio Jean-Marie Gustave．ノーベル文学賞作家対談 われらの生きた同時代、その文学と世界を語る．中央公論，2010（2）：84-95.

大江健三郎，筒井康隆，丸谷才一．座談会 読書と人生．小説 tripper：トリッパー，2011（増刊）：91-101.

大江健三郎，星野智幸．第五回大江健三郎賞記念対談 危機に際して、異質な個人が声を合わせる．群像，2011（7）：176-190.

大江健三郎，成田龍一，小森陽一．座談会 井上ひさしの文学（2）"夢三部作"から読みとく戦後の日本．すばる，2012（2）：118-145.

大江健三郎，綿矢りさ．第六回 大江健三郎賞記念対談 本質的なモラルを伝える一つの言葉．群像，2012（7）：81-93.

大江健三郎，シャモワゾーパトリック，堀江敏幸．対談 文学の力：クレオール的未来のために．群像，2013（2）：188-203.

大江健三郎，本谷有希子．第七回大江健三郎賞記念対談 即興と反復と破綻：小説の面白さ．群像，2013（7）：164-177.

大江健三郎，岩城けい．第8回大江健三郎賞記念対談 この小説の新しさと独特さ．群像，2014（7）：128-140.

大江健三郎，池澤夏樹．特別対談日本を変革する新しい文学運動がはじまった：「日本文学全集」刊行開始にあたって．文芸，2015（1）：6-18.

大江健三郎，古井由吉．文学の淵を渡る．東京：新潮社，2015.

大江健三郎，大栗博司，三浦雅士．座談会 大いなる希望としての科学：空間像の変革に向けて．世界，2015（864）：268-278.

小澤征爾，大江健三郎．同じ年に生まれて：音楽、文学が僕らをつくった．東京：中央公論新社，2001.

重藤文夫，大江健三郎．原爆後の人間：対話．東京：新潮社，1971.

武満徹，大江健三郎．オペラをつくる．東京：岩波書店，1990.

## （二）研究著作
### 1. 大江健三郎研究専門書
安藤始. 大江健三郎の文学. 東京：おうふう，2006.

井口時男. 危機と闘争－大江健三郎と中上健次. 東京：作品社，2004.

一条孝夫. 大江健三郎－その文学世界と背景. 大阪：和泉書院，1997.

榎本正樹. 大江健三郎八〇年代のテーマとモチーフ. 東京：審美社，1989.

ウォララック. 大江健三郎論－「狂気」と「救済」を軸にして. 東京：専修大学出版局，2007.

榎本正樹. 大江健三郎の八〇年代. 東京：彩流社，1995.

大江健三郎，すばる編集部. 大江健三郎再発見. 東京：集英社，2001.

大隈満，鈴木健司編. 大江健三郎研究：四国の森と文学的想像力. 高知：リーブル出版，2004.

大隈満，鈴木健司編. 大江健三郎研究 2 大江健三郎と「谷間の村」の諸相. 高知：リーブル出版，2009.

尾崎真理子. 大江健三郎全小説全解説. 東京：講談社，2020.

王新新. 再啓蒙から文化批評へ：大江健三郎の 1957～1967. 仙台：東北大学出版会，2007.

小谷野敦. 江藤淳と大江健三郎：戦後日本の政治と文学. 東京：筑摩書房，2018.

霍士富. 九十年代以降の大江健三郎. 東京：菁柿堂，2005.

片岡啓治. 大江健三郎論－精神の地獄をゆく者. 東京：立風書房，1973.

鎌田正浩. 知的障害がある子を真に受容するには：大江健三郎の文学作品等の分析を通して考える. 東京：鳥影社，1998.

川西政明. 大江健三郎論－未成の夢. 東京：講談社，1979.

黒古一夫. 大江健三郎論－森の思想と生き方の原理. 東京：彩流社，1989.

黒古一夫. 大江健三郎とこの時代の文学. 東京：勉誠社，1997.

黒古一夫. 作家はこのようにして生まれ. 大きくなった 大江健三郎伝説. 東京：河出書房，2003.

黒古一夫. 戦争・辺境・文学・人間：大江健三郎から村上春樹まで. 東京：勉誠出版，2010.

桑原丈和. 大江健二郎論. 東京：三一書房，1997.

小森陽一. 歴史認識と小説－大江健三郎論. 東京：講談社，2002.

シェフェル. 大江健三郎－その肉体と魂の苦悩と再生. 菅原聖喜訳. 東京：明窓出版，2001.

篠原茂. 大江健三郎論. 東京：東邦出版社，1973.

篠原茂．大江健三郎文学事典．東京：株式会社森田出版，1998．
柴田勝二．大江健三郎論－地上と彼岸．東京：有精堂，1992．
島村輝編．日本文学研究論文集成 45 大江健三郎．東京：若草書房，1998．
蘇明仙．大江健三郎論－《神話形成》の文学世界と歴史認識．福岡：花書院，2006．
武田勝彦，ヨシオ・イワモト，サミュル・横地淑子．大江健三郎文学 海外の評価．東京：創林社，1987．
谷沢永一．こんな日本に誰がした－戦後民主主義者の代表者大江健三郎への告発状．東京：クレスト社，1995．
張文穎．トポスの呪力：大江健三郎と中上健次．東京：専修大学出版局，2002．
中村泰行．大江健三郎－文学の軌跡．東京：新日本出版，1995．
日本文学研究資料刊行会編．日本文学研究資料叢書 安部公房・大江健三郎．東京：有精堂出版，1974．
野口武彦．吠え声・叫び声・沈黙－大江健三郎の世界．東京：新潮社，1971．
蓮実重彦．大江健三郎論．東京：青土社，1980．
平野栄久．大江健三郎－わたしの同時代ゲーム．東京：オリジン出版センター，1995．
文芸研究プロジェ編．よくわかる大江健三郎．東京：ジャパン・ミックス，1995．
マサオミヨシ他．群像日本の作家 23 大江健三郎．東京：小学館，1992．
松崎晴夫．デモクラットの文学－広津和郎と大江健三郎．東京：新日本出版社，1981．
松原新一．大江健三郎の世界．東京：講談社，1967．
山本昭宏．大江健三郎とその時代：「戦後」に選ばれた小説家．京都：人文書院，2019．
渡辺広士．大江健三郎（増補新版）．東京：審美社，1994．

## 2. 一般研究書

石川淳．石川淳全集（第 15 巻）．東京：筑摩書房，1990．
井口時男．暴力的な現在．東京：作品社，2006．
石原千秋等．読むための理論－文学・思想・批評．横浜：世織書房，1991．
太田哲男．「断念」の系譜：近代日本文学への一視角．東京：影書房，2014．
大塚英志．村上春樹論：サブカルチャーと倫理．東京：若草書房，2006．
柄谷行人．定本柄谷行人集 第 5 巻 歴史と反復．東京：岩波書店，2004．
奥野健男．奥野健男作品集 5．東京：泰流社，1977．
笠井潔．球休と亀裂．東京：状況出版株式会社，1995．
加藤周一，鷲巣力．加藤周一自選集 9（1994-1998）．東京：岩波書店，2010．
川西政明．昭和文学史．東京：講談社，2001．
川本三郎．同時代の文学．東京：冬樹社，1979．
小森陽一．小説と批評．横浜：世織書房，1999．

小森陽一. ポストコロニアル. 東京：岩波書店，2001.
小森陽一. 文体としての物語 増補版. 横浜：青弓社，2012.
島村輝. 臨界の近代日本文学. 東京：世織書房，1999.
鈴木貞美. 日本文芸史：表現の流れ第 8 巻. 東京：河出書房新社，2005.
田尻芳樹. ベケットとその仲間たち－クッツェーから埴谷雄高まで. 東京：論創社，
　　2009.
竹内芳郎. 文化の理論のために－文化記号学への道. 東京：岩波書店，1981.
東郷克美，小森陽一，石原千秋. 講座昭和文学史 第五巻 解体と変容. 東京：有精堂，
　　1989.
利沢行夫. 戦後作家の世界. 東京：荒地出版社，1971.
中村三春. 映画と文学交響する想像力. 東京：森話社，2016.
新田博衛. 詩学序説. 東京：けいそう書房，1980.
西尾幹二. 西尾幹二全集 第 11 巻 自由の悲劇. 東京：国書刊行会，2015.
西川祐子. 戦後という地政学. 東京：東京大学出版会，2006.
野間宏. 新しい時代の文学. 東京：岩波書店，1982.
丸山圭三郎. ソシュールの思想. 東京：岩波書店，1981.
森秀人. 反道徳的文学論. 東京：三一書房，1959.
村上克尚. 動物の声、他者の声：日本戦後文学の倫理. 東京：新曜社，2017.
山岡實. 語りの記号論 日英比較物語文分析. 東京：松柏社，2001.
安川定男. 昭和の小説. 東京：至文堂，1992.
山口昌男. 文化人類学への招待. 東京：岩波書店，1982.
山口昌男. 文化人類学の視角. 東京：岩波書店，1986.
山口昌男. 文化の詩学（Ⅰ．Ⅱ）. 東京：岩波書店，1998.
山口昌男. 文化と両義性. 東京：岩波書店，2000.
芳川泰久. 横断する文学：〈表象〉臨界を超えて. 東京：ミネルヴァ書房，2004.
吉本隆明. 言語にとって美とはなにか（第Ⅰ巻）. 東京：勁草書房，1965.
リクール. 生きた隠喩. 久米博訳. 東京：岩波書店，1998.

（三）大江健三郎雑誌特集

群像. 1995 年 4 月特別編集.
群像. 2005 年 11 月号.
国文学：解釈と教材の研究. 1971 年 1 月号.
国文学：解釈と鑑賞. 1979 年 2 月号.
国文学：解釈と教材の研究. 1983 年 6 月号.
国文学：解釈と教材の研究. 1990 年 7 月号.

国文学：解釈と教材の研究.1997年2月臨時増刊号.
国文学：解釈と鑑賞.1971年7月号.
新潮.1994年12月号.
新潮.1995年4月号.
文学.1995年4月号.
文学界.1994年12月号.
文芸.1978年5月号.
早稲田文学.2011年第4号.
早稲田文学.2013年第6号.

### （四）雑誌論文

阿部公彦.大江健三郎の魔法.文学界,2011（1）：230-240.

石橋紀俊.大江健三郎『個人的な体験』論－〈赤〉色・身体・間-性あるいは事前性.論樹,1995（9）：127-144.

石橋紀俊.大江健三郎『芽むしり仔撃ち』論－生成する記憶.日本アジア言語文化研究,1999（6）：58-79.

伊豆利彦.「万延元年のフットボール」.国文学：解釈と教材の研究,1971（1）：138-143.

一條孝夫.大江健三郎における谷崎潤一郎.帝塚山学院大学人間文化学部研究年報,2002（4）：50-64.

伊藤久美子.大江健三郎「人生の親戚」の語り手.文学研究,2007（95）：27-37.

岩田英作.「個人的な体験」論－多元的宇宙の創出.近代文学試論,1988（26）：26-39.

岩田英作.『芽むしり仔撃ち』論－「僕」像の修正めざして.近代文学試論,1989（27）：42-52.

岩田英作.「万延元年のフットボール」論－鷹四への回答として.近代文学試論,1990（28）：44-54.

岩田英作.大江文学における共同体と犠牲－『芽むしり仔撃ち』から『「芽むしり仔撃ち」裁判』へ.近代文学試論,1991（29）：50-58.

岩谷征捷.大江健三郎初期作品における＜女＞の役割.昭和文学研究,1985（11）：50-55.

ウィラック.『万延元年のフットボール』論－蜜三郎と鷹四の時間意識について.専修国文,2005（76）：71-94.

上村文人.大江健三郎「万延元年のフットボール」論－絶えざる運動体としてのテクスト.論樹,2008（21）：33-46.

上村文人. 大江健三郎「燃えあがる緑の木」論-〈物語内容〉の多義性について. 都大論究, 2010 (6): 73-84.
榎本正樹. 大江健三郎-御霊と念仏踊り. 国文学-国文学: 解釈と鑑賞, 2009 (2): 129-135.
大原祐治. 翻訳される記憶-『万延元年のフットボール』をめぐって. 文学, 2001 (2): 182-195.
大澤真幸. 書評「さようなら、私の本よ!」-死者として生き残る. 文学界, 2006 (1): 244-247.
太田哲男. 大江健三郎初期作品における「自然」. 櫻美林世界文学, 2009 (5): 50-55.
小川亜紀. 『芽むしり仔撃ち』論-悪を獲得した「僕」. 椙山国文学, 2004 (28): 69-88.
小野正嗣. 受けとめあう「二人組」-の『さようなら、私の本よ!』をめぐって. 群像, 2005 (11): 176-185.
狩谷直志. 大江健三郎『万延元年のフットボール』論: 蜜三郎の出発の内実. 日本文藝研究, 2003 (4): 75-92.
川辺紀子. 『芽むしり仔撃ち』論-子供であることを願う意志. 言語・文学研究論集(白百合女子大学), 2004 (4): 37-47.
神谷光信. 大江健三郎-信仰なき者という立場. 国文学: 解釈と鑑賞, 2009 (4): 49-56.
北山敏秀. 大江健三郎初期の「思い出」をめぐる言説-〈玉音〉表象と戦後民主主義アイデンティティーの形成. 文学・語学, 2010 (197): 1-12.
栗坪良樹. 作品とその評価史・芽むしり仔撃ち. 国文学: 解釈と教材の研究, 1983 (8): 84-87.
河内重雄. 大江健三郎「静かな生活」論-「知的障害者」表象のためのモデル考察. 九大日文, 2006 (8): 84-104.
小林敏明. 想像される〈父〉とその想像的殺害-大江健三郎『みずから我が涙をぬぐいたまう日』を再読する. 新潮, 2008 (8): 176-191.
小林由紀. 大江健三郎の最新作『おかしな二人組スウード・カップル』-三部作として読む試み. 台湾日本語文学報, 2007 (22): 41-66.
小森陽一. せめぎあう言葉の求心化と遠心化 大江健三郎著「揺れ動く〈ヴァシレーション〉」. 文学界, 1994 (11): 264-268.
小森陽一. 『芽むしり仔撃ち』-差別と排除の言説システム. 国文学: 解釈と教材の研究, 1997 (3): 31-37.
小森陽一. 言葉の記憶の分岐点-大江健三郎「さようなら、私の本よ!」に寄せて. 世界，2006（1）：255-266.

佐藤秀明．『万延元年のフットボール』－転移する暴力．国文学：解釈と教材の研究，1997（3）：59-65.

史姬淑．大江健三郎「万延元年のフットボール」論．言語・地域文化研究，2009（15）：41-62.

柴田勝二．民主主義の逆説－大江健三郎と三島由紀夫の戦後．三島由紀夫研究，2012（12）：49-59.

島村輝．「人と作品」という枠－大江健三郎をめぐる近年の研究書から．日本近代文学，1998（5）：172-178.

沈修卿．大江健三郎『芽むしり仔撃ち』－〈支配〉と〈被支配〉の関係を超えて．都大論究，2005（42）：62-73.

鈴村和成．読む人の発見－大江健三郎とモデルたち．すばる，1991（10）：210-225.

高橋由貴．火葬される「書記」の死－大江健三郎「飼育」における戦争．国文学：解釈と鑑賞，2010（9）：131-138.

高橋由貴．言葉ならぬ声を聴く鳥（バード）：大江健三郎『個人的な体験』論．国語と国文学，2013（7）：35-51.

團野光晴．『個人的な体験』試論．金沢大学国語国文，1996（21）：106-117.

團野光晴．消費社会と人間：大江健三郎『万延元年のフットボール』論．日本近代文学，2014（90）：109-124.

中村与志也．大江健三郎論：『万延元年のフットボール』と両義性．日本文學誌要，1985（33）：64-76.

沼野充義．終わりの中の始まりを求めて－「古義人三部作」を読む．群像，2005（11）：162-174.

服部訓和．〈天皇陛下〉が〈鬼〉に変わる－大江健三郎「遅れてきた青年」における絶対者の系譜．稿本近代文学，2006（31）：55-70.

服部訓和．「若い日本の会」と青年の（不）自由－江藤淳と大江健三郎．稿本近代文学，2007（32）：134-149.

服部訓和．自転車の詩学－大江健三郎「不満足」「個人的な体験」を読む．稿本近代文学，2009（34）：44-63.

村上克尚．対話のネットワークとしての「私」：『さようなら、私の本よ！』における諸概念の分析を通じて．言語情報科学，2013（11）：259-275.

富岡幸一郎．「しるし」としてのプロローグ（大江健三郎「『救い主』が殴られるまで」（デュアル・クリティック））．早稲田文学，1994（4）：45-49.

三浦健治．大江健三郎の日常と近未来－「静かな生活」と「治療塔」の交錯．民主文学,1991（8）：134-143.

ミヨシ・マサオ. 歴史と思考の文脈と作家－大江健三郎の話相手. 世界,1994（12）：257-262.

村瀬良子.「万延元年のフットボール」論：〈本当の事〉をめぐって. 近代文学試論,1998（36）：51-65.

室井光広. めんどしい救済－大江健三郎著「大いなる日に燃えあがる緑の木 第3部」. 文学界,1995（7）：252-255.

望月奈良江,熊倉千之. 日本の近代小説に於ける語り手の視点. 日本語学,1987（11）：70-83.

山内久明.「揺れ動く（ヴァシレーション）－燃えあがる緑の木 第2部」大江健三郎－イェーツに導かれて. 新潮,1994（10）：182-185.

山崎正純. 〈悪意〉が転移する従順な〈僕〉の身体－大江健三郎「奇妙な仕事」論. 言葉と文化,2006（1）：25-37.

山本純子. 大江健三郎「万延元年のフットボール」論：比喩表現を視座として. 文教大学国文,2014（43）：11-26.

横田信恵.「弱き者」としての自己認識－大江健三郎「燃えあがる緑の木」論. フェリス女学院大学日文大学院紀要,1996（4）：43-51.

芳川泰久. 小説に現在おこっていること－の〈おかしな二人組〉へ/から. 早稲田文学,2011（4）：300-314.

四方朱子. 循環するテクスト－「懐かしい年への手紙」. 北海道大学大学院文学研究科研究論集,2005（5）：21-37.

鷲谷みどり. 大江健三郎「同時代ゲーム」研究－神話のトポスとその再生. 日本文学,2009（3）：91-106.

（五）対談・鼎談・座談会

江藤淳. 大江健三郎の文学（座談会）. 新潮,1958（11）：82-95.

円地文子,中村真一郎,三浦朱門. 創作合評－大庭みな子「構図のない絵」大江健三郎「父よ,あなたはどこへ行くのか?」田中千禾夫「あらいはくせき」（座談会）. 群像,1968（11）：248-259.

奥泉光,野崎歓,町田康.〈鼎談〉特集 戦後文学を読む 第九回 大江健三郎－合評「芽むしり仔撃ち」. 群像,2012（6）：229-241.

加賀乙彦,佐々木基一,宮原昭夫. 読書鼎談－大江健三郎「ピンチランナ-調書」,中薗英助「エサウの裔」. 文芸,1977（1）：220-243.

加藤典洋,関川夏央,川上未映子. 座談会「大江と村上」の間を生きた孤高の作家. 文学界,2009（4）：148-163.

柄谷行人，笠井潔. 対談　大江健三郎について「終わり」の想像力. 国文学，1990（7）：38-58.

工藤庸子，尾崎真理子.『大江健三郎全小説全解説』刊行記念対談　女たちの大江健三郎. 群像，2020（11）：218-234.

後藤明生，川村二郎. 対談時評　観念と感情―大江健三郎『「雨の木」を聴く女たち』，森内俊雄「覗く女」. 文学界，1981（12）：270-281.

菅野昭正，後藤明生，三田誠広. 読書鼎談―大江健三郎「同時代ゲーム」，金井美恵子「単語集」. 文芸，1980（3）：234-262.

武田泰淳，本多秋五，野間宏. 創作合評―安岡章太郎「ソウタと犬と」遠藤周作「影法師」三浦朱門「晩婚」大江健三郎「生け贄男は必要か」（座談会）. 群像，1968（2）：245-259.

筒井康隆，蓮實重彦. 同時代の大江健三郎. 群像，2018（8）：88-113.

中野孝次，田久保英夫，高橋英夫. 読書鼎談―大江健三郎『「雨の木（レイン・ツリー）」を聴く女たち』，三浦朱門『武蔵野インディアン』. 文芸，1982（10）：238-254.

西野辰吉. 現代文学について―江藤淳「成就と喪失」安岡章太郎「幕が下りてから」大江健三郎「万延元年のフットボール」（座談会）. 民主文学，1968（27）：80-102.

蓮実重彦，島田雅彦. 対談　大江健三郎を求めて―抑圧する父の消失・『同時代ゲーム』と『夢使い』・性の問題，語りの問題・読者層の変化をめぐって. 国文学：解釈と教材の研究，1997（3）：6-23.

花田清輝，武田泰淳，寺田透. 創作合評―大江健三郎「われらの狂気を生き延びる道を教えよ」小川国夫「ゲヘナ港」大庭みな子「幽霊達の復活祭」（座談会）. 群像，1969（3）：245-259.

埴谷雄高. 創作合評―舟橋聖一「好きな女の胸飾り」，大江健三郎「走れ，走りつづけよ」，高井有一「少年たちの戦場」（座談会）. 群像，1967（12）：236-252.

## （六）学位論文

安貞和. 大江健三郎文学研究：想像の力をめぐって. 大東文化大学博士学位論文，2001.

榎本正樹. 大江健三郎研究：八〇年代のテーマとモチーフ. 専修大学博士学位論文，1994.

霍士富. 九〇年代以降の大江健三郎文学：民話の再生と〈救済〉の問題を中心に. 立命館大学大学博士学位論文，2004.

川口隆行. 大江健三郎における「性」と「歴史」の問題：ナショナリティとの関わりにおいて. 広島大学大学博士学位論文，2002.

魏浦嘉. 大江健三郎小説論：燃やされる「緑の木」. お茶の水女子大学博士学位論文, 2005.

金ヨン垠. 大江健三郎文学研究：初期作品における戦後と青年像. 神戸大学博士学位論文, 2008.

クラウプロトック ウォララック. 大江健三郎論：「狂気」と「救済」を軸にして. 専修大学博士学位論文, 2006.

洪珍熙. 大江健三郎とキム・ジハ（金芝河）との比較研究：「民主主義」と「民族」に対する理解を中心に. 大阪大学博士学位論文, 2002.

四方朱子. 大江健三郎文学に於ける「かたり」の戦略－『個人的な体験』を中心に. 京都大学博士学位論文, 2020.

時渝軒. 大江健三郎の研究：一九八〇年代以降の小説における自作リライトの手法. 北海道大学博士学位論文, 2017.

沈修卿. 大江健三郎におけるポストコロニアル表象：『芽むしり仔撃ち』から『万延元年のフットボール』まで. 東京都立大学博士学位論文, 2006.

宋仁善. 一九六〇年代後半の〈現実〉と〈架空〉：大江健三郎の文学を中心に. 筑波大学博士学位論文, 2007.

杉山若菜. 大江健三郎研究：その〈想像力〉の軌跡. 大東文化大学博士学位論文, 2019.

薄田直人. 大江健三郎論：生まれ替わりと想像力の観点からみる大江健三郎の小説の方法. 東京都立大学修士学位論文, 2017.

蘇明仙. 大江健三郎の〈神話形成〉と歴史認識. 九州大学博士学位論文, 2004.

高橋由貴. 大江健三郎研究. 東北大学博士学位論文, 2011.

趙軒求. 大江健三郎論 －物語内容と物語言説におけるヘテロ的な特性を視座として. 中央大学博士学位論文, 2014.

張文穎. 場所の力：大江健三郎・中上健次の文学. 専修大学博士学位論文, 2001.

趙美京. 〈他者〉のおごり：大江健三郎の初期作品を中心とする〈他者〉表象. 筑波大学博士学位論文, 2002.

田泉. 大江健三郎初期作品の研究：「学生もの」を中心に. 大阪大学博士学位論文, 2013.

南徽貞. 大江健三郎研究：「死と再生」という主題をめぐって. 東京外国語大学博士学位論文, 2016.

服部訓和. 大江健三郎小説研究：一九七〇年前後まで. 筑波大学博士学位論文, 2009.

ブシマキン，バジム. 大江健三郎の初期、中期小説における〈政治的人間〉と〈性的人間〉の止揚. 金沢大学博士学位論文, 2014.

村上克尚. 日本戦後文学における動物の表象について：武田泰淳・大江健三郎・小島信
　　夫を対象に. 東京大学博士学位論文, 2016.
村瀬良子. 大江健三郎研究：音と言葉の臨界点. 広島大学大学博士学位論文, 1999.
俞承昌. 大江健三郎文学研究：戦後認識とその視座. 名古屋大学博士学位論文, 2006.

# 附录一

# 中日两国大江健三郎小说诗学研究概论

## 1. 大江健三郎小说诗学研究在中国

　　一般认为,"诗学"这一概念内涵丰富,既可以将其理解为一种以诗歌形式和诗歌意象为核心内容的理论体系,又可以将其推而广之,指关于文学本身的文艺理论和美学理论的总体概念。《文学理论批评术语汇释》一书"诗学"词条旁征博引地探讨了这一词语的内涵、外延的演变,引用了法国结构主义文学批评代表人物托多罗夫、杜克罗共同编写的《语言科学百科辞典》中的相关内容说明这一问题。"诗学一词根据传统概念首先指涉及文学在内的理论;其次它也指某一作家对文学法则的选择与运用(主题、构思、文体等),例如'雨果的诗学';最后,参照某一文学流派所提出的主张,它指该流派必须遵循的全部法则。"[①]按照这一分类从小说诗学角度来看的话,大江健三郎小说诗学研究就是考察作家小说叙事手法、创作原则、美学风格等内容,具体来说,体现在作品叙事话语、叙事结构、叙事格调等层面的小说形式实验,以及大江文学创作所呈现的文化使命担当、精神向度和伦理诉求等领域均属于小说诗学研究范畴。

　　作为日本当代文坛举足轻重且具有世界性影响的作家,大江健三郎凭借与残疾儿共生的现实人生感悟、对社会公平和正义一往无前的不懈叩问、对处于社会边缘的现代个体的深切关注,以及对小说方法孜孜不倦的探求,实现了小说形式创新和主题思想表达的完美契合,形成了自己自成一格的小说

---

[①] 王先霈、王又平编:《文学理论批评术语汇释》,北京:高等教育出版社,2006年版,第184页。

诗学体系。

　　1960年，大江作为日本作家代表团一员首次访问中国，他的文章也随之被介绍到中国。《世界文学》杂志1960年第6期刊载了大江的特稿《新的希望的声音》，传达了20世纪60年代日本青年在安保运动中积极的斗争姿态。"我以自豪的心情和友好的感情告诉中国朋友们：日本的青年正在为反对'安全条约'、为争取日本的独立而斗争着，为恢复和你们的真正的友谊而斗争着。"[1]引文中的"安全条约"，指的是岸信介内阁与美国签订的《新日美安全条约》。这一条约强调了日美军事同盟关系，把日本绑在了美国在20世纪60年代侵略亚洲的战车上，因此遭到了日本人民和亚洲各国的严厉谴责。大江旗帜鲜明地反对这一条约。不言而喻，这篇文章生动地呈现了作家强烈的社会参与意识，遗憾的是，大江丰富的小说创作这一时期并未被翻译成汉语并为广大中国读者所知。直到20世纪80年代，大江的小说才被介绍到中国来。其中，《外国文艺》1980年第2期刊载了吴树文翻译的《空中的怪物阿归》，文洁若编选的《日本当代小说选（下）》（1981）收录了刘德有翻译的《突然变成的哑巴》。可以说，这一时期对作家的译介仅限于个别短篇，大江众多代表作的译介热潮直到作家获得诺贝尔文学奖后的1995年才开始出现。与译介相比，中国20世纪80年代的大江小说诗学研究起步虽晚但却出现了高质量的研究成果。王琢的《人·存在·历史·文学——大江健三郎小说论纲》毋庸置疑地成了中国大江健三郎小说诗学研究的开山之作。在这篇论文中，王琢对大江近30年的小说创作生涯进行了分期，考察了作家各个时期的创作主题，并将大江定位于"举足轻重的'先锋派'代表作家"[2]，指出其小说创作反思了传统的"写什么"这一叙事观念，表现出对"如何写"这一过程性叙事观念的自觉。该文论述全面，拓宽了20世纪80年代日本文学研究者的研究视野，为之后的研究者提供了丰富的研究课题。在此文鞭辟入里的分析背后，还隐藏着作者对日本当代文学译介和研究的殷切期待。

　　把"真正优秀的日本当代文学作品"和作家介绍给中国读者，加深我们对日本

---

[1] 大江健三郎：《新的希望的声音》，梅韬译，《世界文学》1960年第6期，第17页。原文采用繁体汉字，本书在引用时改为简体汉字，特此说明。
[2] 王琢：《人·存在·历史·文学——大江健三郎小说论纲》，《社会科学战线》1988年第2期，第299页。

当代文学的正确理解,这是我们的当务之急,也是我们日本文学翻译研究界义不容辞的责任。这样说,决不是有意全面肯定大江创作。但至少这位使尽浑身解数追求与世界文学同步的日本"先锋派"代表作家的得与失,会给我们一些前车之鉴的。①

王琢的这一呼吁与20世纪80年代中后期先锋文学在中国风生水起、声震一时的时代背景不无关系,他那种试图让大江丰富的创作为中国文学发展提供借鉴的强烈意识力透纸背,在今天看来仍具有不可忽略的现实意义。长期以来,日本文学研究领域"人与作品"这一传统的作家论研究范式根深蒂固。具有先锋色彩的大江文学在某种程度上使这一研究方法显得捉襟见肘,迫使习惯于考证研究的研究者不得不将目光转向文体、叙事、结构等小说形式上来。遗憾的是,在大江健三郎获得1994年诺贝尔文学奖之前,国内对其小说诗学的探讨尚未全面展开。可喜的是,大江的创作开始出现在这一时期编写的日本文学教材中。陈德文的《日本现代文学史》中提到了大江的《洪水涌上我的灵魂》《代笔者调查记》,认为这两部作品"情节荒诞离奇,内容晦涩难懂,充满了空想主义色彩"②。刘振瀛等人编著的《日本近现代文学阅读与鉴赏》将大江和开高健等人放在一起论述,认为他们的作品"无论在表现形式上或思想蕴含上都明显受到这些现代主义的影响"③。虽然《日本现代文学史》和《日本近现代文学阅读与鉴赏》两部教材中的相关表述较为简洁,且具有脱离作家整体创作的倾向,但其对外国文学学习者特别是日语学习者的意义不言而喻,对了解大江文学具有不可忽视的作用。2000年以后,大江的作品大量译介到中国来,对其小说的研究也随之达到了一个高潮④,特别是近十年来的大江文学研究涉及了其小说叙事结构、叙事技巧、叙事格调等与小说诗学密切相关的领域,大江健三郎小说理论研究方面的成果也开始出现并初具规模,从而使全面、系统地描绘大江健三郎小说诗学蓝图成为可能。

---

① 王琢:《人·存在·历史·文学——大江健三郎小说论纲》,《社会科学战线》1988年第2期,第307页。"决不是"应作"绝不是"。
② 陈德文:《日本现代文学史》,南京:南京大学出版社,1991年版,第278页。
③ 刘振瀛,卞铁坚,潘金生:《日本近现代文学阅读与鉴赏》,北京:商务印书馆,1993年版,第54页。
④ 详见兰立亮:《新世纪以来中国大江健三郎研究述评》,《大连海事大学学报》(社会科学版)2012年第1期;胡毅美,兰立亮:《大江健三郎研究在中国:1988—2000》,《大连海事大学学报》(社会科学版)2013年第3期。以下以近十年来大江健三郎小说诗学研究为主要分析对象进行综论,对2011年之前的研究不再一一赘述。

## 1.1 小说叙事研究

大江健三郎是一位非常重视小说叙事方法的作家，他对小说叙事锲而不舍的探索也为研究者不断提供新的研究课题。进入 21 世纪以来特别是近十年来，大江小说叙事研究越来越受到研究者的关注，出现了一些颇有分量的成果。

叶琳在《超越"私小说"、"脱政性"和"中心文化"——论大江文学的审美创造》中，从"私小说""脱政性""中心文化"这三个方面考察了大江文学的审美创造，指出这种审美创造来源于对传统意义上创作的质的飞越，并指出"视角"在大江健三郎审美创造中的重要作用。"大江充分利用叙事者'我'的内视角对他者的观照，通过故事的虚构和个人的想象力来完成作品的审美创作。可以说大江文学的真实性来自虚构的东西同现实生活中自我的融入，同时又'将虚构的世界带到现实的世界中来'（《小说的方法》226）。"[①]叶琳的研究高屋建瓴，虽然没有从叙事角度对作家小说形式的审美内涵进行全面探讨，但其对大江小说审美特征的宏观把握有利于将其小说叙事研究引向深入。

李书慧在《叙事伦理视角下的大江健三郎小说研究》一文中指出，以往大江健三郎小说叙事研究多将作家的伦理意识与叙事手法割裂开来，忽略了两者间的关联性。在此基础上，李书慧认为大江在进行小说创作时非常重视小说叙事所带来的伦理效果，他通过各种叙事手法的运用，在勾勒社会现实的同时，巧妙地融入自己的见解和伦理观，在不断摸索中形成了自己独特的叙事模式。李书慧从"修辞叙事伦理""性爱叙事伦理""宗教叙事伦理"三个方面探讨了大江健三郎小说的伦理叙事，认为大江采用修辞叙事，通过想象和虚构，将个人体验上升为了人类的普遍意义。在性爱叙事伦理中，大江健三郎以"性"的独特视角来描写、表现社会的混乱和现代人的不安，通过走出不伦的契约型叙事模式为现代人指明了正确的方向。在宗教叙事伦理向度上，作者指出了大江健三郎小说与《圣经》文学的互文性关系，认为他的小说受到了佛教因果论与涅槃说的影响，形成

---

① 叶琳：《超越"私小说"、"脱政性"和"中心文化"——论大江文学的审美创造》，《当代外国文学》2012年第4期，第63页。

了一种独特的大江健三郎式宗教救赎思想。"大江健三郎是一个有着强烈的反战意识和忧患意识的作家,他总会在作品中或隐或现地表明了自己的伦理态度;同时他又是叙事手法灵活多变的作家,以独特的叙事,创造出了许多富有新意的作品。"①作者通过叙事伦理来观照作家的小说形式创新,进一步阐释了大江小说形式背后深厚的社会文化内涵。当然,论文在结论上仍存在着进一步探讨的余地,如性爱伦理叙事方面"走出不伦的契约型叙事模式"只是作为主人公回归日常的表现之一,是否意味着作家对不伦或乱伦的反对态度这一点有待商榷。在笔者看来,大江健三郎小说的性,只是"作为方法的性",是表现人精神状态和作家政治隐喻的工具之一。大江借助性,表达的并不是普通的人伦诉求,而是形而上的内容。同样,在宗教叙事伦理上,大江小说的确体现出与圣经的互文关系。不过,大江追求的是"无信仰者的灵魂救赎"问题,排斥宗教中所谓的"救世主"这一中心的存在。至于佛教的因果论和涅槃说,尚需要通过文本细读进一步深入考证。总之,李书慧的研究明确提出了大江健三郎小说形式的伦理向度问题,对深入理解作家的小说主题、小说形式创新具有重要的启发意义。

杨白冰通过再生原型、"在"原型(空间地形学)、残疾儿原型和丑孩子原型分析了大江健三郎的小说创作,认为大江健三郎通过原型的重复与变形,建构了他所追求的"四国森林"体系。再生、"在"、残疾儿及丑孩子等各种原型是构建这个体系的框架。这一原型是大江站在边缘,对抗中心政治权力——天皇制意识形态的需要,是他通过寻找一种边缘文化的活力和想象力来疗愈现代人内心迷惘与精神焦虑的需要。"通过大江有意识的运用,古老的原型在其小说中的每一次叙述,每一种变形,都是对当代社会的一种新颖的解读和深刻的批判,同样也都是解救现代人心灵的一次新尝试。"②作者对大江小说原型结构的剖析,对读者全面认识大江文学与传统文学、文化的关联并深入理解原型背后的意识形态诉求具有重要的参考价值。任健、王丽华在《大江健三郎的森林意识——以〈万延元年的足球队〉为中心》中动态地分析了大江健三郎森林意识的产生、发展,以及在不同阶段小说中的意义嬗变。作者指出,森林在大江初期作品中被赋予了

---

① 李书慧:《叙事伦理视角下的大江健三郎小说研究》,江苏师范大学2013年硕士学位论文,第10页。
② 杨白冰:《论大江健三郎文学的原型结构与功能》,首都师范大学2007年硕士学位论文,第30页。

仪式空间、乌托邦等意义,大江笔下的"森林",是物态、具象的森林。到了《万延元年的足球队》,"森林"不再是具体、物态领域的森林,而成为虚化的、有了灵魂的抽象的森林。在《同时代的游戏》中,森林是"理想之国""乌托邦";在《核时代的森林隐遁者》和《洪水淹没我的灵魂》里,森林又成为核时代的"隐蔽所"①。任健和王丽华将"森林意识"作为大江小说中的创作理念和手法,指出了森林在作家小说中多元的空间意义及森林意象与作家的想象世界、神话世界的关联,展现了空间本身与小说主题的关联,以及森林本身所体现出的形式意义,对全面认识大江小说中的森林意象具有重要的参考价值。

彭巧燕尝试以叙事时间为切入点探讨大江健三郎小说中的时序、时长和时频问题,考察了"错时"叙述在大江小说中具有"说明功能(增加信息量——笔者注)""解释功能(人物命运对比——笔者注)""解释性格功能(人物性格塑造——笔者注)""修辞功能(对比产生表意对照——笔者注)"等表达效果。作者分析了大江健三郎不同作品中故事时间与文本时间相互交错的现象,以及由此产生的叙事节奏上的差异,以《万延元年的足球队》为例分析了作品的时间语境、二元重叠的时间轨迹、"时间"所具有的象征意义,以及文中的时间板块和叙述速度。在此基础上,作者指出,《万延元年的足球队》体现了"通过想象力,将虚构与现实融为一体"这一大江小说典型的时间结构特征。同时,作者指出了大江健三郎的时间设置背后的伦理诉求。"大江健三郎是一个致力于在无神时代自我拯救的人,他的方式就是需求过去时间中的现实意义,给人以活下去的勇气。"②的确,时间和空间是大江健三郎小说中非常重要的要素,彭巧燕的研究在一定程度上展现了大江健三郎小说叙事时间设置的一个侧面。面对大江丰富的小说创作,其结论的适用范围显然具有一定的局限性,但作者对大江小说叙事时间较为全面、深入的考察,呈现了叙事时间在大江小说叙事研究中举足轻重的重要地位,相信今后会有更多的研究者关注这一问题。

耿国纪分析了贯穿于大江小说语言符号系统之中的那种具有普遍意义的文本结构,考察了大江文学与神话、民间传说的关联,特别是小说空间设置与"树

---

① 任健、王丽华:《大江健三郎的森林意识——以〈万延元年的足球队〉为中心》,《北京第二外国语学院学报》2011年第8期,第47-48页。
② 彭巧燕:《大江健三郎小说的叙事时间》,湖南师范大学2011年硕士学位论文,第I页。"需求"应为"寻求"。

木"（纵轴）、"河流"（横轴）的关系，认为大江健三郎小说的舞台——位于四国森林中的峡谷村庄具有和日本传说《桃太郎》等故事相同的叙事地形学结构，垂直纵横组合体的交叉点就是作家文本语言符号建构的原点，即创作之源泉的四国村庄。除此之外，大江小说中的人物形象往往与神话、传说息息相关，而神话、传说又与大自然密不可分。"纵向的口传文化与横向的隐秘的诗话，在复调的作用下，呈现横组合与纵聚合的多个链交叉。这种复杂的文本构造在使得其语言符号的内涵愈加丰富的同时，也直接导致其外延语意的不确定。"[①]可以说，耿国纪将作家的符号意象系统和作家的边缘文学指向联系起来，对理解大江文学意象系统具有重要的参考价值。

韩静的博士论文《大江健三郎的晚年风格：重写》从"重写的动机""重写的对象""重写的诗学手段""重写的目的"四个方面全面、系统地论述了"重写"这一大江晚年的创作风格。作者认为大江晚年"重写"所表达的文化批判意识形成了其晚期风格——解构和重建。"大江晚年的作品，是和灵魂的对话。老年的大江就像堂吉诃德，拒绝成熟，挑战时代精神，用自己的力量继续奋斗。虽然结构较为复杂，但大江找到了属于自己晚年的文体。这种复杂并非作家去刻意为之，而是文学和时代的驱使。"[②]作者对大江后期作品叙事风格与萨义德的"晚期风格"思想之间的关系进行了详细考察，描述出大江重读、破坏自己的作品，破坏历史和神话，从重新阅读到重新书写这一寻求晚期风格的历程。

霍士富分析了大江健三郎的反核主题代表作《洪水淹没我的灵魂》中虚构的故事与1972年发生的浅间山庄事件的关联，认为这部小说是作家在现实事件的基础上充分发挥文学想象力的产物。其中，核避难所地下室的土坑这一空间类似于巴什拉空间诗学意义上的"洞穴"意象，核避难所的铜铎式结构可以让人联想到广岛的原爆遗址。核避难所三层结构带有柏拉图主义色彩的图像学构图，自上而下可被视为灵魂层、生活层和象征地狱的地下层。小说中"萎缩的男子"等畸形人物形象，与环境恶化造成的人类生存的不安密切相关。在此意义上，作者认

---

① 耿国纪：《大江健三郎文本语言符号系统的构造》，《合肥师范学院学报》2012年第4期，第120-121页。
② 韩静：《大江健三郎的晚年风格：重写》，上海外国语大学2014年博士学位论文，第118页。

为"这是一部危机意识过剩,危机事件迭起的时代背景下完成的、反映现代人恐惧心理的现代寓言"①。对大江另外一部反核主题小说《晚年样式集》,霍士富、胡莉蓉采用比较文学方法对其诗学特征进行了深入考察,认为这部小说和白俄罗斯作家阿列克谢耶维奇《切尔诺贝利的悲鸣》在"'过去'侵入'现在'的时间哲学""多元主体'我'的叙事""内外'空间'的并置叙事"三个层面具有相似的诗学内涵,异曲同工地再现了两国国民拥有的相似的历史记忆。"不同国度年龄相异的两位作家,直面时代赋予作家的历史使命,分别立足于'自我'生存的现实空间,共同书写了关乎人类未来命运的'反核'和'反战'主题。"②通过作者精辟的分析可以看出,大江健三郎小说诗学体现在作家的时间意识、空间美学、叙事手法及对现实和虚构的认识等多个层面,有关大江小说诗学的探讨对深入了解作家的创作风格和作品主题具有重要的实践意义。

张雅蒙、杨伟分析了大江的《万延元年的足球队》对侦探小说的借鉴,认为"为了描写对'鹰四打死村里的姑娘'事件的侦破和对'万延元年的农民暴动'真相的揭露,大江健三郎遵循着托多洛夫归纳的一般推理小说叙事的基本规则,即①构建真假错位,②情节之间的主要关系为真假转换"③。大江还设计了"双重真假错位"情节,并将"错位"这一写作手法运用至小说的人物塑造。的确,大江许多小说都设置了谜团一样的情节,这也是后现代文化背景下诸多作家惯常采用的技法,表达了作家对真实与虚构、历史与记忆等问题的深入思考。采用与侦探小说叙事模式对比的形式探讨这一问题,本身就具有一定的创新。

胡志明梳理了互文性特征在大江不同时期小说中的体现,认为大江初期小说的基本主题源于他对萨特存在主义影响的积极回应和主动消化;20世纪80年代起大江通过"引用"西方文学和自己的作品,以及其他艺术手法,有意识凸显小说创作的互文性特征;晚期的大江已将互文性作为重要的小说话语策略。④可以说,利用互文性理论将大江文学文本置于作家自身的整体创作中,以及与其他文

---

① 霍士富:《现代人危机意识的预言诗——读大江健三郎〈洪水淹没我的灵魂〉》,《西安交通大学学报》(社会科学版)2013年第3期,第107页。
② 霍士富,胡莉蓉:《"核爆"悲剧的历史书写——S.A.阿列克谢耶维奇〈切尔诺贝利的悲鸣〉与大江健三郎〈晚年样式集〉》,《湖南科技大学学报》(社会科学版)2020年第1期,第55页。
③ 张雅蒙,杨伟:《〈万延元年的足球队〉对侦探小说叙事的借用和超越》,《日语学习与研究》2019年第2期,第99-100页。
④ 胡志明:《大江健三郎小说创作的互文性特征》,《国外文学》2011年第8期,第59页。

本的关系中进行考察，对深入理解作家的创作特别是作家如何在互文性中创造出个人风格这一点具有重要的意义。陆建德在《诗人与社会——略谈大江健三郎与威廉·布莱克》《互文性、信仰及其他——读大江健三郎〈别了！我的书〉》两篇论文中将大江健三郎的创作和英国诗人艾略特、威廉·布莱克（布莱克）的诗作联系起来，分析大江小说对二者诗歌的接受问题，认为大江在《新人啊，觉醒吧！》中无形中继承了布莱克"蔑视权威、社会习俗和成见，歌颂自然生发的力量"这一遗产，指出大江并没有完全听由布莱克指引，他摒弃了布莱克预言诗中的神秘主义成分。①在对《别了，我的书！》进行的考察中，作者将该作视为大江与艾略特的对话，认为小说凸显了古义人阅读艾略特诗歌过程中的选择性，指出作家因文化差异而故意回避《四个四重奏》中对基督教的暗示与肯定这一点。②段慧敏考察了大江健三郎《静静的生活》与法国小说家塞利纳《轻快舞》的互文关系，认为二者既存在人物设定、引用与评论等方面显性的互文关系，同时也存在着大江对塞利纳"卑贱-边界""卑贱-狂欢"两个写作范式的模仿。大江对"卑贱物"如排泄物的书写与塞利纳大不相同，"大江健三郎对'卑贱物'的升华过程中并没有塞利纳作品中的绝望悲观的苦难，而是带有一种乐观向上的生活态度，这种不同使两种升华的导向出现了本质的差异：塞利纳将人类的苦难升华为世界末日的警醒，而大江健三郎则将智障儿子的病痛升华为'静静的生活'中的一种狂欢"③。许金龙考察了《水死》的"穴居人"母题，在对东西方文化史的钩沉中探讨了这一母题的变迁及其在《水死》中的意义。"我们可以进一步肯定，在这将近 1600 年间，穴居人母题在不同的时间和空间里曾被不断地解读和改写，而最新的解读显然就是大江健三郎借助《水死》发出的'含着大希望的恐怖的悲声'。"④从互文性角度来说，《水死》可被视为大江创造性地运用这一母题的鸿篇巨制。大江是一位广泛吸收、借鉴西方文学、文化资源的作家，互文性视角在大江健三郎小说研究中具有普遍的适用性。以上论文从互文性

---

① 陆建德：《诗人与社会——略谈大江健三郎与威廉·布莱克》，《上海师范大学学报》（哲学社会科学版）2012 年第 2 期，第 106 页。
② 陆建德：《互文性、信仰及其他——读大江健三郎〈别了！我的书〉》，《外国文学研究》2007 年第 6 期，第 36 页。
③ 段慧敏：《大江健三郎〈静静的生活〉与塞利纳〈轻快舞〉之间的互文关系》，《法国研究》2017 年第 4 期，第 68 页。
④ 许金龙：《〈水死〉的"穴居人"母题及其文化内涵》，《外国文学评论》2012 年第 4 期，第 205 页。

角度入手,将关注点放在大江创造性地对外国文学、文化理念的选择、接受上,深度考察了学界尚未充分研究的领域,视角独特,见解独到。不过,需要注意的是,在研究大江小说互文性策略时,如果仅从与某个单一文本的互文来分析作品主题的话,很容易忽略该作品与其他文本的互文,进而会造成对作品主题理解的偏差。比如,我们还可以尝试将《别了,我的书!》放在与纳博科夫《天赋》、陀思妥耶夫斯基《群魔》的互文中进行细读,将《水死》的"穴居人"母题放在与柏拉图《理想国》的"洞穴人"这一文化隐喻的对比中进行深入考察,有可能会进一步拓展大江文学文本的深度和广度。这就要求大江小说互文性研究要真正将作品置于多个文学、文化文本形成的网络之中进行客观评价。

雷晓敏采用人文学视角考察了大江小说的整体创作特征,全面分析了其小说技法及文学陌生化追求,进而指出大江文学创作的人文学特点——"海纳百川的气魄、虚实相间的特色以及通和致化的兼容性"[①]。在另一篇论文中,雷晓敏剖析了《水死》的人文学内涵,认为"水死"跨越了生与死的界限,带有某种神话仪式特征,认为该作是一个文学通化的经典文本。"他实际上是以文学创作重建日本的历史,重塑日本人的集体记忆。《水死》不是关于死亡的故事,而是重生,是通往新生的必然通道。"[②]大江的创作深受人文主义者渡边一夫的影响,人文学方法为宏观概括大江小说诗学的整体特征提供了一种思路。比如,人文学认为"虚实相间为人文学赢得了天地精神和终极关怀的交相涵养"[③],这一认识可以很好地解释大江小说虚实交错的叙事技巧本身所具有的文学意义和人文情怀。人文学注重不同要素间的契合,采用人文学视野观照大江小说诗学,其各种文学手法就可以找到理论立足点和归结点。不过,如何将人文学的"互根""通和""致化"等诸多概念灵活运用于大江小说诗学分析进而避免论述的泛化,尚需进一步深入探索。

可以说,以上研究从叙事时间、叙事伦理、叙事结构、叙事空间、美学指向等多个方面较为深入地考察了大江健三郎小说的形式特征。虽然这些研究在研究角度和文本选择方面还有许多可以拓展的余地,但还是从整体上对大江健三郎的小

---

[①] 雷晓敏:《论大江健三郎文学作品的人文学特点》,《渭南师范学院学报》2019年第8期,第69页。
[②] 雷晓敏:《〈水死〉的文学通化解读》,《广东外语外贸大学学报》2018年第6期,第51页。
[③] 栾栋:《人文学概论》,广州:暨南大学出版社,2012年版,第30页。

说叙事给予了较为全面的观照,为今后大江健三郎小说诗学研究的全面展开提供了很好的借鉴。

## 1.2 小说理论研究

大江健三郎的小说诗学包括小说理论和小说创作实践两个向度。王琢是中国学界最早以大江健三郎小说理论作为研究对象的学者,在大江健三郎想象力理论研究方面做出了积极的尝试。在《想象力论——大江健三郎的小说方法》一书中,王琢首先指出了大江健三郎文论的重要价值。"大江的理论批评并非一种业余爱好或创作的附庸,而是其整体写作不可分割的一部分。作为一驾马车的两个轮子,他的创作和理论批评互相支撑着奔向同一目标。"[①]也就是说,大江小说研究有必要将其理论纳入研究视野,这样才能更加全面地评价大江文学。在此方面,王琢做出了精细入微而又高屋建瓴的尝试。关于想象力问题,王琢明确指出大江健三郎想象力论的源泉,认为其想象力理论来自创作不同阶段对萨特、巴什拉和布莱克等人想象力论认识的学习和灵活应用。在这一认识上,王琢总结了大江健三郎在文艺理论、创作实践、文学社会功能三个方面的积极探索,认为大江对想象力问题的探索,目的是打破以私小说为代表的日本传统"虚构论"的禁锢。大江健三郎把想象力作为文学创作的基本原理,提出了"语言-文体化""意象-分节化"等问题,目的是激活文学想象力。除此之外,大江还提出了"政治的想象力""核时代的想象力""民众共同的想象力"等问题,力图进一步深化萨特的"文学介入说",打破"天皇制"对全体化叙事的束缚。大江健三郎的小说理论一直是之前中日学界研究的一个空白。日本方面的研究也仅仅局限在对作家基本小说理论著作的书评,鲜有关于作家理论研究的深刻而富有卓见的评论。王琢的研究可以说具有填补这一领域空白的重要意义,对全面认识大江的文学创作和理论建构具有重要的参考价值。

霍士富在专著《大江健三郎:天皇文化的反叛者》的第五章"文学理论的小

---

① 王琢:《想象力论——大江健三郎的小说方法》,上海:上海文艺出版社,2004年版,第3页。

说化"、第七章"小说理论与创作的融合"中提到了大江健三郎的小说理论,特别是对大江健三郎的《小说的方法》(1978)和《为了新文学》(1988)进行了详细介绍,分析了两部著作的理论内涵和价值所在。比如,在对《小说的方法》第四章进行解读时,作者明确提出了作家的读者观。"大江是把作家的创作行为和读者的阅读行为,放在一个层面上,通过互动的形式,发挥想象力的作用进行完成的。换句话说,不能习惯性地认为,作家的创作行为是主动的,而读者的阅读行为是被动的。正确的理解是,两者都是发挥想象力的主体,没有客体之说。"①在对《为了新文学》的解读中,作者将大江的小说理论放在与前作《小说的方法》的关系中进行考察,分析了《为了新文学》中大江关于"幼儿原型""神话女神形象""变异现实主义"等理论的认识,认为《为了新文学》的真正价值在于"他(指大江健三郎——笔者注)不仅探讨了直面 20 世纪末的现实社会,作为一个作家应该如何写小说,而且渐渐地回答了应该写什么。即后者与前者相比,在形式上明晰易懂;在内容上有了进一步的深化"②。可以说,作者对大江健三郎两部小说理论著作的分析细致深入,从另一个角度明确了作家理论与创作实践的关系。由于该书非大江健三郎小说理论研究专著,不可能关注到大江小说理论的所有层面,但将理论著作放在一起进行动态研究的方法,为今后大江健三郎小说理论研究提供了基本的研究范式,具有重要的参考价值。

## 2. 大江健三郎小说诗学研究在日本

20 世纪 50 年代末,大江健三郎在日本文坛崭露头角,《奇妙的工作》《死者的奢华》两部描写大学生打工经历(杀狗、搬运尸体)的短篇凭借独辟蹊径的选材、晦涩艰深的文体和意蕴深刻的主题引起了文学界的广泛关注。特别是大江那种带有鲜明西方文学特色的翻译式文体,在当时的文坛独树一帜,具有很高的辨识度。虽然大江的文体风格在其创作生涯的不同时期不断发生变化,但普通日本读者仍一如既往地将其小说视为晦涩难懂之作。或许可以说,文体这一小说诗

---

① 霍士富:《大江健三郎:天皇文化的反叛者》,北京:人民出版社,2013 年版,第 149 页。
② 霍士富:《大江健三郎:天皇文化的反叛者》,北京:人民出版社,2013 年版,第 241 页。

学的重要方面一直是大江文学研究无法回避的课题。大江文学纷繁多姿的叙事技巧、兼容并蓄的文学创新精神与深沉厚重的思想文化底蕴长期以来始终是日本评论界关注的重心。在大江健三郎小说诗学研究领域，日本学者尝试从小说文体表达、叙事结构、叙事模式、小说理论四个方面展开研究，取得了不少具有远见卓识的研究成果。

## 2.1 小说文体研究：语言形态与意义生成

文体不仅仅是文学体裁、语言技巧，更是作家艺术地把握生活的方式，是作家作为创作主体的艺术思维的总和。从初登文坛开始，大江就以标新立异的文体受到了许多评论家、研究者的关注。藤居信雄（藤居）在对大江小说的文体特征进行语言学分析的基础上指出，大江文体艰深晦涩的原因主要在于比喻的频繁使用、表达方式的模糊化、汉字和外来语的大量出现、翻译句式的广泛应用等，这为全面把握大江小说的文体特征提供了很好的借鉴。藤居将大江文学的晦涩难懂和安部公房、仓桥由美子、河野多惠子的文章放在一起考察，认为这些作家的文章不存在让人怀疑作为日语句子能否成立这一语法层面的问题，但"如果说社会上所谓的晦涩难懂是指带点欧洲抑或美国文学的时尚情调；反道德、反世俗人物不断出现，做出有违常规之事；贯穿整个小说的主题、用词、上下文的逻辑意义、抽象的思想等方面模糊不清等方面的话，以上作家的作品都是相当艰涩的，特别是大江的作品，在以上作家中尤其晦涩"[①]。藤居将小说主题方面的深奥难懂和文体层面的晦涩表达区别开来，对正确认识大江的文体特色具有一定的参考价值。不过，形式本身可以说是为主题服务的，对大江文体的考察仍需将其置于与主题的关联中加以深入探索。

评论家、法国文学研究家莲实重彦一直对语言教育中出现的片面追求语言标准化、明晰化的日语论思潮持批判态度，对大江通过文体创新来追求现代日语表达新的可能性的做法推崇有加。在莲实看来，令普通读者望而却步的大江式文学

---

① 藤居信雄：「再説あいまい表現——大江健三郎氏の文体」、『福岡女子短大紀要』1976 年第 12 号、67 頁。

表达生动鲜活。在《大江健三郎论》中，莲实从"数字的狂欢""等号的无限连锁"等符号学角度分析了大江作品中出现的数字、公式等带有结构性质的内容，认为小说中出现的荒诞无稽的数字和等式，使文体表达带有一种形而下的滑稽色彩，显得切实可感。大江初期小说中设置的"数字装置"往往"将计算过程复杂化，将无法计量的内容精确化"[①]，这和小说反映的时代闭塞现状这一主题息息相关。比如，《呐喊声》中关于女大学生平均放屁次数的无聊话题，《我们的时代》中男主人公南靖男深受自己与赖子6705次身体交流及每次5毫升体液损耗这一令人厌恶的事实折磨等情节，都给人一种脱离常态的滑稽意象。大江利用这些数字，生动表现了处于社会边缘的小人物悲惨和滑稽共存的荒诞生活图景。

岛田昌彦（岛田）对长期以来学界公认的大江翻译式文体风格提出了自己独到的见解。他在对《万延元年的足球队》开头部分的句子结构进行细致分析的基础上认为，该作采用的文体绝不是所谓的翻译句式，而是完全地道的"和语"，并将其语言结构用"插花造型"这一图式生动地表现出来。[②]岛田指出，从整体来看，大江《燃烧的绿树》（1993—1995）和《万延元年的足球队》一样每一句话都是和式语言，只不过《燃烧的绿树》三部曲第二部《摇摆》（1994）的开篇部分多次采用了和式语言所强调的首要技法——倒置法。[③]岛田的研究打破了迄今为止过于强调大江文体特异性的常规认识，将其置于日语传统表达的框架内进行考察，很好地梳理了大江文体对日语传统表达方式的继承。

杉里直人（杉里）将大江文体置于与西方文学的关系中进行考察，指出了大江小说文体的互文性问题。在分析《给令人怀念的岁月的信》（1987）的创作特征时，杉里将大江20世纪80年代以来小说创作中采用的引用策略定义为"方法化的引用"[④]。作者认为，《给令人怀念的岁月的信》中对以但丁《神曲》为首的多个文本的引用，使文体具有了多种声音，从而使小说获得了前所未有的力度和深度。杉里的研究具有广阔的理论视野，深入探讨了大江文体由于多个文本的

---

① 莲实重彦：『大江健三郎論』、東京：青土社、1980年、67頁。
② 島田昌彦：「大江健三郎とその文体——『万延元年のフットボール』を材料として」、『金沢大学国語国文』1995年第20号、6頁。
③ 島田昌彦：「大江健三郎とその文体2『燃えあがる緑の木』を材料として」、『金沢大学国語国文』1996年第21号、4頁。
④ 杉里直人：「方法としての引用——『懐かしい年への手紙』はいかに構築されているか」、島村輝編：『日本文学研究論文集成45 大江健三郎』、東京：若草書房、1998年、88-112頁。

引用所导致的文体的异质性、多样性问题。

松崎晴夫（松崎）分析了大江《亲自为我拭去泪水之日》的叙事文体，认为该作采用了记录者逐句记述第三人称"他"讲述的个人经历这一形式展开，叙述者的讲述带有很强的主观色彩，给读者一种不安感。但是，"它并不是作者乐于故作神秘让一本正经的读者上当，也不是追求玄虚趣味的产物，它是大江非常认真地根据自己的文学理论采用的文体"①。松崎通过具体的文本分析论证了大江的文体选择体现了作家的理论追求。

小森阳一指出，大江小说的文体具有丰富的意蕴，尤其是在《万延元年的足球队》之后的小说中，大江刻意回避日语的易懂性、自明性等特点，试图凭借语言的力量使读者理解其深邃的思想和丰富的感受性。小森分析了《万延元年的足球队》开头一段的句子结构，将大江的文体实验和其文学思想结合起来，认为其文体实验是"对近代日语文体即言文一致体所倡导的句法的反抗，同时也是对规定以'系结原则'为主，把「てにをは」的呼应模式化，并规定其正确用法，将其作为造句原则的本居宣长拟古文句法的反抗，因为它和近代日语具有同一性"②。可以说，小森的研究将文体与作家的思想表达联系起来，进一步阐明了大江文体创新的深层意义。

井口时男（井口）考察了大江文体和战后民主主义思想的关联。井口认为，"民主主义"在语言思想层面的体现就是强调语言存在于交流之中，在语言交流中没有绝对者这一点。与大江拥护"放弃战争""主权在民"的随笔内容相比，大江文学的文体更能够从本质上体现他拥护"战后宪法"的精神。"之所以这样说，是因为就像作为宪法精神的'民主主义'相对于'性的人'的共同体（指作为权威存在的共同体——笔者注）来说犹如异物一样，支撑宪法的'人类普遍原理'（日本国宪法开篇被认为是表达拙劣的文体）这一思想，相对于以'物哀'为范式的日本语来说就是异物。"③可以说，井口从语言与思想的关系入手，鞭辟入里地诠释了大江文体的意识形态特征。

大江小说的文体创新表现了作家丰富的文学想象力和积极的主体创造性，以

---

① 松崎晴夫：『デモクラットの文学——広津和郎と大江健三郎』、東京：新日本出版社、1981年、11頁。
② 小森陽一：『小説と批評』、横浜：世織書房、1999年、171頁。
③ 井口時男：『暴力的な現在』、東京：作品社、2006年、161頁。

上研究不仅探讨了大江小说独特的语言表达问题,还深入挖掘了潜藏在文体中的作家的主体意识和个性的审美心理结构。特别是小森、井口的研究不仅专注于大江小说文本内部,还将作家文体表现和社会语境、意识形态等外部因素结合起来,开辟了探索大江小说形式审美特征的新途径,为深入考察大江文学形式创新提供了有益的借鉴。

## 2.2 叙事结构研究:结构形态与主题表达

叙事结构是小说的骨骼和躯干,在此基础上,叙事的顺序和风格才被展现给读者。因此,对叙事结构的研究可以体现出研究者对大江小说文本的整体把握。日本学者大多从具体个案出发,展现了大江对小说结构独具匠心的多样探索。

小森阳一探讨了大江小说内部诸要素之间的组合关系。小森分析了大江《给令人怀念的岁月的信》中穿插的各种逸闻,由此出发详细考察了"物语"如何侵蚀历史,又是如何被历史编织其中的。小森指出,现实中历法时间的自明性源于错觉,探讨了《给令人怀念的岁月的信》叙述者"我"是如何拒绝历法时间来记述"令人怀念的岁月"的。小森质疑了故事和历史这一二分法,将和历史相对的"物语"(故事)的力量清晰呈现了出来。在此基础上,小森揭示了以耶稣基督、天皇等名字命名的历法时间的意识形态性,探讨了与小说登场人物有关的"物语"内的"逸闻"所唤起的与"历史"相关的记忆。小森将《被偷换的孩子》中出现的人物实名、书名、事件等内容与大江现实生活中相应的内容进行一一比对之后指出,这部小说的出场人物大都以现实中实际存在的人物为原型,该作只是将能够引起读者好奇心的丑闻事件作为"内幕信息"加以利用,因此并非纪实文学,而是小说。"《被偷换的孩子》中出现的人物实名,使解读小说的专业人士陷入极度困惑之中。本应指示虚构作品人物的真实姓名,因为很容易被置换成现实世界中活着或死去的人物这一点使读者大为困惑,将这点作为花边新闻来消费的自由,几乎平等地面向了所有的读者。"[①]小森将这部小说中出现的大

---

[①] 小森陽一:『歴史認識と小説——大江健三郎論』、東京:講談社、2002 年、14 頁。

江的自我指涉看作是私小说式的，在此意义上，叙述者自身的写作行为与其所构思创造的故事就形成了小说的双重结构框架。

内堀瑞香（内堀）将大江《被偷换的孩子》置于"奇怪的二人组合"三部曲的另外两部《愁容童子》《别了，我的书！》之间的关系中进行重读，由此发现了小说存在着文本自身要求读者主动参与解读和作者引导读者阅读这样的创作机制，认为古义人在与盒式录音机"田龟"的对话中掌握着主动权，暗示着古义人对吾良的语言进行任意编辑、解释的危险性。"田龟"系统是一种存在于极为封闭的空间之中且可以保证古义人自我主义的东西。"从文本分析可以看到，'田龟'系统自身暗示了封闭性的文本结构，这一系统因田龟被古义人交给千樫而维系着文本阅读的可能性。从'作者'角度来看，作者让读者将这部作品和《愁容童子》《别了，我的书！》联系起来阅读，从而使读者将《被偷换的孩子》'更改'为仿佛是古义人和吾良的故事。"① "田龟"这一装置虽然存在读者进行主体性阅读的可能性，但同时也表达了作者试图排斥多样的解读来控制自己文本的欲望。《被偷换的孩子》是一部读者越是进行主体性阅读就越会围绕二者关系陷入衔尾蛇状态的小说，是一个体现多个层面"书写"现场的文本。

四方朱子（四方）考察了《吉尔普军团》中引用的狄更斯《老古玩店》这一先行文本与小说结构的关联，以及作者大江健三郎在"后记"中关于这部小说的创作谈，试图寻找生成这部小说结构的线索。四方认为，《吉尔普军团》中忠叔叔在小欧阅读的文本中做标记引导其阅读这一做法与"引用"这一小说方法非常相似。引用的方法就是提取外文本中的一部分插入正文，与做标记相比，引用这一做法更为明确地限定了源文本。因为通过剪裁这一手段，切断了源文本的文本整体所具有的连贯性和上下文。这样一来，就能更加准确地诱导读者应该将重心放在故事什么地方。这一引导装置正是文本本身所具有的"教育"性特征。四方指出，《吉尔普军团》中本应该是实际存在于文本外部的《老古玩店》这一"小说=虚构"，在文本内被提升为"现实"的装置；文本中同样也设置了作为文本外文本虽实际存在但却通过《吉尔普军团》而被纳入了'虚构'框架之中的装

---

① 内堀瑞香：「大江健三郎『取り替え子』論——「再生」装置としての「田亀」」、『人間文化創成科学論叢』2008 年第 11 号、77 頁。

置。在此基础上，四方认为，"大江作品的主题具有一种可以运用不同文本所共有的大江独有的关键词进行推导的倾向。而且，通过由此引导出来的主题，往往可以发现一贯的'作者'形象。作为结果，这带来了一种无视各个文本所持有的各自的故事性和结构，评价大江健三郎这位作家个人生活姿态的评论与作品本身相比更为普遍的状况。'后记'中再次现身的'大江健三郎'这一署名或许可以认为是大江试图利用'作者'的权限肯定或否定乍一看习以为常的'作者'形象"①。四方在对《吉尔普军团》引用这一手法的深入挖掘中探讨了小说层次，以及"作者"和"读者"的形象问题，认为这一文本自身就是一面"镜子"，虚幻地反映了本应处于文本之外的生动鲜活的"读者"。

  小森、内堀、四方的研究较为深入地探讨了大江小说文本对真实与虚构的基本处理方式，认识到"作者"这一要素在文本多层结构建构中的作用，对准确把握大江小说的结构具有重要的参考价值。从大江创作整体来看，其小说叙事结构并不是一成不变的，我们不但要静态地研究其小说结构要素，还要动态地研究其小说结构的生成，只有这样才能真正把握大江小说文本结构的复杂性。以上研究虽然仅限于个别作品的结构要素分析，但还是从不同侧面展现了大江小说叙事结构研究的广阔前景。

## 2.3 叙事格调研究：叙事话语与美学风格

  叙事格调是指作家通过一系列叙事技巧和表达手段使作品呈现出的审美倾向和美学风格。一般说来，叙事格调包括了作家的创作风格、形式美学等方面，具体体现在小说叙事的时空维度、结构原则、历史维度等多个方面。叙事风格的形成与作家所处时代、个人经历、对本国文学和文化思想的继承、对外国文学和文化的吸收与借鉴等因素密不可分。

  成田龙一（成田）探讨了大江对现实题材、历史资料的选择问题，考察了大江小说中的各要素与历史、记忆、现实的关联。成田的《作为方法的"记忆"——

---

① 四方朱子：「大江健三郎『キルプの軍団』：引用という鏡像」、『あいだ/生成』2013 年第 3 号、24-25 頁。

1965年前后的大江健三郎》以大江20世纪60年代最为关注的广岛、冲绳、山谷村庄这三个场所为中心，考察了反映大江文学特征的核心词语"记忆"。成田在对《万延元年的足球队》进行详细考察之后认为，在描写山谷村庄发生的农民暴动时，大江参照了可信度很高的材料，但表征这一叙述对象的，却不是这些材料，而是可以传承的集体记忆。"从《给令人怀念的岁月的信》到近年的《燃烧的绿树》三部曲，大江把焦点放在了'叙述'上。记忆的问题关系到整理记忆=证言的梳理方法。可以说，这不是对单一、统一的主体=身份，而是对作为复合的多面体的主体=身份的探索。"①在对作品深入理解的基础上，成田认为这一叙述模式体现了大江站在小说家立场上对那种以资料为依据的历史学权威叙述手法的批判。

安藤礼二将大江放在与谷崎润一郎、三岛由纪夫、村上春树等作家小说创作的联系中进行考察，分析了大江健三郎小说中的时间，认为大江文学受到了柳田国男开创、折口信夫发展起来的日本民俗学的影响。安藤认为，民俗学将人类的存在时间分为日常时间和祭仪时间，也就是线性的日常时间与循环的神话时间。大江所谓的"令人怀念之年"，可被看作是一种神话的循环时间和历史的线性时间相互交叉时产生的永恒的时间，《水死》最后的场景明确体现了这一点。"折口信夫所代表的民俗学意义的'祭仪'时空，历经文学表现时空，朝着新柏拉图主义的'光亮'时空改变。从折口信夫到井筒俊彦，大江文学将近代日本孕育出的两种独创性学说作为文学表现融为一体。这也是一种将始于谷崎润一郎，在三岛由纪夫那里或许要暂时关闭的文学谱系朝向未来敞开的行动。"②在对不同时期作家文学创作全面把握的基础上，安藤礼二高度评价了大江文学的诗学贡献。

鹫谷绿对《同时代的游戏》（1979）中的森林、洼地等空间性因素进行分析，在对神话舞台的村庄=国家=小宇宙、围绕这一场所的森林、日本三个不同层次的空间元素细致把握的基础上指出，"以《同时代的游戏》为代表的大江作品呈现的神话特征，无论是洪水、火的意象，还是死与重生周期性反复的树木，抑

---

① 成田龍一：「方法としての<記憶>——一九六五年前後の大江健三郎」、島村輝編：『日本文学研究論文集成45 大江健三郎』、東京：若草書房、1998年、136頁。
② 安藤礼二：「表現のゼロ地点へ——三島由紀夫、大江健三郎、村上春樹と神秘哲学」、『文学界』2012年7月号、191-192頁。

或是来往于不同领域,将混沌力量带至人间的'破坏人'这一恶作剧者,这些都具有一种方向性,试图将故事空间全部引入祭仪式的时间,引向'自身与自然的完全一体得以存续的原始状态'"①。

藤田雅子考察了大江《水死》体现出的生死观与柳田国男、折口信夫的民俗学的关系,提到了小说中父亲在阅读折口信夫《山越阿弥陀图绘制动机》一文时把描写熊野普陀落渡海风俗的段落中修饰大海的"森森"误认为"森森"这一情节,认为父亲将"森"看成"森"并非普通意义上的文字误读,这一行为表现出父亲对山谷村庄文化的认同。山谷村庄的人们坚信人死后灵魂会腾空而起回归森林。在从高空下落到森林深处的灵魂看来,森林的树叶就像大海的波浪。"在普陀落渡海这一日本传统习俗之中,人们朝着净土渐渐沉入大海。这样,森林和海洋、树木和水、死亡和再生或者说救赎的意象混杂在一起,相互交融,将小船划向普陀落的人们所看到的大海,与将要从空中降落至森林的人们所看到的森林的树木重叠在一起。"② 在此意义上,不难发现《山越阿弥陀图绘制动机》这一引用的文本与小说主题相得益彰。

奥彩子考察了塞尔维亚小说家大卫·阿尔巴哈利《诱饵》和大江《被偷换的孩子》中的录音机功能,深入探讨了两部小说由录音机再现死者声音而产生的"幽灵维度"。作者认为,《被偷换的孩子》中的盒式录音机"田龟"虽然使跨越生死界限的通信成为可能,但古义人和吾良通过"田龟"进行的对话处于古义人的掌控之下。也就是说,从"田龟"传来的死者的声音很难脱离生者的控制。以生者和死者的空间性"偏差"为前提的通信系统"田龟"无法让死者获得与生者同等的独立性。"《诱饵》和《被偷换的孩子》的主人公试图借助自己亲近之人的声音来恢复正在失去的记忆。这一点在《诱饵》中清晰再现了战争的普遍性和人类内心的黑暗;《被偷换的孩子》呈现了身份的断裂之下的危机感。两位作家将自己人生的一部分附加在主人公身上,之所以如此,是因为要通过'自传式的讲述'来书写'没有谎言'的小说。录音机就被寄予厚望,在这种时候充当过

---

① 鷺谷みどり:「大江健三郎『同時代ゲーム』研究——神話のトポスとその再生」、『日本文学』2009 年第 105 号、104 頁。
② 藤田雅子:「大江健三郎『水死』をめぐって——折口信夫『山越しの阿弥陀像の画因』の一節を通して」、『清心語文』2017 年第 19 号、34 頁。

去和现在之间的媒介,将那种被大写历史抹去的个人记忆生动再现出来。但是,这两部作品的目的不在于构筑对抗性的历史面貌,而在于作为能够理解的故事拒绝消费历史这一点。"①奥彩子对大江利用录音机超越时间和空间的优越性来呈现个体创伤记忆的写作手法分析透彻,观点令人耳目一新。

佐藤裕子(佐藤)分析了大江小说浓厚的自我指涉性,认为大江不仅将自己的现实生活,而且将他过去的作品融入小说之中,《水死》很好地体现了对另一部小说《亲自为我拭去泪水之日》的借鉴。佐藤考证了《亲自为我拭去泪水之日》中引用的康塔塔出自巴赫康塔塔作品第65号第4曲,进一步考察发现第5曲中"来吧!噢,死亡啊,你这沉睡的兄弟啊,来把我带走吧!松开我小舟的船桨,把我带至平静的港湾!世人或许对你心怀忌惮,你却是令我欢欣鼓舞的使者。正是通过你,我来到了最为俊美的小耶稣的身旁"这段歌词与《水死》主题密切关联,认为这段歌词为解释父亲水死之谜提供了另外一种可能性。"《圣经》所表现的耶稣基督,蒙受欺侮和凌辱,但还是为了代赎人类所有的罪而从容走上了十字架。然而,大江并未提及耶稣的受难和苦痛,而是反复思考古义人父亲走向死亡的道路,就设定了试图要了解父亲之死意义的大黄,可以比作耶稣的,就是蒙受欺侮和凌辱的同时平静地在洪水中出行的古义人的父亲。"②

篠原茂(篠原)指出,《亲自为我拭去泪水之日》中,叙述者到底是得了癌症还是精神病这一点一直到小说最后都没有明确,大江在这篇小说中回避用正常的视点来描写人内心的疯狂,而是努力将自我埋没在疯狂之中,犹如将自己和疯狂一体化,试图从内部把握它一样。篠原指出这部作品采用了将现实相对化的戏谑式话语。"戏谑对超现实主义来说曾被积极地作为一种逆反的表达以及一种伦理态度加以利用,就是因为存在着欢笑这一摆脱伪善束缚的最好的武器。但是,对大江这部作品来说,戏谑并没有发展至明确的欢笑的程度,这是作者视点的不确定性导致的。"③不难看出,这部小说独特的视角在大江迄今为止创作的所有小说中实验性色彩尤为浓厚,从而使其成为作家小说中极具特色的另类之作。

---

① 奥彩子:「テープレコーダーと死者と歴史:ダヴィド・アルバハリ『餌』と大江健三郎『取り替え子(チェンジリング)』」、『共立女子大学文芸学部紀要』2016年第62号、114頁。
② 佐藤裕子:「貫かれたアイロニー:大江健三郎『水死』を読む」、『玉藻』2013年第47号、94-95頁。
③ 篠原茂:『大江健三郎論』、東京:東邦出版社、1973年、293頁。

藤田护分析了大江对好友萨义德"晚期风格"这一概念的接受。藤田指出，萨义德的"late style"中"late"一词从语言本身的意义上看具有"晚的；迟的""迟来的；已故的""最近的；最新的""以前的；晚期的"等多个义项，在词义的时间表述上意义模糊，甚至跨过了死（过去）与生（现在）的界限。日语古语中的"後る"一词除了"晚的；迟的"等意义外，包含有"（别人）比自己先死"的意义，从而强调了生者和死者之间的关系，确切表现了失去了多位人生导师的古义人的生活境况。"考察至此可以明确的是，《水死》（还有《别了，我的书！》）不仅仅立足于萨义德的'晚期风格'，作为对其独特的解读，甚至建立在 late 一词在日语中意义的拓展上。在此，焦点对准的，也就是生者、归来的死者（幽灵）和将来的一代之间的'多样的对话网'。"[1]

菊间晴子（菊间）分析了大江对萨义德晚期概念的接受，认为大江一系列"晚期工作"本身是一个"重写"的过程。从大江那些以古义人为主人公的"晚期工作"系列小说的共同特征中可以发现，古义人过世的师长、友人的灵魂带着强烈的存在感出现在作品之中，但古义人与死者的关系并非一成不变，每部作品都存在着不同程度的差异。大江的晚期作品结构以男性二人组合为中心展开。从大江以前多部作品的共通性来看，研究者可以以大江对二人组合关系的"重写"为切入口解读他的"晚期工作"。通过与具体视觉信息联系起来，大江尝试把握阿多诺和萨义德二人在谈论"晚期风格"时使用的"火"这一比喻手法，试图在以生死界限划分成"两极"的生者和死者之间形成电火花一般的"统一"来实现自己独特的"晚期风格"。《被偷换的孩子》中的"田龟"系统，虽然在生者空间与吾良的灵魂所在的死者空间之间存在偏差，但呈现了之前大江作品中从未出现的生者和死者之间交流的可能性。从《别了，我的书！》到《晚年样式集》，生者和死者之间存在"偏差"这一前提本身成了"重写"的对象，生者和死者交流的方式也发生了变化，设置了拍摄死者灵魂归来与古义人对话的场景，摄像机成为不为生者和死者任何一方的意志所左右的对双方对话进行客观记录的媒介。《晚年样式集》中的"田龟"也被设置为是一个保障死者与生者拥有同等发言权

---

[1] 藤田護：「大江健三郎『水死』における言葉の方法－「後れ」が導き入れる現代の物の怪と憑坐」、『言語態』2011 年第 11 号、79 頁。

的机械装置。《晚年样式集》中的死者成了具有和生者同等自主性的"聚会"的一员。在此意义上，菊间指出，大江的"晚期工作"就是一个在萨义德论述的艺术家"晚期风格"具有的"否定性"之前，要找到作为"希望"之"统一"的"重写"过程。《被偷换的孩子》中隐约呈现的生者与死者之间"统一"的可能性成了《别了，我的书！》《晚年样式集》"重写"的对象，最终发展到"我们"，即获得了一种超越在世的"我"的限制而成立的生死无别的共同性。①

不难看出，以上研究均从文本个案分析出发，具体考察了大江小说叙事与历史、文化的关系，并在此意义上挖掘出作家的叙事风格，以及与小说主题密切相连的深层文化意蕴，对深入理解大江文学的历史文化内涵和美学意蕴具有重要的参考价值。

## 2.4 小说理论研究：方法解读与理论探讨

从20世纪70年代末开始，大江健三郎对小说方法表现出极大的热情。除在访谈中多次提及自己的小说方法外，还出版了大量理论著作和文艺随笔。在创作的同时，大江孜孜不倦地阅读了大量的文学、文化理论著作，并结合小说创作实践，进而使自己的文学见解理论化。在日本当代作家中，耗费如此多的精力坚持写评论的作家凤毛麟角。大江的评论和创作一道，构成了其小说诗学的两轮，成为解读其小说的一个理论基础。遗憾的是，大多数研究者将目光投向了作家备受世界文坛瞩目的小说创作，这无形中在一定程度上影响到对其理论著作的研究。再加上理论本身的难度，以及理论研究所需的理论素养和深厚文化积淀，理论研究往往令许多研究者望而却步，这也是迄今为止无论是在数量上还是在质量上大江文学理论研究都远远落后于小说研究的一个主要原因。

在日本为数不多的研究中，高桥康也《来自作家个人的积极的小说理论》（《波》1978年7月号）、后藤明生《作为小说的结构——关于大江健三郎〈小说的方法〉》（《海》1978年10月号）开启了大江文学理论研究的先河。

---

① 菊間晴子：「「後期の仕事（レイト・ワーク）」にあった「希望」——大江健三郎の小説作品における死者とのコミュニケーションに着目して」、『日本近代文学』2017年第96号、106頁。

二人的书评对大江《小说的方法》中体现的文学思想特别是关于小说结构方面的内容进行了概括，梳理了大江小说理论对俄国形式主义、列维-斯特劳斯的文化人类学等要素的吸收和借鉴。二人对大江的这部理论著作给予了很好的评价，从而使更多的研究者开始关注大江的小说方法问题。

与书评相比，高桥英夫（高桥）较早关注大江随笔集、评论集所呈现的文学思想萌芽。高桥指出，大江为了将自己的意见、观点很好地传达给读者颇费一番苦心，但大江的文学论未必可以说是明快的，总有一些晦涩的地方。大江的随笔集、评论集与几乎同一时期公开出版的小说构成了一种对应关系。比如，随笔集《严肃的走钢丝》几乎对应到直至《个人的体验》为止的初期一系列创作；《持续之志》和《万延元年的足球队》大致对应；《鲸鱼灭绝之日》《文学笔记》对应《洪水涌上我的灵魂》前后的创作；《根据语言》与《摆脱危机者的调查书》对应。"《持续之志》里的许多文章，主动要求读者将《万延元年的足球队》作为背景进行阅读。《根据语言》里的文章，特别是《讽刺、哄笑和想象力》、《道化和朝向重生的想象力》等论文很明显是了解《摆脱危机者的调查书》之后才可能清楚理解其所要表达内容的文章。"[①]高桥认为，想象力是大江健三郎小说理论非常重要的核心概念，是他创作和了解世界的第一原则。在大江看来，只有通过有效使用想象的能量才能实现人与自然的连接，个体才能在想象的世界中获得自由。高桥对大江健三郎想象力认识的剖析可以说触及了作家小说理论的本质，对作家理论与创作关系的分析对全面理解作家小说创作的理论基础、对小说主题阐释具有重要的指导意义。

柘植光彦（柘植）指出，大江在《核时代的想象力》（1968）一书中将"想象力"作为挽救政治危机最有效的对抗手段提了出来，但当时大江自身的文学及个人的危机意识也是这一文学主张提出的契机之一。大江通过"想象的力学"这一思路将自己从文学、个人的危机解救了出来。也就是说，想象力作为作家超越自我向前发展的活力，为作家提供了切实有效的思路。柘植比较了大江和萨特二人的想象力认识，认为在萨特看来，想象并非像知觉那样被动的意识形态，想象的意识是突然出现，自由变化的。大江在《核时代的想象力》中提出的"所谓想

---

[①] 高橋英夫：『現代作家論』、東京：講談社、1979年、220頁。

象力无非就是语言"这一结论,"是在支撑想象力的现实事物是语言这一意义上所作的比喻,(意识等于事物)并非理论上的飞跃。如果说想象力是将自身与世界联系起来的意识能力,那么维持这一关系的支柱就是语言。可以说这也是对萨特想象力论的确认"①。实际上,大江对想象力的认识也是在不断变化的。除萨特外,巴什拉的想象力论和布莱克对想象力的认识对大江想象力论的形成具有重要的影响。大江《核时代的想象力》所体现的想象力认识,有必要放在其文学理论体系中进行动态考察和定位。不过,柘植对这一问题的考察已经深入大江小说理论的一个重要范畴——想象力论,对之后的研究具有重要的参考价值。

岛村辉(岛村)的书评《〈小说的企图 知性的愉悦〉、〈为了新文学〉》较为细致地考察了大江健三郎两部理论著作所体现的对俄国形式主义的"陌生化"概念、荣格的"神话女神形象"的认识。岛村指出,"陌生化"这一"方法"作为既是"读者"又是"作家"的大江个人的方法是非常有效的。《小说的方法》出版以来,大江将俄国形式主义的"陌生化"这一概念当作讲述文学"方法"时的关键词来使用。在以"陌生化"为文学基本手法这点上,《为了新文学》的基本框架和《小说的方法》并无二致。岛村指出大江"理论性"框架本身的局限性或盲点。比如,大江《为了新文学》中"陌生化"概念是"书写方法"带来的效果,还是"阅读方法"带来的效果呢?对这一根本问题认识的模糊,与大江将自己的文学认识现实化不无关系。同时,大江虽然在荣格的基础上对"神话女神形象"这一原型进行了卓为有效的论述,但其论述方法却完全无视了这一原型并非单纯的文学手法,而是经常与思想要素密切相关这一点。② 在众多大江小说理论著作的书评中,岛村的见解可谓是高屋建瓴,既抓住了大江文学思想的精髓,又指出了其不足,具有真知灼见。

上田正行(上田)《大江健三郎的评论》一文指出,大江一开始可能是应一些媒体之邀写了一些评论和随笔,后来便开始有意识地进行评论创作。"大江所关注的内容涉及许多方面,读他的随笔就可以看到他涉及了所有领域,在他身上甚至有一种百科全书家的影子。但是,在这外观的华丽中蕴藏着大江从执笔以来

---

① 柘植光彦:『現代文学試論』、東京:至文堂、1978 年、176 頁。
② 島村輝:「『小説のたくらみ、知の楽しみ』『新しい文学のために』」、『国文学 解釈と教材の研究』1990 年 7 月号、115-116 頁。

就持有的一种对时代和社会积极关注的强烈意向。换言之，在对威胁宪法、民主主义、和平等战后民主主义原理的事物发出警告、提出异议方面，大江经常是积极的、主动的。说到对政治状况的敏感性，大江可以说是一位全面体现着时代的作家。"[1]上田对大江健三郎1995年之前的文艺随笔和文学理论著作的原始出处和收录状况进行整理，并将其放在发表当时的理论空间和历史语境中进行定位，立体地展现了大江小说理论的整体特征。

沼野充义在《被〈小说的方法〉所引导——从我们的大江到世界的大江》一文中指出，《小说的方法》中提出的概念，在这部理论著作出版当时并没有被广泛接受，因为当时关于俄国形式主义和巴赫金文艺理论的译介尚未充分展开，还没有作家有意识地将其作为实际写小说时的武器来使用。《小说的方法》证明了文学理论不是只在研究室通用的单纯的研究材料，而是可以由同时代作家主动用于创作使之变得有血有肉的东西。"在这种方法论的探求上，大江健三郎绝对不会将头重脚轻、为理论而理论的内容作为目标，他往往从实际创作中导出理论，并根据实际创作来展现，他的理论具有这种特质。"[2]沼野指出，大江在书名中大方地提出"方法"这一姿态本身，对同时代的日本文坛依靠"实感"或者"印象"来创作的非科学性态度提出了挑战。沼野认为，《小说的方法》绝对不是单纯意义上的"形式主义"，即完全无视内容和逻辑，只用技巧进行论述的著作。沼野的这一认识对全面理解《小说的方法》在日本现代文学理论史上的价值具有一定的指导意义。

作家黑井千次（黑井）对《核时代的想象力》进行了提纲挈领的解读，认为新小说派作家思考方式中的虚无主义倾向与已经存在的对现实的妥协性、行动积极性之间的纠葛虽未原封不动地反映到大江健三郎身上，但在对作家的社会性发言、政治性行动和文学创作之间关系的叩问这一点上，大江可以说与新小说派作家如出一辙。"这是将想象力作为媒介，从如何认识时代和世界的视角进行再次探讨的作品。不，或许恰恰相反。倒不如说，为了言明想象力的问题，在当下的现实中对此不断叩问这一行为位于这部著作的中心，这样的一种说法或许更准

---

[1] 上田正行：「大江健三郎の評論」、『金沢大学国語国文』1995年第20号、65頁。
[2] 沼野充義：「「小説の方法」に導かれて——われらの大江から世界のオ-エへ」、『文学界』1994年12月号、230頁。

确。"① 黑井明确指出了大江小说理论与社会现实的关联,强调了其强烈的政治介入色彩。

黑古一夫考察了大江评论集《作为破坏者的人》,指出《作为破坏者的人》与作家之前的讲演录《核时代的想象力》相比,思维方法明显不同。即《作为破坏者的人》强烈倾向于"内心世界"的自我验证这一侧面,而《核时代的想象力》却是相反地指向"外部"。黑古对大江的想象力认识提出了自己的见解。"总而言之,作为'语言表现'的小说这一艺术形式,通过将具有'某一方向定位'作为心愿的作家那种以'想象力'为中心的表达而得以成立。小说作为'已完结的作品',最终却与作家的意图和想法不同,表现了'人的多样性',形成了与作家不同的另一个世界,导致此种结果的就是作家和读者的想象力。"② 黑古认为《作为破坏者的人》和《核时代的想象力》两部著作再次确认了《个人的体验》和《万延元年的足球队》等小说中出现的作家的方向性和思想性。黑古考察了《作为破坏者的人》和《核时代的想象力》两部理论著作的关联和各自的侧重点,并将之与大江的创作方向结合起来进行解读,宏观、全面地论述了这两部著作所体现的文学思想。

稻田三吉(稻田)考察了大江健三郎的《表现者——状况·文学**》和《小说的方法》两部著作,认为这两部著作体现了大江对结构主义和俄国形式主义的强烈关注。稻田指出,"同一性"这一用语从大江创作评论集《表现者——状况·文学**》的后半部分"Ⅲ我的犹豫期"的1976年开始广泛使用,在作家相隔十年创作的系列文章中,可以发现 1966 年创作《确定出发点》之时的大江仍以综合性视野观察社会。当时的大江对于政治和社会活动表现出年轻而旺盛的好奇心,还怀有积极参与的欲望。与之相对,1976年创作《我的犹豫期》时的大江更多地展现出了对创作方法的关注,并围绕现实和想象力的关系进行深入思考。稻田指出,评论集《小说的方法》中出现的"陌生化""意象的分节""骗子、小丑模式""边缘""荒诞现实主义"等词汇与结构主义、俄国形式主义有着很深的渊源,认为《小说的方法》是一部从多个角度探讨"文学语言是什么?"的理

---

① 黑井千次:『仮構と日常』、東京:株式会社河出書房、1971 年、191 頁。
② 黑古一夫:『大江健三郎とこの時代の文学』、東京:勉誠社、1997 年、40 頁。

论著作,是大江健三郎向新思想出发的"信仰告白书"。同时指出,大江将语言分为"诗语"(或"文学语言")和"日常实用语言"这一二分法非常笼统,可以将人类语言分为"文学语言"和"日常实用语言"两类,"文学语言"也应该分为性格分明的"散文语言"和"诗语"两类。"大江所说的'具有形态的文学表现的语言'并非是我们周围各种各样的事物,像'字典''钢笔'那样作为符号的概念性内容,而是指作为眼前的某物,它占据一定空间且具有粗糙或光滑的手感,具有物自身的特质,作家必须以这样一种实感向读者传达。这一观点在诗歌的情形下不言而喻,评论这一需要具有明快的论证性的体裁、小说这种需要让读者充分把握围绕作品人物的状况、作品人物的微妙心理活动的具有说服力的体裁只能说存在于大江所说的'具有形态的文学表现的语言'之外。"[①]可以说,稻田以他文学理论家敏锐的问题意识全面深入地概括了大江这两部文学理论著作所体现的文学思想,并指出其中的不足,这一点在众多对大江文学理论介绍性的研究中显得独树一帜。

## 3. 小　　结

从以上分析可以发现,中日两国学者的大江健三郎小说诗学研究大致围绕作家丰富的文体创造、独特的文本建构、多样化的叙述风格、实践性强的文学理论等方面展开,取得了较为丰硕的成果。然而,从整体来看,以上研究大多仍停留在单个作品的文本分析层面,还难以构成对大江小说艺术形式、诗学问题的整体或系统研究,对其小说叙事风格的嬗变及他多样的形式创新意识缺乏整体把握。作为一种有意义的形式,大江的小说叙事具有强烈的意识形态色彩,对其小说诗学的探讨,应该放在具体的历史和现实语境中进行考察,只有这样,才能挖掘出其文本形式背后的社会文化内涵,才能真正把握其小说形式实验的本质。另外,中日两国学者对大江健三郎小说理论关注度明显不够。在小说理论研究方面,日本学者的研究大多还停留在理论介绍或简单书评这一浅显层面,与之相比,中国

---

[①] 稻田三吉:『構造主義と文学の方法』、東京:新日本出版社、1980年、158頁。"并非是"应作"并非"。

学者的研究虽然出现了一些较为深入的成果（如王琢、霍士富的研究），但整体看来，仍需扩大研究范围，将作家更多的理论著作纳入研究视野。总之，中日两国的大江健三郎小说诗学研究远远落后于大江丰富的理论创作这一现实。在把大江文学理论研究全面推向深入的同时，将其文学理论和小说文本分析结合起来，探讨作家理论对其创作实践的指导作用，考察创作实践对其小说理论的丰富和深化，是今后大江健三郎小说诗学研究需要加强的一个方面。

## 附录二

# 日本期刊大江健三郎研究论文文献辑录
## （按出版时间倒序排列）

宮澤隆義. 大江健三郎の quarantine. 群像, 2021 (8): 328-348.

工藤庸子. 大江健三郎と「晩年の仕事（レイト・ワーク）」（最終回）「戦後の精神」について. 群像, 2021 (6): 351-380.

尾崎真理子. 消すことによって書く：大江健三郎の「自筆原稿」が秘める価値. 群像, 2021 (4): 395-400.

西岡宇行. 大江健三郎『水死』における語りの方法：憑坐（よりまし）の語りに着目して. 社会文学, 2021 (53): 146-159.

西岡宇行. 大江健三郎『同時代ゲーム』にみる書き直し過程の主題化：大きな物語の終焉に向かって. 言語情報科学, 2021 (19): 107-122.

北山敏秀.「世代」的な表象の手前で：大江健三郎「飼育」における《戦争》の意味. 鹿児島純心女子短期大学研究紀要, 2021 (51): 145-157.

工藤庸子. 大江健三郎と「晩年の仕事（レイト・ワーク）」（第5回）晩年様式集（イン・レイト・スタイル）：十年後に読む「カタストロフィー小説」. 群像, 2021 (3): 373-420.

奥泉光. 大江健三郎『芽むしり仔撃ち』を読む：文芸漫談. すばる, 2021 (3): 166-180.

松本拓真.「われわれ」の空に浮游するアグイー：大江健三郎「空の怪物アグイー」論. 立教大学日本文学, 2020 (124): 109-122.

工藤庸子. 大江健三郎と「晩年の仕事（レイト・ワーク）」（第4回）「戦後民主主義」と『水死』. 群像, 2020 (12): 237-290.

長山靖生. 大江健三郎的想像力（2）宇宙意志から神話的リアリズムへ. SF マガジン, 2020 (6): 122-131.

長山靖生. 大江健三郎的想像力（1）核をめぐる過剰もしくは貧困. SF マガジン, 2020

（5）：126-135.

宮澤隆義. 時代の「総括」の後に：大江健三郎「革命女性（レヴオリユシヨナリ・ウーマン）」論. 昭和文学研究，2020（81）：62-76.

工藤庸子. 大江健三郎と「晩年の仕事（レイト・ワーク）」（第3回）とりあえずのしめくくりとしての『さようなら、私の本よ！』. 群像，2020（9）：232-276.

田中和生. LITERATURE 現代文学を読む（47）大学のゼミで大江健三郎を読む. Will：マンスリーウイル，2020（189）：334-337.

尾崎真理子. ギー兄さんとは誰か：大江健三郎と柳田国男（完結）. 群像，2020（6）：268-299.

尾崎真理子. ギー兄さんとは誰か：大江健三郎と柳田国男（2）. 群像，2020（6）：217-244.

工藤庸子. 大江健三郎と「晩年の仕事（レイト・ワーク）」（第2回）憂い顔の童子：セルバンテス、ジョイス、古義人. 群像，2020（5）：184-216.

尾崎真理子. ギー兄さんとは誰か：大江健三郎と柳田国男（1）. 群像，2020（4）：170-205.

西岡宇行. 大江健三郎『晩年様式集』に描出される「私」と「私ら」との関係：アサの妄想語りの分析を中心に. 言語情報科学，2020（18）：107-123.

絓秀実. 小説家・大江健三郎：その天皇制と戦後民主主義. 群像，2020（3）：201-256.

沼野充義. 紀行 チェーホフとサハリンの美しいギリヤーク人：村上春樹、大江健三郎からサンギまで. すばる，2020（3）：104-116.

四方朱子.「他人の足」：当事者であるということ. 日本研究，2020（60）：141-157.

工藤庸子. 大江健三郎と「晩年の仕事（レイト・ワーク）」（第1回）取り替え子（チェンジリング）：人生の窮境と小説を書くこと. 群像，2020（2）：88-116.

李承俊. 韓国語教育における翻訳の活用の試み：大江健三郎『万延元年のフットボール』の韓国語翻訳を事例に. 愛知学院大学語研紀要，2020（1）：157-175.

工藤庸子. 文学における性差の力学：丸山眞男と大江健三郎. 学士会会報，2020（1）：38-41.

新船海三郎. 大江健三郎と天皇（制）、また「戦後民主主義」（下）「セヴンティーン」から「晩年様式集（イン・レイト・スタイル）」まで. 民主文学，2020（652）：128-136.

松本拓真.「《希望》」と「《忍耐》」の「辞書」：大江健三郎『個人的な体験』論. 立教大学日本文学，2020（123）：52-65.

趙春英，金珽実，郭俊海. 作家同士の交遊：大江健三郎と中国近現代の作家たちをめぐって. 九州大学留学生センター紀要，2020（28）：15-24.

野崎歓. 寛容の精神：渡辺一夫と大江健三郎を読む. Kotoba, 2020（38）：120-125.

栗原丈和. 大江健三郎『燃えあがる緑の木』について：1989~90年の天皇代替わり儀式との関連から. 渾沌：近畿大学大学院文芸学研究科紀要, 2020（17）：29-49.

新船海三郎. 大江健三郎と天皇（制）、また「戦後民主主義」（上）「セヴンティーン」から「晩年様式集（イン・レイト・スタイル）」まで. 民主文学, 2019（651）：110-117.

成田龍一. 方法としての「書き直し」・序説：いま、大江健三郎を読むこと. 群像, 2019（11）：83-148.

高原到. テロリストが、生まれる：「セヴンティーン」「政治少年死す」試論. 群像, 2019（11）：44-82.

工藤庸子. ドン・キホーテからロリータへ：大江健三郎と「晩年の仕事（レイト・ワーク）」. 群像, 2019（11）：8-43.

田鎖数馬. 大江健三郎『万延元年のフットボール論』：「再生への始動」と過去の継承. 国語国文, 2019（10）：22-40.

尾崎真理子. 予言者としての大江：「全小説」解説を書き終えて. 群像, 2019（10）：64-71.

宇野重規. 祈り、テキスト、習慣：大江健三郎と現代日本の精神性. 群像, 2019（10）：47-63.

安藤礼二. 純粋天皇の胎水. 群像, 2019（10）：8-46.

松本拓真. 兄の「性」/妹の「性」をめぐる物語：大江健三郎『静かな生活』論. 立教大学大学院日本文学論叢, 2019（19）：68-82.

服部訓和. 『大江健三郎全小説』と大江研究. 昭和文学研究, 2019（79）：134-136.

尾崎真理子. ノーベル文学賞は大江健三郎に如何にしてもたらされたか. アジア文化, 2019（36）：41-57.

沼野充義. 大江健三郎と世界文学：周縁から普遍へ. アジア文化, 2019（36）：26-35.

稲村聡. 戦争の諸側面と「戦争文学」-開高健，大江健三郎の作品を中心に. 社学研論集, 2019（33）：1-16.

藤井聡，柴山桂太，浜崎洋介，川端祐一郎. 戦後的ニヒリズムへの「監禁」：大江健三郎「後退的青年研究所」「セブンティーン」について. 表現者：「危機」と対峙する保守思想誌, 2019（5）：157-176.

王新新. 初期大江健三郎試論·戦後再啓蒙·自己啓蒙·文化批評の様相. 東アジア文化研究, 2019（4）：7-22.

杉山若菜. 大江健三郎における想像力の軌跡：〈祈り〉に向けて. 日本文学研究, 2019（58）：137-151.

松本拓真.『静かな生活』におけるナラティヴの手法：大江健三郎『静かな生活』論. 立教大学日本文学, 2019 (121): 428-440.

陸川博. 出版されなかったヘンリー・ミラーの画集：大江健三郎と久保貞次郎の邂逅. デルタ：ヘンリー・ミラー, アナイス・ニン, ロレンス・ダレル研究論集, 2019 (11): 112-119.

北山敏秀.「声のない」呼びかけを聴く：大江健三郎『個人的な体験』における規範への意識と、規範を差異化する身体. 社会文学, 2019 (49): 159-171.

陳宝剣. 大江健三郎文学作品における「生」に対する思考：文化の視点から. 日本学論壇：新日本文化研究会会誌, 2018 (2): 29-36.

佐藤優. ベストセラーで読む日本の近現代史（第61回）非転向者と傍観者：六〇年安保の総括『万延元年のフットボール』大江健三郎. 文芸春秋, 2018 (10): 368-371.

松本拓真.「ゾーン」として象られた知的障害者：大江健三郎「案内人（ストーカー）」論. 立教大学大学院日本文学論叢, 2018 (18): 138-156.

杉山若菜.〈連作〉〈active imagination〉のはじまり－「頭のいい『雨の木（レイン・ツリー）』」から. 日本文学研究, 2018 (57): 139-152.

下山嬢子. 大江健三郎『燃えあがる緑の木』の〈教会〉－「信仰を持たないもの」の祈り. 日本文学研究, 2018 (57): 93-108.

木口慎平. 大江健三郎『空の怪物アグイー』論－〈ぼく〉の《語り》を中心に. 愛知大学国文学, 2018 (57): 53-78.

山根可菜子.「同時代ゲーム」のテクスト戦略－天皇制を脱構築する『同時代ゲーム』の共同体の在り方. 国文, 2018 (130): 73-87.

山田夏樹. 大江健三郎「人間の羊」における語り手「僕」の問題性－ファンタジーから現実へ（上）. 学苑, 2018 (935): 1-9.

杉山若菜.「『相互反転（エナンテオドロミー）』した『救世主は従って光をもたらす人なのである』」－『ピンチランナー調書』考察. 日本文学研究, 2017 (56): 74-86.

菊間晴子.「後期の仕事（レイト・ワーク）」にあった「希望」－大江健三郎の小説作品における死者とのコミュニケーションに着目して. 日本近代文学, 2017 (96): 93-107.

藤田雅子. 大江健三郎『水死』をめぐって－折口信夫『山越しの阿弥陀像の画因』の一節を通して. 清心語文, 2017 (19): 27-40.

坪井秀人. 研究展望　テロルの未決算－大江健三郎「政治少年死す」ほか. 昭和文学研究, 2017 (75): 144-146.

高橋由貴. 大江健三郎「死者の奢り」におけるサルトル受容－粘つく死者の修辞（レト

リック）．昭和文学研究，2017（74）：102-115.

下山嬢子．大江健三郎における「雨の木（レインツリー）」表象．近代文学研究，2017（6）：76-99.

北山敏秀．『ヒロシマ・ノート』における「原水爆被災白書」の思想－「被爆者」について語ることと、その"批判"に対する意識のあいだ．日本文学，2017（11）：44-55.

髙橋由貴．大江健三郎「アトミック・エイジの守護神」論．日本文学，2017（11）：34-43.

波平八郎．ジリエンス文学論－大江健三郎の文学観に基づく．沖縄県立芸術大学紀要，2016（24）：49-62.

岡和田晃．真空の開拓者：大江健三郎の「後期の仕事（レイト・ワーク）（4）．未来，2016（584）：26-32.

岡和田晃．真空の開拓者：大江健三郎の「後期の仕事（レイト・ワーク），（3）．未来，2016（583）：20-25.

岡和田晃．真空の開拓者：大江健三郎の「後期の仕事（レイト・ワーク）」（2）．未来，2016（582）：18-23.

宮沢隆義．新たな「方法序説」へ－大江健三郎をめぐって．群像，2016（12）：86-107.

南徹貞．「新時代（ニューエイジ）」の死と詩－大江健三郎『新しい人よ眼ざめよ』論．東京外国語大学日本研究教育年報，2016（20）：75-92.

豊彩夏．大江健三郎作品における男性同性愛の表象－分析に向けて．早稲田現代文芸研究，2016（6）：112-122.

時渝軒．批評と小説の間－大江健三郎『憂い顔の童子』論．国語国文研究，2016（149）：60-74.

渡辺静．大江健三郎初期作品研究－「喝采」論．フェリス女学院大学日文大学院紀要，2016（23）：1-15.

杉山若菜．『同時代ゲーム』考－「visionary」「妹」「隠喩」．日本文学研究，2016（55）：100-113.

村上克尚．傍らに寄り添う動物－大江健三郎『万延元年のフットボール』論．日本近代文学，2016（94）：107-122.

桑原丈和．1970年代の日本の〈小説家についての小説〉について．近畿大学文芸学部論集（文学・芸術・文化），2016（2）：1-20.

池沢充弘．unlearn, unteach する「女たち」の語り－大江健三郎『水死』における憑坐と教育．言語態，2016（15）：47-65.

奥彩子．テープレコーダーと死者と歴史：ダヴィド・アルバハリ『餌』と大江健三郎『取り替え子(チェンジリング)』. 共立女子大学文芸学部紀要, 2016 (62): 101-117.

時渝軒. 隠されたホモセクシュアリティー大江健三郎『取り替え子(チェンジリング)』論. 北海道大学大学院文学研究科研究論集, 2015 (15): 135-149.

北山敏秀. 大江健三郎『沖縄ノート』における歴史意識の交差: 新川明の「沈黙」に吸引される言葉. 日本近代文学, 2015 (93): 90-105.

山根献.「戦後の精神」の始まりの現象:『大江健三郎自選短篇』にみる小説の方法. 葦牙, 2015 (41): 92-106.

池澤夏樹. 詩のなぐさめ(39)大江健三郎からW・H・オーデンへ. 図書, 2015 (796): 46-49.

王中忱. 重ね合わせた旅 織り交ぜたテクスト: 大江健三郎「無垢の歌 経験の歌」を読む. アジア遊学, 2015 (182): 218-222.

青木正美. 古本屋控え帳(346)大江健三郎「セブンティーン」事件. 日本古書通信, 2015 (4): 26.

下村朋世. 大江健三郎『取り換え子 チェンジリング』論:「生み直し」への軌跡. 中央大学国文, 2015 (58): 63-76.

渡邉静. 大江健三郎「鳩」論. フェリス女学院大学日文大学院紀要, 2015 (22): 1-13.

時渝軒. 終わらない書き直しの方法: 大江健三郎『晩年様式集(イン・レイト・スタイル)』論. 東アジア研究, 2015 (13): 354-341.

江口真規. らしゃめんの変容と戦後占領期文学における羊の表象: 高見順『敗戦日記』・大江健三郎「人間の羊」を中心に. 文学研究論集, 2015 (33): 25-40.

矢島正. 大江健三郎『二百年の子ども』の教材性. 群馬大学教育学部紀要. 人文・社会科学編, 2015 (64): 173-187.

杉山若菜. 〈prayer〉〈幻(ヴィジョン)〉〈imagination〉: 大江健三郎『洪水はわが魂に及び』から. 日本文学研究, 2015 (54): 139-152.

南徽貞. 現代の「悲劇の表現者」: 大江健三郎『人生の親戚』論. 言語・地域文化研究, 2015 (21): 197-216.

岩田温. 在特会と大江健三郎: ヘイトスピーチを保守は認めない. 正論, 2015 (517): 148-157.

劉蘇曼.「監禁状態」の構造の解明: 大江健三郎の初期小説作品を中心に. 二十世紀研究, 2015 (16): 123-143.

岡和田晃. 真空の開拓者: 大江健三郎の「後期の仕事(レイト・ワーク)」(1). 未来, 2015 (581): 20-25.

顧偉良.『万延元年のフットボール』を読む-言語指向及び身体性をめぐって. 弘学大

語文，2015（41）：67-82.

北山敏秀.「戦争体験論」の意味－『われらの時代』を「批判」するということ. 言語態，2015（14）：132-145.

矢島正. 大江健三郎『二百年の子ども』の教材性. 群馬大学教育学部紀要. 人文・社会科学編，2015（64）：173-187.

時渝軒. 隠されたホモセクシュアリティ：大江健三郎『取り替え子（チェンジリング）』論. 北海道大学大学院文学研究科研究論集，2015（15）：135-149.

イシャウッド クリストファー. 暴力に逆らって書く文学：大江健三郎論の『奇妙な仕事』に逆行する意味. 神奈川大学国際経営論集，2014（48）：117-138.

北山敏秀. 大江健三郎の「自殺」する肉体：「セヴンティーン」「政治少年死す」という投企. 日本文学，2014（9）：36-46.

石井明美. 魂に接するマナー：私の中の大江健三郎（その 2）. 葦牙，2014（40）：157-169.

團野光晴. 消費社会と人間：大江健三郎『万延元年のフットボール』論. 日本近代文学，2014（90）：109-124.

風呂本武敏. 大江健三郎とイェイツ：『燃えあがる緑の木』三部作を中心に. エール，2014（33）：64-73.

陶友公. 大江健三郎作『二百年の子供』とファンタジー小説. 愛知工業大学研究報告，2014（49）：89-96.

池沢充弘. 反私小説的な「私」をめぐって：田山花袋『蒲団』と大江健三郎『水死』. 早稲田現代文芸研究，2014（4）：127-133.

團野光晴. 大江健三郎とテクノロジー：科学・技術・文学. 金沢大学国語国文，2014（39）：30-41.

服部訓和. 幽霊たちの記憶：大江健三郎「空の怪物アグイー」とテクノロジー. 語文，2014（148）：28-43.

顧偉良. 〈谷間の村〉における地獄の一季節－『飼育』を読む. 弘学大語文，2014（40）：93-104.

鈴木恵美. 初期大江文学とサルトル受容－『鳩』を視軸として. 日本女子大学大学院文学研究科紀要，2014（20）：63-76.

栗原丈和. 一九八〇年代の大江健三郎による自身の小説の再利用・再生の方法. 昭和文学研究，2014（68）：1-13.

山本純子. 大江健三郎「万延元年のフットボール」論：比喩表現を視座として. 文教大学国文，2014（43）：11-26.

高橋由貴. 大江健三郎のフランス・ユマニスム受容：『痴愚神礼讃』と小説的豊かさ. 言

文，2014（61）：19-37.

南徹貞. 近未来の「危険の感覚」：大江健三郎『治療塔』論. 言語・地域文化研究，2014（20）：233-253.

安藤礼二.「世界」と「私」のカタストロフィーに抗って：大江健三郎『晩年様式集（イン・レイト・スタイル）』論. 新潮，2014（1）：260-263.

時渝軒. 書き直しによる脱イデオロギーと，イデオロギーの再構築：大江健三郎『水死』論. 北海道大学大学院文学研究科研究論集，2013（13）：17-34.

服部訓和. ハックルベリィ・フィンのアメリカ：『沖縄ノート』とユダヤ系アメリカ人の身体. 日本近代文学，2013（89）：123-138.

村上克尚. ファシズムに抵抗する語り：大江健三郎「セヴンティーン」における動物的他者の声. 昭和文学研究，2013（67）：39-50.

榎本正樹. メディア＝メディウムとしての大江健三郎. 早稲田文学，2013（6）：533-538.

阿部公彦. 大江健三郎と英詩：日本語の未開領域をめぐって. 早稲田文学，2013（6）：522-532.

山根献. 〈国家の理由〉と「三・一一後」の大江健三郎. 葦牙，2013（39）：25-41.

高橋由貴. 言葉ならぬ声を聴く鳥（バード）：大江健三郎『個人的な体験』論. 国語と国文学，2013（7）：35-51.

鈴木恵美. 大江健三郎『水死』論：〈救い主〉としてのアカリ. 日本女子大学大学院文学研究科紀要，2013（19）：13-24.

趙軒求. 大江健三郎『ピンチランナー調書』研究：「調書」を「物語」に転換する「僕」、その二重性. 中央大学国文，2013（56）：58-75.

栗原丈和. 大江健三郎と自衛隊、その持続性. 近畿大学国際人文科学研究所紀要，2013（6）：101-116.

佐々木彩香. 大江健三郎作品における「女性」の〈歌〉と〈声〉. フェリス女学院大学日文大学院紀要，2013（20）：38-48.

荒木奈美. 大江健三郎『懐かしい年への手紙』論：ポール・リクール「物語的自己同一性」を手がかりとして. 札幌大学総合論叢，2013（35）：27-43.

ブシマキンバジム. 大江健三郎の〈政治的人間〉と〈性的人間〉の止揚. 人間社会環境研究，2013（25）：165-155.

中原章雄. 共同研究の記憶：「村上春樹と大江健三郎」のことなど. 立命館文學，2013（631）：943-951.

鈴木恵美. 大江健三郎『個人的な体験』論：「赤んぼう」と≪救済≫. 国文目白，2013（52）：198-205.

佐藤裕子. 貫かれたアイロニー：大江健三郎『水死』を読む. 玉藻，2013（47）：

88-97.

村井華代. 大江健三郎の演劇装置（2）記憶/歴史の劇場. 共立女子大学文芸学部紀要，2013（59）：67-93.

米倉巖. 大江健三郎論：初期作品を視点として. 藝文攷，2013（18）：208-218.

鈴木恵美. 大江健三郎『水死』論：漱石『こころ』の受容をめぐって. 社会文学，2013（37）：180-194.

徐晗. 二〇〇〇年以降の大江健三郎文学と莫言文学の対比研究：グロテスク・リアリズムを視座として. Comparatio，2013（17）：83-93.

村上克尚. 対話のネットワークとしての「私」：大江健三郎『さようなら、私の本よ！』における諸概念の分析を通じて. 言語情報科学，2013（11）：259-275.

四方朱子. 大江健三郎『キルプの軍団』：引用という鏡像. あいだ/生成，2013（3）：9-26.

田泉. 大江健三郎「死者の奢り」論－「奢り」について. 阪大近代文学研究，2013（11）：82-100.

吉岡亮. 大江健三郎『同時代ゲーム』論――共同体の神話と歴史の語り方. 札幌大谷大学社会学部論集，2013（1）：163-176.

高橋由貴. 大江健三郎の核時代観とW・H・オーデン：深瀬基寛訳のオーデン「支那のうへに夜が落ちる」の受容. 原爆文学研究，2012（11）：22-33.

石川義正. 大江健三郎のふたつの「塔」：小説空間のモダニティ（3）. 早稲田文学，2012（5）：172-195.

安藤礼二. 表現のゼロ地点へ：三島由紀夫、大江健三郎、村上春樹と神秘哲学. 文学界，2012（7）：160-197.

柴田勝二. 民主主義の逆説：大江健三郎と三島由紀夫の戦後. 三島由紀夫研究，2012（12）：49-59.

上村文人. 大江健三郎『河馬に噛まれる』論：連合赤軍事件との関係性を中心に. 都大論究，2012（49）：29-40.

高橋源一郎. 日本文学盛衰史 戦後文学篇（最終回）（特集 戦後文学を読む（第9回）大江健三郎）. 群像，2012（6）：263-272.

高橋由貴. 記録する機械の眼から「広島のレンズ」へ：大江健三郎『ヒロシマ・ノート』論. 日本近代文学，2012（86）：32-47.

坪内祐三. 昭和の子供だ君たちも（6）「その状況を」「よく捉えていた」大江健三郎の『われらの時代』. 新潮，2012（4）：220-227.

高橋由貴. 組み換えられる〈われわれ〉－大江健三郎「戦いの今日」と冷戦構造下の日本. 日本文芸論叢，2012（21）：48-59.

鈴木恵美. 大江健三郎と「救済の文学」：サルトルの受容をめぐって. 日本女子大学大学院文学研究科紀要, 2012（18）：51-64.

大熊昭信. 物語を壊す/懐かしむ：大江健三郎の場合. 成蹊大学文学部紀要, 2012（47）：1-26.

上田穗積. 鼠と象、あるいは森と平原：大江健三郎と村上春樹. 徳島文理大学比較文化研究所年報, 2012（28）：1-10.

ブシマキンバジム. 三島由紀夫の『憂国』と大江健三郎の『セヴンティーン』：見る主人公と見られる主人公. 人間社会環境研究, 2012（23）：87-99.

團野光晴. 三島由紀夫から大江健三郎へ：戦後的リアリズムをめぐって. 金沢大学国語国文, 2012（37）：125-136.

栗原丈和. 大江健三郎と原子力、そして天皇制. 近畿大学国際人文科学研究所紀要, 2012（5）：51-68.

黒岩裕市. 大江健三郎『喝采』の男性同性愛表象. フェリス女学院大学文学部紀要, 2012（47）：151-164.

西村幸祐. 日本人の戦後責任：大江健三郎・村上春樹と民主党・TPP. 表現者, 2012（40）：108-115.

村井華代. 大江健三郎の演劇装置（1）『水死』を中心に. 立女子大学文芸学部紀要, 2012（58）：73-95.

小谷瑛輔. 大江健三郎『水死』と『みずから我が涙をぬぐいたまう日』：フィクションはいかにして生成するか. 言語態, 2012（12）：45-66.

伊東祐吏. 水死する大江健三郎. 三田文学, 2012（111）：148-158.

石橋紀俊. 大江健三郎『死者の奢り』論——有用性を超えて/の手前で. 学大国文, 2012（55）：3-13.

大久保喬樹. 〈代替系〉の世界と物語：カフカ、ボルヘス、大江健三郎、村上春樹. 東京女子大学紀要論集, 2011, 62（1）：151-171.

佐々木彩香. 大江健三郎『万延元年のフットボール』論：他者からの承認. 玉藻, 2011（46）：64-81.

吉田美恵子. 大江健三郎『ヒロシマ・ノート』と三つの小説. 国際関係・比較文化研究, 2011（1）：69-86.

桑島道夫. 絶望に始まる希望と小暗い情念－中国における大江文学. 早稲田文学, 2011（4）：365-368.

閻連科. ポリフォニックな語り・重なり合いと照応その構造への鑑賞分析―『臈たしアナベル・リイ 総毛立ちつ身まかりつ』を例として. 桑島道夫訳. 早稲田文学, 2011（4）：360-364.

芳川泰久. 小説に現在おこっていること－大江健三郎の〈おかしな二人組〉へ/から. 早稲田文学, 2011（4）: 300-314.

武田將明. 自分自身からの亡命者（エグザイル）－『水死』と晩年性. 早稲田文学, 2011（4）: 282-299.

福嶋亮大. 大江健三郎の神話装置—ホモエロティシズム・虚構・擬似私小説. 早稲田文学, 2011（4）: 268-281.

野崎歓. 父と子－大江健三郎的小説の源泉. 早稲田文学, 2011（4）: 260-267.

古谷利裕. 極限で似るものたちがつくる場—「四万年前のタチアオイ」と「茱萸の木の教え・序」をめぐって. 早稲田文学, 2011（4）: 240-259.

安藤礼二. 大いなる森の人－大江健三郎論. 早稲田文学, 2011（4）: 230-239.

山根献. どうしてこのような悲しみ方をするのか：大江健三郎と晩期カピタリスムス. 葦牙, 2011（37）: 113-127.

新城郁夫. 復興を迂回し傷を生き延びること 大江健三郎『人生の親戚』. 現代思想, 2011（9）: 178-181.

上村文人. 大江健三郎『洪水はわが魂に及び』論－社会的な側面からのアプローチ. 都大論究, 2011（48）: 39-50.

霍士富. 多重的な叙事構造－大江健三郎『「雨の木」を聴く女たち』を中心に. 日本文藝學, 2011（47）: 15-32.

島村健. 共鳴する「雨の木（レイン・ツリー）/樹（トゥリー）」—七〇年代以降の大江健三郎と武満徹. 近代文学 第二次研究と資料, 2011（5）: 219-235.

バジムブシマキン. 大江健三郎の初期小説に於ける政治的人間・性的人間のモチーフの再検討—「飼育」のロシア語訳を中心に. 金沢大学国語国文, 2011（36）: 105-117.

趙軒求.「別の世界」の実体化、そして「狂気」—大江健三郎「空の怪物アグイー」を中心に. 中央大学国文, 2011（54）: 164-177.

小林恵子. 大江健三郎とブレイク（6）. 立命館文學, 2011（620）: 918-908.

阿部公彦. 凝視の作法（第13回）大江健三郎の魔法. 文学界, 2011（1）: 230-240.

藤田護. 大江健三郎『水死』における言葉の方法－「後れ」が導き入れる現代の物の怪と憑坐. 言語態, 2011（11）: 73-89.

坂口周. 1963年の分脈－川端康成と大江健三郎. 言語態, 2011（11）: 53-71.

石原千秋. 教養として読む現代文学（第4回）「僕ら」とは誰か－大江健三郎『芽むしり仔撃ち』. 小説 tripper：トリッパー, 2011（秋季）: 494-509.

ギュヴェンデヴリム・C. 大江健三郎の最初期小説における「政治的な参加」の問題－「喝采」を中心に. 言語情報科学, 2011（9）: 187-202.

小林由紀. 大江健三郎『水死』論-『こころ』の「教育」とその「方向性」の視座から. 比較文化研究, 2010（94）: 101-112.

小西昭夫. 楽天的でデモクラティックな子規-司馬遼太郎、大江健三郎のみた正岡子規. 国文学: 解釈と鑑賞, 2010（11）: 127-133.

高橋由貴. 火葬される「書記」の死-大江健三郎「飼育」における戦争. 国文学: 解釈と鑑賞, 2010, 75（9）: 131-138.

山根献.「メイスケ母」の受難劇-大江健三郎にとっての沖縄. 葦牙, 2010（36）: 73-89.

北山敏秀. 大江健三郎初期の「思い出」をめぐる言説-《玉音》表象と戦後民主主義アイデンティティーの形成. 文学・語学, 2010（197）: 1-12.

上村文人. 大江健三郎『燃えあがる緑の木』論-〈物語内容〉の多義性について. 都大論究, 2010（47）: 73-84.

村上克尚. 2010. 言葉を奪われた動物―大江健三郎「飼育」をめぐる江藤・三島の批評の問題点. 日本文学, 59（6）: 34-43.

霍士富. 大江文学における「孔乙己」像についての考察: 大江健三郎『人間の羊』を中心に. 立命館文學, 2010（617）: 1-14.

北原耕也. 大江健三郎『水死』-国家主義の再来に対抗する、未来へと向かう意志. 民主文学, 2010（534）: 94-101.

小森陽一. 大江健三郎『水死』論 拮抗する言葉の力. 世界, 2010（803）: 210-217.

高橋由貴. 大江健三郎のアルバイト小説-習作「火山」から「運搬」へ. 日本文芸論叢, 2010（19）: 42-54.

史姫淑. 信仰なき者の祈り: 大江健三郎『人生の親戚』論. 言語・地域文化研究, 2010（16）: 171-187.

鈴木恵美. 大江健三郎『僕が本当に若かった頃』論: 二人の〈家庭教師〉の仕事を中心として. 国文目白, 2010（49）: 240-249.

鈴木恵美. 大江健三郎『空の怪物アグイー』論:「ぼく」がアグイーと〈決別〉する意味. 日本女子大学大学院文学研究科紀要, 2010（16）: 43-58.

坂口周. 大江健三郎と〈ポップ〉の系譜-1960 年代の〈穴〉. 津田塾大学紀要, 2010（42）: 337-356.

高橋由貴. テレビの前の「政治少年」-大江健三郎「セヴンティーン」「政治少年死す」論. 昭和文学研究, 2010（60）: 27-38.

島村健. 現実参加（アンガージュマン）の対位法―六〇年安保闘争前後の大江健三郎・武満徹をめぐって. 近代文学 第二次 研究と資料, 2010（4）: 166-186.

風見梢太郎. 文芸時評 大江健三郎『水死』のことなど. 民主文学, 2010（533）:

144-149.

三浦雅士. 三島由紀夫の幽霊―大江健三郎『水死』を読む. 文学界，2010（3）：156-163.

安藤礼二.「懐かしい年」の変容―大江健三郎『水死』論. 群像，2010（2）：90-101.

高橋由貴. 大江健三郎における深瀬基寛訳『オーデン詩集』の受容―「政治と性」の淵源としてのオーデン. 比較文学，2010（53）：76-89.

小山敏夫. 大江健三郎とウィリアム・フォークナーの「生命の樹」と「祈り」. 外国語・外国文化研究，2010（15）：298-258.

伊藤久美子. 大江健三郎『燃えあがる緑の木』三部作試論―主人公〈隆〉の生涯とイエス. キリスト教文学研究，2010（27）：101-111.

鷲谷みどり. 大江健三郎『同時代ゲーム』研究：神話のトポスとその再生. 日本文學，2009（105）：91-106.

服部訓和. 自転車の詩学―大江健三郎「不満足」『個人的な体験』を読む. 稿本近代文学，2009（34）：44-63.

奥間勝也. 告発するテクスト―大江健三郎「飼育」をめぐる視線と欲望の交錯. 琉球アジア社会文化研究，2009（12）：25-54.

伊藤久美子. 大江健三郎『人生の親戚』における文学と死. 解釈，2009（7・8）：31-39.

上村文人. 大江健三郎『洪水はわが魂に及び』論―「自由航海団」の社会性. 都大論究，2009（46）：21-32.

阿部公彦. 大江健三郎が読めない人のために―『臈たしアナベル・リイ 総毛立ちつ身まかりつ』をめぐって. 国文学：解釈と教材の研究，2009（9）：146-153.

霍士富. 大江健三郎の文学と日本思想：死生観・時間概念・宗教理念を中心に. 立命館文學，2009（612）：1-10.

神谷光信. 大江健三郎―信仰なき者という立場. 国文学：解釈と鑑賞，2009（4）：49-56.

史姫淑. 大江健三郎『万延元年のフットボール』論. 言語・地域文化研究，2009（15）：41-62.

島村健.「抵抗者の音楽」の発見―大江健三郎と一九五〇〜六〇年代のジャズ. 近代文学 第二次 研究と資料，2009（3）：120-138.

太田哲男. 大江健三郎初期作品における「自然」. 櫻美林世界文学，2009（5）：50-55.

鈴木忠美. 大江健三郎『他人の足』論：「僕」の〈意識〉をめぐって. 国文目白，2009（48）：81-89.

榎本正樹. 大江健三郎―御霊と念仏踊り. 国文学：解釈と鑑賞，2009（2）：129-135.

服部訓和.「あの人」を問うこと―大江健三郎「みずから我が涙をぬぐいたまう日」.

日本語と日本文学，2009（48）：34-48.

松井健. 大江健三郎『死者の奢り』：教材分析と授業記録. 研究紀要，2009（11）：69-76.

山本昭宏. 核時代という言説空間－1960年代における大江健三郎の核意識について. 二十世紀研究，2009（10）：109-130.

大澤聡.「対話」の条件－大江健三郎「おかしな二人組」三部作. 言語態，2009（9）：109-121.

上村文人. 大江健三郎『万延元年のフットボール』論－絶えざる運動体としてのテクスト. 論樹，2008（21）：33-46.

服部訓和.「言葉」のかたち、「鯨」のかたち―大江健三郎「月の男（ムーン・マン）」. 稿本近代文学，2008（33）：115-134.

村上克尚. 動物とファシズム―大江健三郎「奇妙な仕事」論. 日本近代文学，2008（79）：108-122.

石原千秋. 書き出しの美学（第6回）真実の言説の作り方－大江健三郎『万延元年のフットボール』. 本が好き！，2008（10）：25-33.

小林敏明.〈かたり〉あるいは反共同体的共同体の声－大江健三郎と中上健次. 新潮，2008（10）：200-217.

小林敏明. 想像される〈父〉とその想像的殺害－大江健三郎『みずから我が涙をぬぐいたまう日』を再読する. 新潮，2008（8）：176-191.

山根献. 隠れた構造としての「沖縄問題」－大江健三郎『沖縄ノート』から霜多正次『道の島』へ. 葦牙，2008（34）：37-60.

服部訓和.〈本当の事〉再考－大江健三郎『万延元年のフットボール』. 日本近代文学，2008（78）：211-226.

鈴木恵美. 大江健三郎『人生の親戚』論：まり恵の生き方について. 日本女子大学大学院文学研究科紀要，2008（14）：77-90.

遠藤暢根. 理解できない他者を語る皇国少年の葛藤－大江健三郎『遅れてきた青年』論. 近代文学 第二次 研究と資料，2008（2）：188-208.

津久井秀一.「弟」の行方－大江健三郎における「無垢」. 宇大国語論究，2008（19）：28-41.

立川信子. 小説の中の地域の現実と虚構－大江健三郎の「四国の谷間」をめぐる物語の中のフランス. 地域創成研究年報，2008（3）：100-112.

史姫淑. 揺れる「現在」の時間・揺れるアイデンティティー：大江健三郎『死者の奢り』を中心に. 言語・地域文化研究，2008（14）：47-61.

蓮實重彦. 去年の暮れ、突然に―大江健三郎『臈たしアナベル・リイ総毛立ちつ身まかりつ」．新潮，2008（1）：280-288．

黒古一夫．村上龍・井上ひさし・大江健三郎における反ナショナル・アイデンティティ——構想された「もう一つの国=ユートピア」．神奈川大学評論，2008（59）：122-129．

一條孝夫．大江健三郎と六〇年代の〈アメリカ〉——ラルフ・エリスンのいわゆる〈多様性〉（ダイバシティ）をめぐって．帝塚山学院大学研究論集 文学部，2008（43）：1-14．

石橋紀俊．大江健三郎『偽証の時』の笑い——笑いの円環を切断することをめぐって．学大国文，2008（51）：45-58．

Kim Hyunkyoung．大江健三郎の『叫び声』と〈女子大学生〉．超域文化科学紀要，2008（13）：238-227．

加藤典洋．大江と村上——九八七年の分水嶺．小説 tripper，2008（秋季）：257-280．

ギュヴェンデヴリム C．大江健三郎の『下降生活者』における「ホモソーシャル」な力関係．言語情報科学，2008（6）：101-116．

内堀瑞香．大江健三郎『取り替え子』論——「再生」装置としての「田亀」．人間文化創成科学論叢，2008（11）：61-69．

一條孝夫．大江健三郎と六〇年代の〈アメリカ〉：ラルフ・エリスンのいわゆる〈多様性〉（ダイバシティ）をめぐって．帝塚山學院大學研究論集，2008（43）：1-14．

服部訓和．「若い日本の会」と青年の（不）自由——江藤淳と大江健三郎．稿本近代文学，2007（32）：134-149．

篠井英介．前衛 大江健三郎「飼育」．国文学：解釈と教材の研究，2007（13）：45-47．

山根献．殺されてもなあ、わたしがまたすぐ生んであげるよ！——大江健三郎『同時代ゲーム』のなかの『沖縄ノート』．葦牙，2007（33）：24-36．

伊藤久美子．大江健三郎『人生の親戚』の語り手．文学研究，2007（95）：27-37．

金嬽鏡．大江健三郎の小説と〈女子大学生〉：「救済」の手段としての〈女子大学生〉．比較文学・文化論集，2007（24）：63-74．

鈴木健司．大江健三郎の〈テキスト支配への意欲〉——雑誌「国語通信」へ投稿した詩作品を中心に．文教大学国文，2007（36）：11-22．

武部修子．大江健三郎が探る「人類の全体の癒しと和解」．研究論叢，2007（70）：127-138．

條孝夫．大江健三郎と川端康成．帝塚山學院大学研究論集，2007（42）：1-15．

服部訓和．〈天皇陛下〉が〈鬼〉に変わる——大江健三郎『遅れてきた青年』における絶対者の系譜．稿本近代文学，2006（31）：55-70．

河内重雄．大江健三郎『静かな生活』論——〈「知的障害者」表象のためのモデル〉考察．

九大日文，2006（8）：84-104.

大江健三郎. 生きること・本を読むこと（2）故郷から切り離されて. すばる，2006（10）：170-182.

宋仁善. ベトナム戦争の現実と架空：大江健三郎「生け贄男は必要か」. 日本文学，2006（9）：54-63.

張文穎. 大江健三郎・莫言文学における女性像について. 経営研究，2006（1）：89-102.

山根献. 地獄を認識せよ！しかし地獄を乗りこえよ―大江健三郎『万延元年のフットボール』をめぐって. 葦牙，2006（32）：50-70.

俞承昌. 小松川事件の「表象」と大江健三郎の『叫び声』. 日本近代文学，2006（74）：240-253.

新船海三郎. 絶望にはまだ遠くて―大江健三郎"チェンジリング"三部作に. 民主文学，2006（486）：118-147.

山崎正純. 〈悪意〉が転移する従順な〈僕〉の身体―大江健三郎「奇妙な仕事」論. 言語文化学研究日本語日本文学編，2006（1）：25-37.

鈴木恵美. 大江健三郎『静かな生活』論―マーちゃんの〈祈り〉を中心に. 日本女子大学大学院文学研究科紀要，2006（12）：71-82.

團野光晴. 闘争としての快楽追求―「或る女」と大江健三郎の〈性的人間〉. 有島武郎研究，2006（9）：11-20.

團野光晴. 研究動向 大江健三郎. 昭和文学研究，2006（52）：108-111.

金冷垠. 「あいまいな」存在としての「在日」像―大江健三郎の『叫び声』を中心に. 海港都市研究，2006（1）：71-83.

高澤秀次. 北の文学誌（16）大江健三郎 VS 開高健. 北の発言，2006（17）：58-61.

小森陽一. 言葉の記憶の分岐点―大江健三郎『さようなら、私の本よ！』に寄せて. 世界，2006（747）：255-266.

大澤真幸. 書評「さようなら、私の本よ！」大江健三郎―死者として生き残る. 文学界，2006（1）：244-247.

高橋由貴.（排）出口なし―大江健三郎「報復する青年」論. 文化，2006（1・2）：58-72.

中村泰行. 大江健三郎『個人的な体験』論. 民主文学，2005（481）：110-117.

福嶋亮大. 書評 喜劇と永遠性. 群像，2005（11）：192-196.

佐藤友哉. 書評 書くまえに読め. 群像，2005（11）：189-191.

絲山秋子. 書評「罠」と挑戦. 群像，2005（11）：186-188.

小野正嗣. 書評 受けとめあう「二人組」―大江健三郎の『さようなら、私の本よ！』をめぐって. 群像，2005（11）：176-185.

沼野充義. 終わりの中の始まりを求めて－「古義人三部作」を読む. 群像，2005
　　（11）：162-174.
宋仁善. 大江健三郎「走れ、走りつづけよ」の〈アメリカ〉－ペネロープの死と従兄の
　　変貌. 昭和文学研究，2005（51）：28-40.
沈修卿. 大江健三郎『芽むしり仔撃ち』－〈支配〉と〈被支配〉の関係を超えて. 都大
　　論究，2005（42）：62-73.
宋仁善. 大江健三郎「狩猟で暮らしたわれらの先祖」論－漂泊するわれらの先祖あるい
　　は異族. 日本語と日本文学，2005（40）：84-98.
鈴木健司. 作家・大江健三郎とエッセイスト・大江健三郎―テキスト支配への意欲. 高知
　　大国文，2005（36）：1-9.
武部修子. 大江健三郎が「新しい人」にたくす人間像. 研究論叢，2005（65）：37-47.
蘇明仙. 大江健三郎の〈自己言及文学〉、その可能性. 九大日文，2004（5）：317-330.
楠田剛士. 大江健三郎「核時代の森の隠遁者」論. 原爆文学研究，2004（3）：78-82.
三浦健治. 近現代文学探訪（64）大江健三郎「われらの時代」. 民主文学，2004
　　（466）：146-153.
西山晋. 大江健三郎『宙返り』について. 語文と教育，2004（18）：51-60.
宋仁善. もう一つの世界－大江健三郎の「空の怪物アグイー」論. 文学研究論集，2004
　　（22）：188-202.
大島丈志. 大江健三郎「人間の羊」論－単行本「後記」から新たな読みの可能性へ. 近
　　代文学研究，2004（21）：43-57.
井口時男. 80年代以後―大江健三郎と中上健次（6）. 新潮，2004（2）：326-341.
楠田剛士. 大江健三郎『われらの狂気を生き延びる道を教えよ』論－プロローグと「詩
　　のごときもの」を中心に. 近代文学論集，2004（30）：113-120.
Johnson Gregory S. 大江健三郎の「飼育」における父親像の二元性. 大妻比較文化，
　　2004（5）：100-108.
服部訓和. 「われら」の孤独、「戦後民主主義者」の孤独－大江健三郎『われらの時
　　代』. 稿本近代文学，2003（28）：76-89.
井口時男. 80年代以後－大江健三郎と中上健次（5）. 新潮，2003（12）：326-342.
西村龍一. 敗戦から現代まで、日本の文学・文化空間の変遷を記述する一つの試み. 北海
　　道大学留学生センター紀要，2003（7）：34-49.
井口時男. 80年代以後－大江健三郎と中上健次（4）. 新潮，2003（9）：256-273.
中野和典. 責任と被爆者援護―大江健三郎「アトミック・エイジの守護神」を視座とし
　　て. 原爆文学研究，2003（2）：47-50.
井口時男. 80年代以後－大江健三郎と中上健次（3）. 新潮，2003（7）：270-287.

魏浦嘉. 大江健三郎の作品における分身（ドッペルゲンガー）（近代部門, 第二三回研究発表大会・発表要旨）. 日本文学, 2003（6）: 106-107.

沈修卿. 大江健三郎『死者の奢り』—錯綜する二重性. 都大論究, 2003（40）: 82-91.

井口時男. 80年代以後—大江健三郎と中上健次（2）. 新潮, 2003（5）: 278-295.

霍士富. 大江健三郎と魯迅:『取り替え子』と『薬』をめぐって. 論究日本文學, 2003（78）: 41-56.

狩谷直志. 大江健三郎『万延元年のフットボール』論—蜜三郎の出発の内実. 日本文藝研究, 2003（4）: 75-92.

村瀬良子. 出発期の大江健三郎—膨らむ喉・響く声. 国文学攷, 2003（176・177）: 91-104.

井口時男. 80年代以後—大江健三郎と中上健次（1）. 新潮, 2003（3）: 219-239.

團野光晴. 大江健三郎の「近代化」—「鉄道弘済会の娘たち」と女性表象. 金沢大学国語国文, 2003（28）: 95-106.

大南英明. 大江健三郎の作品と都立青鳥養護学校の教育（抄）. 帝京大学文学部紀要（教育学）, 2003（28）: 57-82.

水本精一郎. アポ爺・ペリ爺—大江健三郎「同時代ゲーム」. 敍説, 2003（5）: 81-83.

高本美佐子. ユダヤ系知識人に学ぶ反中心主義—大江健三郎がゲルショム・ショーレムにみた普遍性と周縁性. ナマール, 2003（8）: 26-34.

魏浦嘉.「傷」の背後—大江健三郎の「『芽むしり仔撃ち』裁判」について. 人間文化論叢, 2003（6）: 1-9.

蘇明仙. 歴史に〈開かれた神話〉—大江健三郎の〈神話形成〉をめぐって. 近代文学論集, 2003（29）: 97-108.

川邊紀子.『ヒロシマ・ノート』と『人生の親戚』—大江健三郎の〈文学的想像力〉について. 白百合女子大学言語・文学研究センター言語・文学研究論集, 2003（3）: 46-53.

蘇明仙. 大江健三郎の時間意識—神話的思考と歴史認識の基底にあるもの. Comparatio, 2003（7）: 9-18.

柴田勝二.〈鏡〉のなかの世界—『個人的な体験』のイメージ構築. 東京外国語大学論集, 2003（66）: 24-38.

一條孝夫. 大江健三郎と北方少数民族:われらの内なるギリヤーク人. 帝塚山學院大学研究論集. 文学部, 2003（38）: 1-15.

服部訓和. 二項対立のために—大江健三郎「青年の汚名」論. 稿本近代文学, 2002（27）: 60-71.

村瀬良子. 大江健三郎と武満徹の水脈—音としての言葉・言葉としての音. 近代文学試

論，2002（40）：182-190.

大江健三郎. 語る人、看護する人. 週刊朝日，2002（52）：146-149.

高澤健三．大江健三郎『芽むしり 仔撃ち』（ゼミナール）．文学と教育，2002（196）：26-45.

井口時男．小説の現代 2002 ドン・キホーテ的闘争—大江健三郎『憂い顔の童子』を読む．群像，2002（13）：150-155.

武藤功．ささやかなこと一つ二つ—大江健三郎の短篇『飼育』に即して．葦牙，2002（28）：154-189.

王新新．大江健三郎における中国：1960 年中国旅行をめぐって．比較文学・文化論集，2002（19）：1-12.

大江山健八．もぬけのカラになった「戦後民主主義」の申し子—大江健三郎の「同時多発テロ」評論．新世紀，2002（197）：62-71.

加藤典洋．現代小説論講義（9）大江健三郎『取り替え子（チェンジリング）』（後編）．一冊の本，2002（3）：42-47.

加藤典洋．現代小説論講義（8）大江健三郎『取り替え子（チェンジリング）』（中編）．一冊の本，2002（2）：37-42.

加賀乙彦．その後の大江健三郎—『言い難き嘆きもて』と『鎖国してはならない』をめぐって．群像，2002（2）：198-204.

加藤典洋．現代小説論講義（7）大江健三郎『取り替え子（チエンジリング）』（前編）．一冊の本，2002（1）：38-42.

小森陽一．歴史認識と小説—大江健三郎論（9）．群像，2002（1）：374-401.

魏浦嘉．〈他者の目〉—大江健三郎初期作品を中心に．人間文化研究年報，2002（26）：31-37.

石田一真．大江健三郎とジャック・ケルアック：『われらの時代』と On the Road（『路上』）についての考察．人文学論叢，2002（4）：217-228.

一條孝夫．大江健三郎における谷崎潤一郎．人間文化学部研究年報，2002（4）：50-64.

横田信恵．大江健三郎『人生の親戚』論—誰が彼女を語るのか．キリスト教文学研究，2002（19）：90-100.

大塚英志．サブカルチャー/文学論（2）『文学』である大江健三郎と『サブカルチャー』である村上春樹の間に線引きし、小説家はどこで人殺しをするべきなのかを考える．小説 tripper，2002（夏季）：176-186.

小山敏夫．大江健三郎の「宇宙モデル」とウィリアム・フォークナーの「ヨクナパトウファ」．外国語・外国文化研究，2001（12）：19-51.

小森陽一．歴史認識と小説—大江健三郎論（8）．群像，2001（13）：324-342.

渡部直己．大江健三郎の（無）頓着をよぎるもの－日本「68年代」小説論（3）．群像，2001（13）：212-240．

高澤健三．大江健三郎『奇妙な仕事』（第50回全国集会の記録/ゼミナール（2））．文学と教育，2001（193）：29-44．

小森陽一．歴史認識と小説－大江健三郎論（7）．群像，2001（12）：322-341．

小森陽一．歴史認識と小説－大江健三郎論（6）．群像，2001（11）：278-293．

平岡敏夫．ノーベル文学賞授与機関訪問：川端康成・大江健三郎にふれて（子午線）．日本文学，2001（9）：64-65．

福田和也．大江健三郎と自殺者たち．文学界，2001（9）：136-149．

小森陽一．歴史認識と小説－大江健三郎論（5）．群像，2001（9）：306-323．

川本三郎．大江健三郎の魅力—若い人のために．青春と読書，2001（8）：26-28．

山内久明．大江健三郎－魂の救い主を求めて．国際文化会館会報，2001（1）：1-21．

小森陽一．歴史認識と小説－大江健三郎論（4）．群像，2001（8）：198-217．

山根献．本・文学と思想 死者との対話が紡ぐ受難と復活の物語—大江健三郎『取り替え子チェンジリング』．葦牙，2001（27）：134-137．

山根献．アレゴリーとしての大江健三郎の小説の作り方．葦牙，2001（27）：53-72．

小森陽一．歴史認識と小説－大江健三郎論（3）．群像，2001（7）：202-219．

小森陽一．歴史認識と小説－大江健三郎論（2）．群像，2001（6）：296-318．

小森陽一．歴史認識と小説－大江健三郎論（1）．群像，2001（5）：216-233．

渡部直己．ノーベル賞作家の「アレ」が二重橋作家の「何か」を下回るとき－大江健三郎『取り替え子（チェンジリング）』を読む．早稲田文学，2001（2）：64-73．

一條孝夫．大江健三郎の〈自己探検〉の旅程．こだはら，2001（23）：3-8．

依田由紀子．大江健三郎『万延元年のフットボール』－「新生活」について．日本文学論叢，2001（30）：10-19．

山城むつみ．追憶と反復－大江健三郎『取り替え子 チェンジリング』を読む．群像，2001（3）：178-192．

小林恵子．大江健三郎とブレイク（5）．立命館文學，2001（567）：417-438．

和田逸夫．評論 現代文学にみる「宗教」—立松和平・村上春樹・大江健三郎の最近作から．民主文学，2001（424）：186-204．

川本三郎．芸術家の自死と再生－大江健三郎『取り替え子』（チエンジリング）を読む．文学界，2001（2）：242-247．

中村三春．ホモセクシュアル－大江健三郎『セヴンティーン』（小説）/三島由紀夫『禁色』（小説）．国文学：解釈と教材の研究，2001（3）：107-109．

奥山倫明．エリアーデから大江健三郎へ—エピファニーをめぐって．アカデミア 人文・

社会科学編，2001（72）：438-419.
藤本拓自．文学作品における共感覚表現について－大江健三郎『万延元年のフットボール』を中心に．言語文化学会論集，2001（17）：129-143.
Heal Louise．神話あるいは政治？－大江健三郎「不意の唖」における神話的比喩と戦後の暗喩．椙山女学園大学文化情報学部紀要，2001（1）：3-9.
飯塚香苗．大江健三郎『個人的な体験』論－鳥の決断とモラルをめぐって．東洋大学大学院紀要，2001（38）：77-93.
伊藤久美子．大江健三郎「懐かしい年への手紙」から「宙返り」まで－作品内年表を通して読む《大いなる物語》．昭和女子大学大学院日本文学紀要，2001（12）：61-71.
小浜逸郎．名作と人生 神話の復活 飼育-大江健三郎．健康保険，2000（10）：14-17.
児島正幸．大江健三郎初期作品論－意識的な移動．帝京国文学，2000（7）：455-474.
ポール・スミンキー．戦後文学に見えるアメリカの日本統治下における庶民感情に関する分析：大江健三郎著「不意の唖」・「人間の羊」，小島信夫著「アメリカンスクール」，野坂昭如著「アメリカひじき」を中心に．鹿屋体育大学学術研究紀要，2000（24）：27-33.
趙美京．大江健三郎の〈他者〉表象：『青年の汚名』をめぐって．日本語と日本文学，2000（31）：43-55.
山根献．大江健三郎の「転向」論－メシア的ユートピア主義と背教の思想．葦牙，2000（26）：86-115.
大野登子．大江健三郎「死者の奢り」論．玉藻，2000（36）：108-120.
渡邊廣士．渡邊廣士 最終講義 文学・西と東—三島由紀夫と大江健三郎の場合．法政大学多摩論集，2000（16）：11-26.
須山静夫．アメリカ文学と日本文学の一つの接点—フラナリー・オコナーと大江健三郎．キリスト教と諸学，2000（15）：73-89.
芳澤鶴彦．魂のこと．武蔵野女子大学文学部紀要，2000（1）：79-98.
Melanowicz Mikolaj．文学の役割と可能性、その破綻と救済のイメージ—安部公房と大江健三郎を中心に．人文社会科学論叢，2000（9）：23-30.
勝野まり子．続「物語る」小説家、D. H. ロレンスと大江健三郎．日本橋女学館短期大学紀要，2000（13）：85-100.
横田信恵．大江健三郎『宙返り』論．キリスト教文学研究，2000（17）：65-71.
小野功生．大江健三郎『宙返り』における R. S. トマス．キリスト教文学研究，2000（17）：54-64.
奥野政元．『宙返り』を読む．キリスト教文学研究，2000（17）：46-53.

井原慶一郎．大江健三郎とディケンズー『キルプの軍団』を中心に．人文学科論集，2000（51）：179-196.

レッドフォード スティーヴ．地獄に行くことによる自己救済：マーク・トウェインの『ハックルベリー・フィン』と大江健三郎の『不満足』について．静岡大学教育学部研究報告人文・社会科学篇，2000（51）：193-201.

三輪是法．書評/大江健三郎『宙返り』を読む―宙返りの着地点〈福神の素〉．福神，1999（2）：70-74.

洪珍熙．大江健三郎と金芝河の文学における民主主義の意味．日本語・日本文化研究，1999（9）：95-106.

武藤康史．解題―大江健三郎も読んでた江藤淳の小説．文学界，1999（11）：100-109.

北原耕也．大江健三郎『宙返り』を読む．民主文学，1999（408）：124-130.

福田和也．何のための敬虔さか―小説家大江健三郎氏の安全地帯．文学界，1999（10）：148-163.

沼野充義．魂のことをする場所としての小説．文学界，1999（10）：136-146.

團野光晴．『ヒロシマ・ノート』とナショナリズム―60年代と大江健三郎の問題．昭和文学研究，1999（39）：41-52.

尾崎真理子．大江健三郎の「宙返り」＝転向．中央公論，1999（8）：282-289.

川村湊．大江健三郎から島田雅彦へ―文学の時代精神．国文学，1999（9）：35-39.

渡部直己．不敬文学論序説（最終回）大江健三郎から中上健次へ．批評空間，1999（21）：205-225.

佐藤博美．大江健三郎「飼育」論：回想された「僕」の心理変化．盛岡大学日本文学会研究会報告，1999（7）：50-61.

石橋紀俊．大江健三郎『芽むしり仔撃ち』論―生成する記憶．日本アジア言語文化研究，1999（6）：58-79.

西部邁．「大江健三郎言語」の異常感覚 夜更けのちゃるめら．新潮，1999（3）：288-293.

山下若菜．〈開かれた自己否定〉に向けて―70年前後・大江の試行．昭和文学研究，1999（38）：84-96.

吉岡亮．大江健三郎『万延元年のフットボール』―発話・共同体・歴史．国語国文研究，1999（111）：29-46.

大野登子．大江健三郎『万延元年のフットボール』論．フェリス女学院大学日文大学院紀要，1999（6）：37-52.

佐藤泰正．〈最後の小説〉に至るまで―遠藤周作と大江健三郎．新潮，1999（1）：316-338.

大江健三郎. 新しいメディアの「文体」. 論座, 1998 (43): 185-191.
小林恵子. 大江健三郎とブレイク (4). 立命館文學, 1998 (557): 445-457.
加藤節. 思想としての沖縄—デモクラシ-とミリタリズムとの間. 世界, 1998 (653): 42-55.
松岡直美. 現代社会と第二次世界大戦—大江健三郎とトーマス・ピンチョンのパラノイア小説. 国際関係研究 国際文化編, 1998, 19 (1): 111-125.
伊熊よし子. 大江健三郎 "新しい" 大江光の音楽を語る. 音楽の友, 1998 (7), 32+144-145.
立松和平. 大江健三郎『私という小説家の作り方』. 新潮, 1998 (6): 212-213.
島村輝.「人と作品」という枠—大江健三郎をめぐる近年の研究書から. 日本近代文学, 1998 (58): 172-178.
川口隆行. 翻訳不可能性の戦略：大江健三郎「あいまいな日本の私」についての検討. 広島大学日本語教育学科紀要, 1998 (8): 121-128.
武田康雄. フラナリー・オコナー作「川」解釈試論—洗礼, グレイスそして大江健三郎. 環太平洋研究, 1998 (1): 69-79.
山根献. 大江健三郎の美学とイデオロギー—「燃えあがる緑の木」を読む. 葦牙, 1998 (24): 112-141.
Vincent James Keith. 大江健三郎と三島由紀夫の作品におけるホモファシズムとその不満. 竹内孝宏訳. 批評空間, 1998 (16): 129-154.
やまだようこ, 南博文. 人生なかばーふたつながら生きる 19「大江健三郎」と「アジアの想像力」. 発達, 1998 (73): 74-81.
川口隆行. 大江健三郎『個人的な体験』論—「家父長的想像力」の臨界点. 広島大学教育学部紀要第二部, 1998 (47): 201-210.
市川慎一. Oe Kenzaburo, premio Nobel de Literatura 1994, visto por un contemporaneo Japones. 早稲田大学大学院文学研究科紀要 第 2 分冊, 1998 (44): 19-32.
臧世俊. 大江健三郎熱と庶民思想. 曙光, 1997 (8): 27-30.
渡辺正敏. ノーベル賞作家大江健三郎の障害者像：映画「静かな生活」の鑑賞を通して. パイデイア 教育実践研究指導センター紀要, 1997 (2): 95-105.
小林恵子. 大江健三郎とブレイク (3). 立命館文學, 1997 (551): 381-402.
劉光宇. 大江健三郎における〈核〉の主題. 人文論究, 1997 (2): 111-118.
柴田勝二. 大江健三郎と沖縄. 敍説, 1997 (15): 163-169.
高柳俊一.『燃えあがる緑の木』第 3 部「大いなる日に」—イェイツの詩的ヴィジョンの追求と大江健三郎の小説世界. キリスト教文学研究, 1997 (14): 123-129.

小野功生. 「大きい物語」・「言いはる」・「福音書」—大江健三郎『揺れ動く〈ヴァシレーション〉』を読む. キリスト教文学研究, 1997（14）: 116-122.

東口昌央. 大江健三郎『われらの時代』論—左翼と右翼のはざまで. 文月, 1997（2）: 47-57.

上島健吉. 政治と文学とあいまいな言語—大江健三郎氏と W. B. Yeats-. Aurora, 1997（1）: 45-54.

布施英利. 脳の中のブンガク 12 大江健三郎の「強姦殺人」. すばる, 1997（4）: 198-206.

中村泰行. 「普遍的な文学」とリアリズム—大江健三郎と柄谷行人の対談を読んで. 民主文学, 1997（378）: 122-129.

菊池章一. 文学の 50 年あれこれ 16 大江健三郎の世界. 新日本文学, 1997（2）: 80-92.

川口隆行. 「セヴンティーン」・「政治少年死す」論—「純粋天皇」の考古学. 国文学攷, 1997（153）: 33-44.

木原誠. W. B. イェイツと大江健三郎の揺れ動く想像力. 久留米大学外国語教育研究所紀要, 1997（4）: 131-150.

沼野充義. 世界の中の大江健三郎. 国文学：解釈と教材の研究, 1997（3）: 198-203.

栗坪良樹. 大江健三郎の肖像—またはその発言をめぐる光景. 国文学：解釈と教材の研究, 1997（3）: 192-197.

井口時男. 大江健三郎の評論・エッセイ—代表することの不可能性と不可避性. 国文学：解釈と教材の研究, 1997（3）: 186-191.

川村湊. 『燃えあがる緑の木』三部作—アムビギュアスな世界. 国文学：解釈と教材の研究, 1997（3）: 154-160.

島村輝. 『静かな生活』—〈ファミリー・ロマンス〉を超えて. 国文学：解釈と教材の研究, 1997（3）: 147-153.

榎本正樹. 『治療塔』『治療塔惑星』—境界線上の文学. 国文学：解釈と教材の研究, 1997（3）: 140-146.

富岡幸一郎. 『人生の親戚』—救済のイメージ. 国文学：解釈と教材の研究, 1997（3）: 134-139.

川本三郎. 『キルプの軍団』—忠叔父さんの浮力. 国文学：解釈と教材の研究, 1997（3）: 128-133.

山田有策. 『懐かしい年への手紙』—「僕」と「ギー」の物語. 国文学：解釈と教材の研究, 1997（3）: 121-127.

亀井秀雄. 『M/T と森のフシギの物語』—伝達構造の物語. 国文学：解釈と教材の研究, 1997（3）: 114-120.

宗像和重.『河馬に噛まれる』－笑の本願. 国文学：解釈と教材の研究, 1997（3）：107-113.

中島国彦.『新しい人よ眼ざめよ』－ある実体化の軌跡. 国文学：解釈と教材の研究, 1997（3）：100-106.

根岸泰子.『「雨の木（レイン・ツリ-）」を聴く女たち』—メタファ-の受胎とその死まで. 国文学：解釈と教材の研究, 1997（3）：93-99.

十重田裕一.『同時代ゲ-ム』—「第一の手紙」・書くことの端緒と身体イメ-ジ. 国文学：解釈と教材の研究, 1997（3）：86-92.

赤塚正幸.『ピンチランナ-調書』－消えてしまった「僕」の物語. 国文学：解釈と教材の研究, 1997（3）：79-85.

田中励儀.『洪水はわが魂に及び』－物語の成立に向けて. 国文学：解釈と教材の研究, 1997（3）：72-78.

和田博文.『われらの狂気を生き延びる道を教えよ』－ラビリンスへと増殖する小説言語. 国文学：解釈と教材の研究, 1997（3）：66-71.

佐藤秀明.『万延元年のフットボ-ル』－転移する暴力. 国文学：解釈と教材の研究, 1997（3）：59-65.

中丸宣明.『性的人間』－過渡期の様相. 国文学：解釈と教材の研究, 1997（3）：52-58.

石原千秋.『叫び声』『個人的な体験』－反転する帝国. 国文学：解釈と教材の研究, 1997（3）：45-51.

紅野謙介.『われらの時代』－クリ-シェの森. 国文学：解釈と教材の研究, 1997（3）：38-44.

小森陽一.『芽むしり仔撃ち』－差別と排除の言説システム. 国文学：解釈と教材の研究, 1997（3）：31-37.

曽根博義.『死者の奢り』－「僕」のナラティヴ. 国文学：解釈と教材の研究, 1997（3）：24-30.

福田和也. 大江健三郎氏と魂の問題, あるいは如何にして21世紀に小説を読みうるのか. 新潮, 1997（1）：296-322.

安徳軍一. 想像力的コスモロジィ－大江健三郎はわれらの同時代人（その二）. 北九州大学文学部紀要, 1997（55）：15-44.

森野豊. 大江健三郎『飼育』と post-colonial：鈍色のユートピアの彼方. 大阪大学言語文化学, 1997（6）：145-157.

村瀬良子. 大江健三郎と武満徹－交流の初期における内的呼応. 国文学攷, 1996（152）：35-49.

山影隆. 大江健三郎『新しい人よ目ざめよ』と『懐かしい年への手紙』におけるブレイクとダンテの引用詩句とその用法. 人文科學研究, 1996 (92): 95-122.

大野登子. 大江健三郎研究：『万延元年のフットボール』を中心に. 玉藻, 1996 (32): 82-93.

横田信恵. 大江健三郎『燃えあがる緑の木』論：「弱き者」としての自己認識. フェリス女学院大学日文大学院紀要, 1996 (4): 43-51.

津田孝. 大江健三郎「沖縄ノート」. 民主文学, 1996 (370): 108-111.

安徳軍一. 大江健三郎『懐かしい年への手紙』とダンテ『神曲』との交響－ダンテ的想像力に導かれて（その1）. 北九州大学文学部紀要, 1996 (53): 23-91.

芳川泰久. 魂と暗喩・小説家の回心について—大江健三郎論. 新潮, 1996 (6): 236-257.

勝又浩. 〈展望（文学界）〉川端康成と大江健三郎. 日本文學誌要, 1996 (53): 52-53.

奥村英司. 神なき時代の巫女－大江健三郎「もうひとり和泉式部が生まれた日」をめぐって. 鶴見大学紀要 第1部 国語国文学編, 1996 (33): 163-174.

平野栄久. ドイツ語圏における大江健三郎とその文学（2）：S. シャールシュミットのドイツ語訳の検討を中心に. 姫路獨協大学一般教育部紀要, 1996 (1): 23-36.

アッタナズィオ ドナテッラ. 大江健三郎の西洋での受容. 同志社国文学, 1996 (44): 25-35.

大隅満. 続・宮沢賢治と大江健三郎. 宮沢賢治研究アニュアル, 1996 (6): 287-294.

芳沢鶴彦. なぜ言葉か（2）大江健三郎の「魂」. 武蔵野女子大学紀要, 1996 (1): 91-105.

大西貢. 伊丹万作と大江健三郎との接点－危険の感覚と創作衝動. 愛媛大学法文学部論集 文学科編, 1996 (31): 1-29.

松島正一. ブレイクと近代日本：柳宗悦と大江健三郎の場合. 学習院大学文学部研究年報, 1996 (42): 159-174.

村瀬良子. 大江健三郎の出発点－『奇妙な仕事』の《監禁》状態. 近代文学試論, 1995 (33): 52-63.

平野栄久. ドイツ語圏における大江健三郎とその文学（1）. 姫路獨協大学一般教育部紀要, 1995 (2): 1-16.

高橋信之. トーマス・マンと三島由紀夫そして大江健三郎—「時代を超えた人間性」を求めて. ドイツ文学論集, 1995 (28): 9-16.

芳川泰久. 前略, 大江健三郎様－地形図的倒錯をめぐる「懐かしい年への手紙」への手紙. 早稲田文学, 1995 (233): 40-51.

石橋紀俊.大江健三郎『個人的な体験』論—〈赤〉色・身体・間-テクスト性あるいは事前性.論樹,1995(9):127-144.

佐藤静夫.中村泰行「大江健三郎文学の軌跡」と50年目の戦後.民主文学,1995(358):124-127.

中村弓子.阪神大震災と大江健三郎講演「癒される者」.幼児の教育,1995(8):28-31.

大杉重男.最後の小説と小説の最後.早稲田文学,1995(230):53-57.

富岡幸一郎.「小説」と「大説」.早稲田文学,1995(230):48-52.

伊東貴之.「懐かしい年」からの異見書—大江健三郎と吉行淳之介,または「戦後民主主義」のあり得べき「再生(リハビリ)」のために.早稲田文学,1995(230):16-23.

井口時男.森の谷間の柳田国男.早稲田文学〔第8次〕,1995(230):8-15.

室井光広.「大いなる日に—燃えあがる緑の木 第3部」大江健三郎—めんどしい救済.文学界,1995(7):252-255.

乙部宗徳.それは励ましをあたえるものになりえたか—大江健三郎「燃えあがる緑の木」について.民主文学,1995(354):120-126.

三木朋子.いつまでも「回心しない戦後民主主義者」として—「あいまいな日本の私」を貫く大江健三郎の思想.民主文学,1995(354):127-131.

山村葉子.大江健三郎作品ノトより.新日本文学,1995(4):74-78.

奥平康弘.憲法研究者からの,ひとつの鑑賞.文学,1995(2):78-91.

成田龍一.方法としての記憶—1965年前後の大江健三郎.文学,1995(2):63-77.

小森陽一.森の中の谷間の村—「乗越え点」の修辞学—「万延元年のフットボール」の冒頭分析.文学,1995(2):54-62.

西永良成.「あいまいな日本の私」をめぐって.文学,1995(2):50-53.

山内久明.ことばの文脈—「アムビギュアス」と「ディ-セント」.文学,1995(2):47-50.

森泰彦.音楽小説としての一面—「みずから我が涙をぬぐいたまう日」補注.文学,1995(2):38-42.

新川明.大江健三郎と「沖縄」と.文学,1995(2):35-37.

宇沢弘文.大江健三郎,安部公房,レオン・フェスティンガー.文学,1995(2):31-34.

上田敏.「障害の受容」から「救済」,「癒し」へ—リハビリテ-ション医が読んだ大江文学.文学,1995(2):27-30.

二宮正之.大江健三郎の「美しい月」 または,言葉と現実.文学,1995(2):2-7.

川口隆行. 大江健三郎「飼育」論：身体〉を軸として. 広島大学日本語教育学科紀要，1995（5）：105-112.
本田和子. 『新しい人よ眼ざめよ』：大江健三郎　ふたたび. 幼児の教育，1995（3）：17-23.
上田正行. 大江健三郎の評論. 金沢大学国語国文，1995（20）：63-70.
D′Arcier Bernard Faivre，石井晴一. 人文主義者（ユマニスト）大江健三郎. 世界，1995（603）：202-205.
山住正己. 大江健三郎作品の普遍性－戦後50年と教育. 教育，1995，45（1）：6-14.
伊藤昇. 初期大江健三郎の作品における物語の構造と語りの方法：『万延元年のフットボール』を中心に. 言文，1995（43）：74-82.
深石一夫. 大瀬の自然誌－大江文学への自然地理学的アプロ-チ. 文學，1995（2）：16-26.
丘沢静也. 光があった。救い。. 文學，1995（2）：8-15.
中村亮二. 言葉の砦－フランスでの大江健三郎. 中央公論　文芸特集，1994（4）：327-331.
乙部宗徳[他]. 大江健三郎の文学世界. 民主文学，1994（349）：96-106.
久世光彦. 眩しい少年たち. 文芸春秋，1994（16）：173-179.
黒井千次. 未知の人としての大江健三郎. 文芸春秋，1994（16）：170-173.
堤康徳. イタリア－サルトルに熱中したサムライの息子. 文学界，1994（12）：265-267.
池田香代子. ドイツ－ラディカルな作家の良心. 文学界，1994（12）：262-265.
杉里直人. ロシア－翻訳王国での読みかえ. 文学界，1994（12）：259-262.
大熊栄. イギリス－戦後日本の「日本的なるもの」. 文学界，1994（12）：257-259.
越川芳明. アメリカ－「閉鎖性」という誤解. 文学界，1994（12）：253-257.
鈴村和成. フランス―ユマニスト・大江. 文学界，1994（12）：250-253.
沼野充義. 「小説の方法」に導かれて－われらの大江から世界のオ-エへ. 文学界，1994（12）：226-235.
川本三郎. 空中に浮かぶアグイ-を求めて－大江健三郎のオデッセイ. 文学界，1994（12）：216-225.
立花隆. イ-ヨ-と大江光の間. 文学界，1994（12）：206-215.
ミヨシ　マサオ. 歴史と思考の文脈と作家－大江健三郎の話相手. 世界，1994（602）：257-262.
島弘之. 大江健三郎の現在. 新潮，1994（12）：218-221.
小森陽一. 「揺れ動く〈ヴァシレ-ション〉－燃えあがる緑の木　第 2 部」大江健三郎－せめぎあう言葉の求心化と遠心化. 文学界，1994（11）：264-268.

山内久明.「揺れ動く（ヴァシレ-ション）―燃えあがる緑の木 第 2 部」大江健三郎―イェ-ツに導かれて. 新潮, 1994（10）: 182-185.

富岡幸一郎.「しるし」としてのプロロ-グ. 早稲田文学, 1994（215）: 45-49.

井口時男. カジはドストエフスキ-をほんとうに読んだか. 早稲田文学, 1994（215）: 40-44.

石川巧. カリエスの亜空間―大江健三郎「他人の足」論. 山口国文, 1994（17）: 60-73.

青山恵子. 日本におけるウィリアム・ブレイク受容の一断面（1）: 大江健三郎そして明治・大正期のブレイク移入. 学習院女子短期大学紀要, 1994（32）: 189-209.

塚谷裕一. 果物の文学誌 4 素顔のマンゴ-描く大江健三郎「雨の木」. 科学朝日, 1993（4）: 60-63.

横田信恵. 大江健三郎論: 神なき時代での挑戦. 玉藻, 1993（29）: 67-76.

真田桂子. 大江健三郎の『飼育』とアンヌ・エベールの『木の部屋』: 共通のモチーフである「閉塞状況」をめぐって. 立命館言語文化研究, 1993（4）: 89-102.

桑原丈和. 大江健三郎「芽むしり仔撃ち」論―〈自己〉のための戦いを選んだ「僕」. 国語国文研究, 1992（92）: 45-56.

川本三郎.「僕が本当に若かった頃」大江健三郎―動き続ける新しい過去を再検討する. 文学界, 1992（9）: 250-255.

小林孝吉. 宇宙意志の解読とエコロジ―大江健三郎「治療塔」「治療塔惑星」. 新日本文学, 1992（7）: 102-111.

小森陽一. 未来の経験―大江健三郎「治療塔」と「治療塔惑星」をめぐって. 文学, 1992（2）: 20-27.

中村泰行. 大江健三郎―30 年の軌跡 3. 化評論, 1991（371）: 192-219.

鈴村和成. 読む人の発見―大江健三郎とモデルたち. すばる, 1991（10）: 210-225.

三浦健治. 大江健三郎の日常と近未来―「静かな生活」と「治療塔」の交錯. 民主文学, 1991（309）: 134-143.

中村泰行. 大江健三郎―30 年の軌跡 中. 文化評論, 1991（367）: 164-190.

桑原丈和. 大江健三郎「個人的な体験」論―決断するということ. 国語国文研究, 1991（89）: 15-33.

中村泰行. 大江健三郎―30 年の軌跡 上. 文化評論, 1991（365）: 146-169.

山田有策. 大江健三郎―もうひとり和泉式部が生れた日. 国文学: 解釈と鑑賞, 1991（4）: 145-150.

柴田勝二. 彼岸の浮上: 大江健三郎『個人的な体験』について（〈特集〉国文学）. 山口国文, 1991（14）: 12-22.

柴田勝二. 幻視される自然－大江健三郎「洪水はわが魂に及び」について. 山口大学文学会誌, 1990（41）：103-123.

川本三郎. 青の幻影 1 シェルタ-から癒しの塔へ－大江健三郎の新しい明るさ. 文学界, 1990（10）：170-180.

小林恵子. 大江健三郎とブレイク 2. 立命館文學, 1990（517）：557-574.

栗坪良樹.「生き方の定義 再び状況へ」－大江健三郎の信仰. 国文学：解釈と教材の研究, 1990（8）：119-123.

島村輝.「小説のたくらみ, 知の楽しみ」「新しい文学のために」. 国文学：解釈と教材の研究, 1990（8）：114-118.

古橋信孝.「人生の親戚」論—私小説の方法と世界の終末・救済. 国文学：解釈と教材の研究, 1990（8）：108-113.

花田俊典.「キルプの軍団」批評－大江健三郎, この項つづく. 国文学：解釈と教材の研究, 1990（8）：101-107.

小森陽一.「懐かしい年への手紙」—生き生きした記憶（ヴィヴィッド・メモリ-）としての小説. 国文学：解釈と教材の研究, 1990（8）：93-100.

樫原修.「M/T と森のフシギの物語」－〈語り方（ナラテイヴ）の問題〉について. 国文学：解釈と教材の研究, 1990（8）：86-92.

山田有策.「河馬に嚙まれる」－事実と虚構. 国文学：解釈と教材の研究, 1990（8）：80-85.

高橋亨.「いかに木を殺すか」－「大いなる女たち」の物語にむけて. 国文学：解釈と教材の研究, 1990（8）：72-78.

紅野謙介.「新しい人よ眼ざめよ」－方法としての「イ-ヨ-」. 国文学：解釈と教材の研究, 1990（8）：66-71.

中島国彦.『「雨の木」（レイン・ツリ-）を聴く女たち』へのアプロ-チ—見ること, 聴くこと, 感じること. 国文学：解釈と教材の研究, 1990（8）：60-65.

佐藤泰正. 大江健三郎—その宗教性を軸として—「洪水はわが魂に及び」以後・80 年代の展開をめぐって. 国文学：解釈と教材の研究, 1990（8）：29-37.

野谷文昭. メヒコの大抜け穴を抜けて. 国文学：解釈と教材の研究, 1990（8）：22-28.

小松和彦. 懐かしい年への回帰. 国文学：解釈と教材の研究, 1990（8）：16-21.

川本三郎.「治療塔」へ－恐怖のフォ-クロア. 国文学：解釈と教材の研究, 1990（8）：12-15.

菅野昭正. 苦痛との和解について. 国文学：解釈と教材の研究, 1990（8）：6-11.

中岡哲郎. メキシコ再訪 3 大江健三郎と「おゆきの罪」. 潮, 1990（374）：143-153.

清水伊津代. トマス・ハーディと大江健三郎：『日陰者ジュードと人生の親戚』におけ

る魂の救済. 文学・芸術・文化：近畿大学文芸学部論集, 1990（1）：352-390.
榎本正樹. 大江健三郎と言語の音楽. 国文学：解釈と教材の研究, 1990（2）：122-124.
ルネ・ドゥ・セカティ, 中村亮二. 大江健三郎－小説空間の無数の地層. 新潮, 1990（1）：254-257.
島村輝. 森の谷間の「歌のカケハシ」：大江健三郎「もうひとり和泉式部が生れた日」をめぐって. 日本文学, 1989, 38（10）：47-56.
川本三郎. 「悲しみは物みなを親密にする」－大江健三郎「人生の親戚」を読む. 文学界, 1989（7）：218-223.
吉田俊彦. 『飼育』（大江健三郎）考. 岡山県立短期大学研究紀要, 1989（1）：1-9.
津島佑子. 「人生の親戚」大江健三郎－人生と小説. 新潮, 1989（6）：286-289.
助川徳是. 「万延元年のフットボール」〈大江健三郎〉. 国文学：解釈と鑑賞, 1989（6）：158-161.
フィールドノーマ. ネイティヴとエイリアン・汝と我—大江健三郎の神話・近代・虚構. 島弘之訳. 文学界, 1989（1）：308-319.
越智良二. 大江健三郎「飼育」私解－付, 高校時代の詩「別れ」に就て. 愛媛国文研究, 1989（39）：56-69.
柴田勝二. 物としての生命：大江健三郎の出発. 山口国文, 1989（12）：68-79.
柴田勝二. 二重の不在－大江健三郎における性. 山口大学文学会誌, 1988（39）：103-122.
菅野昭正. 根拠地の思想－大江健三郎「懐かしい年への手紙」をめぐって. 群像, 1988（12）：176-192.
立石伯. イデアの誘惑：大江健三郎『懐かしい年への手紙』論. 日本文學誌要, 1988（39）：8-15.
小林恵子. 大江健三郎とブレイク1. 立命館文學, 1988（506）：483-495.
中村泰行. 大江健三郎「懐かしい年への手紙」論－「回心」の意味を中心に. 民主文学, 1988（269）：130-142.
笠井潔. 「思わせぶり」のレトリック. 早稲田文学, 1988（142）：93-97.
島弘之. あの人を見ながらこの人を見よ. 早稲田文学, 1988（142）：88-92.
橘川俊樹. 大江健三郎「奇妙な仕事」：犬殺しの歌. 稿本近代文学, 1988（11）：165-173.
池内紀. 絶えざる問いの試み－大江健三郎「懐かしい年への手紙」. 文学界, 1987（12）：316-322.
島田雅彦. 「懐かしい年への手紙」大江健三郎－トランスパーソナルな小説空間. 新潮, 1987（12）：192-195.

井口時男. オイディプスの言葉-大江健三郎論. 群像, 1987（11）: 182-198.

川端香男里.「M/T と森のフシギの物語」大江健三郎-「時」と「再生」のメルヘン. 新潮, 1987（3）: 220-223.

本多勝一. 大江健三郎氏に要求する（貧困なる精神）. 潮, 1987（334）: 164-169.

藤田敏明. 大江健三郎の二種類の軍隊：否定形と肯定形. 文学研究論集, 1987（2）: 52-64.

牛久保建男.「悲傷感」をささえるもの-大江健三郎「河馬に噛まれる」をめぐって. 民主文学, 1986（252）: 119-126.

筒井康隆. 新しい自己照射の試み-大江健三郎「河馬に噛まれる」. 文学界, 1986（3）: 294-299.

大江健三郎. 戦後文学から今日の窮境まで-それを経験してきた者として（戦後日本精神史の再検討）. 世界, 1986（486）: 238-248.

根本弘美. 大江健三郎論：『個人的な体験』を中心に. 弘前大学近代文学研究誌, 1986（1）: 51-54.

中村与志也. 大江健三郎論：『万延元年のフットボール』と両義性. 日本文學誌要, 1985（33）: 64-76.

宮内俊介. 大江健三郎「新しい人よ眼ざめよ」. 国文学：解釈と教材の研究, 1985（12）: 124-126.

磯貝英夫.「ヒロシマ・ノート」大江健三郎. 国文学：解釈と鑑賞, 1985（9）: 138-142.

森与志男. 神話的世界における死と再生-大江健三郎「いかに木を殺すか」を読む. 民主文学, 1985（235）: 106-111.

津島佑子.「東京」と「女性」について-大江健三郎「いかに木を殺すか」. 文学界, 1985（4）: 152-159.

板倉正. 大江健三郎論-「芽むしり仔撃ち」の位置. 日本文学研究, 1985（24）: 84-92.

秋里三和子. 書評『罪のゆるし』のあお草. 神戸海星女子学院大学・短期大学研究紀要, 1985（24）: 47-52.

松島正一. ブレイクの〈誤読〉-大江健三郎のブレイク受容まで. 国学院雑誌, 1984（10）: 59-80.

柘植光彦. 大江健三郎と筒井康隆-幻想の現在. 国文学：解釈と教材の研究, 1984（10）: 120-123.

白川正芳.「万延元年のフットボール」大江健三郎-ここ過ぎて象徴の森へ. 国文学：解釈と鑑賞, 1984（6）: 52-60.

絓秀実. 大江健三郎と「同時代」. ユリイカ, 1983（12）: 104-109.

松本徹. 基本の小説－大江健三郎，中上健次の近作を中心に. 文学界, 1983（12）: 220-232.

青木保.「他者」の音楽－大江健三郎「新しい人よ眼ざめよ」を読む. 海, 1983（10）: 176-185.

竹田青嗣. 大江健三郎「新しい人よ眼ざめよ」－世界という欲望. 文芸, 1983（9）: 178-188.

奥野健男. 変貌する大江健三郎への遅く眼ざめた関心. 文学界, 1983（9）: 166-174.

三浦雅士. 無力感について－大江健三郎ノオト. 国文学：解釈と教材の研究, 1983（8）: 72-79.

若桑みどり. 家族系統樹（ファミリ-・トリ-）から宇宙木へ―もしくは象徴としての植物的世界. 国文学：解釈と教材の研究, 1983（8）: 63-71.

藤井貞和. 語りとその方法化. 国文学：解釈と教材の研究, 1983（8）: 56-62.

栗原彬. 遡行と再生/アイデンティティ政治－「同時代ゲ-ム」をめぐって. 国文学：解釈と教材の研究, 1983（8）: 52-55.

前田愛. 宇宙論と救済. 国文学：解釈と教材の研究, 1983（8）: 44-51.

中上健次. ジン＝イ-ヨ-の変容―大江健三郎論ノ-ト. 国文学：解釈と教材の研究, 1983（8）: 16-19.

筒井康隆. 極私的大江健三郎論. 国文学：解釈と教材の研究, 1983（8）: 11-15.

武満徹. 眼の背後の暗闇. 国文学：解釈と教材の研究, 1983（8）: 8-10.

小田実. 大江と私. 国文学：解釈と教材の研究, 1983（8）: 6-8.

中村泰行.「雨の木（レイン・ツリ-）」と核状況―大江健三郎『「雨の木（レイン・ツリ-）」を聴く女たち』を読む. 文化評論, 1982（259）: 163-178.

大江健三郎. 水田九八二郎「原爆を読む」－核の戦後史. 文芸春秋, 1982（12）: 271-273.

青木保.「雨の木（レイン・ツリ-）」と「乳の木（ミルク・ツリ-）」―大江健三郎『「雨の木（レイン・ツリ-）」を聴く女たち』について. 海, 1982（10）: 155-167.

ボチャラリジョン. 大江健三郎. 国文学：解釈と教材の研究, 1982（11）: 116-117.

三浦雅士. 大江健三郎－または死と言葉. 文学界, 1982（7）: 154-174.

奥野忠昭.「文学作品の創造的読み方」研究－大江健三郎氏における読みの方向と方法. 学大国文, 1982（25）: 27-47.

大橋健三郎. フォ-クナ-と日本の小説 4 大江健三郎の「村」と「森」. 英語青年, 1981（4）: 252-254.

松本健一. 文学を開く 3〈伝奇〉の試みの破綻－大江健三郎「同時代ゲ-ム」をめぐって. 文芸, 1981（6）: 273-284.

栗坪良樹. 大江健三郎の〈性〉—〈萎縮〉するものの摘発. 国文学：解釈と鑑賞，1981（4）：93-95.

和泉志寿子. 大江健三郎の政治性の「根」. 愛媛国文研究，1981（31）：27-35.

蓮実重彦. 大江健三郎論 7. ユリイカ，1980（12）：231-241.

蓮実重彦. 大江健三郎論 6. ユリイカ，1980（11）：214-223.

蓮実重彦. 大江健三郎論 5. ユリイカ，1980（10）：252-257.

清水徹. 読みごたえのある神話論的小説—大江健三郎「現代伝奇集」. 海，1980（9）：230-232.

蓮実重彦. 大江健三郎論 4. ユリイカ，1980（9）：250-253.

山本哲士. 大江健三郎の神話構造下「同時代ゲ-ム」の象徴世界と想像力の方法. 新日本文学，1980（7）：122-131.

岩井諭. 想像力のありか—大江健三郎序説. 国学院雑誌，1980（7）：39-48.

山本哲士. 大江健三郎の神話構造上「同時代ゲ-ム」の象徴世界と想像力の方法. 新日本文学，1980（5）：70-79.

山野浩一. 大江健三郎の三作に於けるタイム・トラベル的同時代論. ユリイカ，1980（4）：98-103.

篠原茂. 大江健三郎—母の役割を果たす父. 国文学：解釈と鑑賞，1980（4）：136-140.

蓮実重彦. 大江健三郎論 3. ユリイカ，1980（3）：210-217.

稲田三吉. 大江健三郎と方法の問題 5「同時代ゲ-ム」をめぐって. 民主文学，1980（172）：96-110.

清水三喜雄. 《国家》を撃つ個の想像力—大江健三郎「同時代ゲ-ム」の世界. 文化評論，1980（227）：223-227.

山田有策. 大江健三郎「個人的な体験」の火見子. 国文学：解釈と教材の研究，1980（4）：190-191.

蓮実重彦. 大江健三郎論—垂直の記号と単数性 2. ユリイカ，1980（2）：218-225.

菅野昭正. ゲ-ムの始め，ゲ-ムの終り—大江健三郎「同時代ゲ-ム」. 群像，1980（2）：322-324.

高野斗志美. 大江健三郎著「同時代ゲ-ム」—自由をめぐる死と再生の物語. 潮，1980（249）：334-336.

蓮実重彦. 大江健三郎論—垂直の記号と単数性 1. ユリイカ，1980（1）：218-225.

加賀乙彦. 根源への遡行—大江健三郎「同時代ゲ-ム」を読む. 新潮，1980（1）：262-270.

岩崎宗治. 戦後日本文学の文体：大江健三郎の場合. 言語文化論集，1980（1）：301-317.

稲田三吉. 大江健三郎と方法の問題 4. 民主文学，1979（168）：114-127.
稲田三吉. 大江健三郎と方法の問題 3. 民主文学，1979（167）：104-117.
稲田三吉. 大江健三郎と方法の問題 2. 民主文学，1979（166）：118-131.
稲田三吉. 大江健三郎と方法の問題 1. 民主文学，1979（165）：100-114.
山田有策. 石原慎太郎と大江健三郎－怒れる戦後世代. 国文学：解釈と教材の研究，1979（5）：110-114.
高橋英夫. 小説理論家としての大江. 国文学：解釈と教材の研究，1979（2）：118-125.
篠田浩一郎. 世界把握のメカニズムと「構造」的読み方. 国文学：解釈と教材の研究，1979（2）：110-117.
菊地昌典. 想像力における政治—「ヒロシマ・ノート」「沖縄ノート」を中心に. 国文学：解釈と教材の研究，1979（2）：102-109.
奥野健男. 大江健三郎と道化. 国文学：解釈と教材の研究，1979（2）：98-101.
福島泰樹. われわれの船について答えよ－「洪水はわが魂に及び」をテキストとして. 国文学：解釈と教材の研究，1979（2）：90-97.
川本三郎. 大江健三郎－根源的な無垢. 国文学：解釈と教材の研究，1979（2）：82-89.
磯貝英夫. 農村共同体と都市砂漠－戦後世代のニヒリズム. 国文学：解釈と教材の研究，1979（2）：74-81.
森川達也. 監禁状況の定着－初期作品を中心として. 国文学：解釈と教材の研究，1979（2）：68-73.
平岡敏夫. 大江健三郎における敗戦と民主教育－教科書「民主主義」を中心に. 国文学：解釈と教材の研究，1979（2）：24-30.
川西政明. 大江健三郎，谷間の村の虚構性. 国文学：解釈と教材の研究，1979（2）：19-23.
渡辺広士. 大江健三郎，想像力の出発点. 国文学：解釈と教材の研究，1979（2）：12-18.
大岡昇平. 隣人大江健三郎. 国文学：解釈と教材の研究，1979（2）：8-11.
埴谷雄高. 核時代の文学の力－大江健三郎について. 国文学：解釈と教材の研究，1979（2）：6-7.
蓮実重彦. 大江健三郎論 3 複数の物語＝単数の物語. 文芸，1978（12）：285-299.
勝又浩. 大江健三郎. 国文学：解釈と鑑賞，1978（12）：98-101.
川西政明. 未成の夢－大江健三郎論 7. 群像，1978（10）：234-244.
後藤明生. 小説の構造－大江健三郎「小説の方法」について. 海，1978（10）：180-198.
蓮実重彦. 大江健三郎論 2. 文芸，1978（9）：202-215.

川西政明. 未成の夢－大江健三郎論6. 群像, 1978（9）: 206-217.
川西政明. 未成の夢－大江健三郎論5. 群像, 1978（8）: 331-341.
蓮実重彦. 等号の無限連鎖－大江健三郎論1. 文芸, 1978（7）: 182-195.
川西政明. 未成の夢－大江健三郎論4. 群像, 1978（6）: 330-340.
菊田均. 夢想家の文学. 文芸, 1978（5）: 234-253.
蓮実重彦. 数の祝祭に向けて－大江健三郎論・序説. 文芸, 1978（5）: 218-233.
川西政明. 未成の夢－大江健三郎論3. 群像, 1978（5）: 280-288.
諸田和治. 大江健三郎「死者の奢り」. 国文学: 解釈と鑑賞, 1978（4）: 144-147.
川西政明. 未成の夢－大江健三郎論2. 群像, 1978（4）: 262-276.
川西政明. 未成の夢－大江健三郎論1. 群像, 1978（3）: 200-213.
栗坪良樹. 大江健三郎『ピンチランナー調書』の文体. 国文学: 解釈と教材の研究, 1977（14）: 148-149.
鷲只雄. 大江健三郎「個人的な体験」. 国文学: 解釈と鑑賞, 1977（11）: 113-115.
古谷鏡子. 大江健三郎「ピンチランナ-調書」覚え書. 新日本文学, 1977（5）: 76-85.
柘植光彦. 読みにくさの問題－大江健三郎〈ピンチランナ-調書〉. 文学界, 1977（1）: 250-255.
中野孝次. 希望原理をすくいあげる－大江健三郎著「ピンチランナ-調書」. 潮, 1977（212）: 328-330.
藤居信雄. 再説あいまい表現: 大江健三郎氏の文体. 福岡女子短大紀要, 1976（12）: 63-79.
加賀乙彦. 道化としてのキリスト－大江健三郎「ピンチランナ-調書」. 朝日ジャ-ナル, 1976（52）: 61-63.
清水徹. 二重性の忍耐－大江健三郎「ピンチランナ-調書」について. 中央公論, 1976（12）: 337-347.
月村敏行. 発言 大江健三郎における事実と妄想－大江健三郎「ピンチランナ-調書」. すばる, 1976（26）: 295-299.
渡辺広士. 大江健三郎の軌跡と読者. 思想の科学第6次, 1976（67）: 52-60.
篠原茂. 大江健三郎－意識の重層性と同時性. 国文学: 解釈と鑑賞, 1976（5）: 98-102.
金関寿夫. アメリカ文学と日本の現代文学－大江健三郎の場合. 英語青年, 1976（10）: 454-457.
渡辺小夜子. 大江健三郎論: アイデンティティの探究. 学習院大学国語国文学会誌, 1976（20）: 50-58.
柘植光彦. 習作期の大江健三郎－小説「火山」を中心に. 専修国文, 1975（18）:

57-73.

菊池祐則. 戦後文学と民族の問題－霜多正次, 堀田善衛, 大江健三郎に即して. 民主文学, 1975（114）：89-99.

利沢行夫. 戦後文学の「遺産」－大江健三郎の二重性. 群像, 1975（3）：194-207.

松田政男. 大江健三郎と憲法感覚. 現代の眼, 1975（1）：138-147.

篠原茂. 大江健三郎. 国文学：解釈と鑑賞, 1974（14）：166-173.

栗原幸夫. "だまし絵"としての状況を越えて－大江健三郎「状況へ」, 小田実「状況から」. 朝日ジャーナル, 1974（43）：59-61.

松崎晴夫. 大江健三郎ノート－「洪水はわが魂に及び」を中心に 2. 民主文学, 1974（100）：128-144.

進藤純孝. 大江健三郎. 海, 1974（2）：152-157.

長谷川四郎. 大江健三郎著「洪水はわが魂に及び」上, 下－〈書評〉への最初の試み. 世界, 1974（338）：290-293.

松崎晴夫. 終末観と暴力－大江健三郎「洪水はわが魂に及び」, ほか（文芸時評）. 民主文学, 1973（97）：175-180.

渡辺広士. 終末の幻を見る－大江健三郎著「洪水はわが魂に及び」. 文学界, 1973（12）：178-185.

秋山駿. 社会が空虚をあらわすとき－大江健三郎「洪水はわが魂に及び」をめぐって. すばる, 1973（14）：174-181.

松原新一. 原体験としての戦争－大江健三郎に即して. 国文学：解釈と鑑賞, 1973（11）：90-94.

田中美代子. 同時代者の行方. 海, 1973（8）：158-163.

松崎晴夫. 大江健三郎ノート－三島由紀夫との比較から. 民主文学, 1973（88）：74-90.

渡辺広士. 父を復元する想像力－大江健三郎論. 群像, 1973（3）：184-196.

林利広. 鷹四の「狂気」をめぐって：大江健三郎「万延元年のフットボール」. 国語国文学研究, 1972（7）：18-26.

亀井秀雄. 鬼に関する経験－大江健三郎「鯨の死滅する日」. 群像, 1972（4）：277-278.

松崎晴夫. 七〇年代初頭の大江健三郎－「みずから我が涙をぬぐいたまう日」を中心に. 民主文学, 1972（75）：86-97.

菅孝行. 大江健三郎論－〈辺境〉をめざす言葉. 日本の将来, 1972（1）：232-238.

岡庭昇. 転形期の文学表現－大江健三郎をめぐって. 新日本文学, 1972（2）：121-135.

佐々木基一. 地道なたたかいの記録－重藤文夫, 大江健三郎「対話 原爆後の人間」.

群像，1971（10）：336-338.

津田孝. 沖縄問題と現代の作家—大江健三郎「沖縄ノート」その他. 文化評論，1971（121）：43-54.

霜多正次. 人間の威厳ということ—大江健三郎「ヒロシマ・ノート」にそくして. 民主文学，1971（69）：106-109.

笠原伸夫. 大江健三郎をめぐる同時代批評. 国文学：解釈と鑑賞，1971（8）：123-139.

遠丸立.「ヒロシマ・ノート」—その位置. 国文学：解釈と鑑賞，1971（8）：118-122.

渡辺広士.「万延元年のフットボール」. 国文学：解釈と鑑賞，1971（8）：114-118.

山田博光.「個人的な体験」. 国文学：解釈と鑑賞，1971（8）：110-114.

柘植光彦.「性的人間」. 国文学：解釈と鑑賞，1971（8）：106-110.

栗坪良樹.「日常生活の冒険」. 国文学：解釈と鑑賞，1971（8）：102-106.

千葉宣一.「遅れてきた青年」. 国文学：解釈と鑑賞，1971（8）：98-102.

小久保実.「われらの時代」. 国文学：解釈と鑑賞，1971（8）：94-97.

助川徳是.「見るまえに跳べ」—にがい静寂. 国文学：解釈と鑑賞，1971（8）：89-93.

小笠原克.「芽むしり 仔撃ち」. 国文学：解釈と鑑賞，1971（8）：85-89.

紅野敏郎.「飼育」. 国文学：解釈と鑑賞，1971（8）：81-85.

利沢行夫.「死者の奢り」. 国文学：解釈と鑑賞，1971（8）：78-81.

田中倫郎. ノーマン・メイラーと大江健三郎. 国文学：解釈と鑑賞，1971（8）：72-76.

望月芳郎. ル・クレジオと大江健三郎. 国文学：解釈と鑑賞，1971（8）：68-72.

小川和佑. 大江健三郎と現代詩. 国文学：解釈と鑑賞，1971（8）：66-67.

関井光男. 大江健三郎と江藤淳. 国文学：解釈と鑑賞，1971（8）：64-65.

薬師寺章明. 大江健三郎と開高健. 国文学：解釈と鑑賞，1971（8）：62-63.

大河内昭爾. 大江健三郎と石原慎太郎. 国文学：解釈と鑑賞，1971（8）：60-61.

保昌正夫. 大江健三郎と横光利一. 国文学：解釈と鑑賞，1971（8）：58-59.

高橋英夫. 大江健三郎における文体の特質. 国文学：解釈と鑑賞，1971（8）：51-56.

笠原伸夫. 大江健三郎におけるグロテスクなもの. 国文学：解釈と鑑賞，1971（8）：45-50.

柘植光彦. 大江健三郎における想像力の特質. 国文学：解釈と鑑賞，1971（8）：40-45.

大久保典夫. 大江健三郎における土着と近代—「万延元年のフットボール」をめぐって. 国文学：解釈と鑑賞，1971（8）：33-38.

森川達也. 大江健三郎における性の意味. 国文学：解釈と鑑賞，1971（8）：28-33.

饗庭孝男. 大江健三郎における政治と文学. 国文学：解釈と鑑賞，1971（8）：22-27.

松原新一. 大江健三郎における「性」と「政治」. 国文学：解釈と鑑賞，1971（8）：10-19.

飯沼二郎. 大江健三郎論—挫折からの出発. 思想の科学第 5 次，1971（112）：83-91.

助川徳是.「ヒロシマ・ノート」と「壊れものとしての人間」. 国文学：解釈と教材の研究，1971（1）：144-149.

伊豆利彦.「万延元年のフットボール」. 国文学：解釈と教材の研究，1971（1）：138-143.

栗坪良樹.「個人的な体験」—竪穴式から，抜け道のある洞穴式へ. 国文学：解釈と教材の研究，1971（1）：132-137.

磯貝英夫.「芽むしり仔撃ち」. 国文学：解釈と教材の研究，1971（1）：126-131.

紅野敏郎.「死者の奢り」. 国文学：解釈と教材の研究，1971（1）：120-125.

磯田光一. 大江・江藤における伝統と近代—百姓一揆と勝海舟をめぐって. 国文学：解釈と教材の研究，1971（1）：83-89.

桶谷秀昭. 江藤・大江における政治意識—断片風の覚え書き. 国文学：解釈と教材の研究，1971（1）：76-82.

柄谷行人. 読者としての他者—大江・江藤論争. 国文学：解釈と教材の研究，1971（1）：68-75.

田中英道. 文学的想像力と成熟—或いは水源の「幼児」. 国文学：解釈と教材の研究，1971（1）：60-67.

高山鉄男. 文芸批評のモチーフと位相. 国文学：解釈と教材の研究，1971（1）：53-59.

饗庭孝男. 大江・江藤における人間存在の凝視—その実存と認識者の眼. 国文学：解釈と教材の研究，1971（1）：44-52.

秋山駿. 大江健三郎論—ベンチの上の感想. 国文学：解釈と教材の研究，1971（1）：40-43.

栗坪良樹. 大江健三郎の「谷底」的空間—「飼育」論. 民主文学，1970（61）：82-96.

宮内豊. 内面性の文学を撃つ—大江健三郎，松原新一，秋山駿. 早稲田文学，1970（11）：84-117.

黒井千次. 語られたことばによる想像力の追求—大江健三郎「核時代の想像力」. 文芸，1970（10）：200-202.

北村元哉. 大江健三郎の〈場所〉—「壊れものとしての人間」の彼方. 民主文学，1970（58）：106-117.

亀井秀雄. 原子（核）化時代の講演—大江健三郎「核時代の想像力」. 群像，1970（9）：268-270.

野口武彦. 深い竪穴の世界. 新潮，1970（8）：175-205.

助川徳是. 大江健三郎・われらの狂気を生き延びる道を教えよ. 国文学：解釈と教材の研究，1970（11）：102-107.

北村元哉. 大江健三郎—「万延元年のフットボール」他. 民主文学, 1970（55）: 111-113.
竹内実. 出口へのダイナモー大江健三郎「壊れものとしての人間」. 群像, 1970（6）: 224-226.
松原新一. 想像力と現実のはざまの緊張—大江健三郎「壊れものとしての人間」. 文芸, 1970（5）: 207-209.
丸山静. 読書人の「祭り」—大江健三郎著「壊れものとしての人間」について. 文学界, 1970（5）: 232-236.
粟津則雄. 日常について—ル・クレジオ「発熱」, 大江健三郎「壊れものとしての人間」. 海, 1970（5）: 186-190.
野口武彦. 「脱出」の神話から「救済」なき神学へ—大江健三郎論覚書. 群像, 1970（3）: 148-169.
月村敏行. 大江健三郎—その文学と政治. 国文学, 1970（1）: 96-100.
鎌田千津子. 大江健三郎の小説におけるイメージについて—＜監禁状態＞をさぐる. 国文学報, 1970（13）: 53-61.
千頭剛. 大江健三郎試論. 民主文学, 1969（49）: 149-160.
菅野昭正. 大江健三郎論—自由の位相. 海, 1969（5）: 42-57.
柘植光彦. 大江健三郎. 国文学, 1969（10）: 94-103.
助川徳是. 後期 「万延元年のフットボール」を中心に. 国文学, 1969（10）: 63-70.
小笠原克. 中期 「個人的な体験」への道. 国文学, 1969（10）: 57-62.
紅野敏郎. 初期 第一創作集「死者の奢り」. 国文学, 1969（10）: 51-56.
渡辺広士. 大江健三郎における政治と性. 国文学, 1969（10）: 15-20.
秋山駿. 自己幽閉から自由へ—大江健三郎「われらの狂気を生き延びる道を教えよ」. 文芸, 1969（7）: 183-185.
松原新一. 大江健三郎「奇妙な仕事」. 国文学：解釈と教材の研究, 1969（8）: 108-111.
入沢康夫. 核としての詩・構造としての詩—大江健三郎「われらの狂気を生き延びる道を教えよ」. 群像, 1969（6）: 308-311.
大久保典夫. 大江健三郎—「万延元年のフットボール」を視座として. 国文学：解釈と教材の研究, 1969（3）: 82-86.
いいだもも. 大江健三郎著「持続する志」. 現代の眼, 1969（2）: 142-145.
上田三四二. 大江健三郎「持続する志」—想像力という「確実な橋」の存在. 群像, 1969（2）: 214-216.
柴田翔. 大江健三郎—政治にかかわる作家. 朝日ジャ-ナル, 1969（1）: 115-120.

粟津則雄. 小説の言語－三島由紀夫，井上光晴，大江健三郎をめぐって. 文芸，1969
　　　（1）：202-217.
宮内豊. 大江健三郎覚え書－大江健三郎論. 三田文学，1968（2）：39-50.
利沢行夫. イメジストとは何か－大江健三郎論. 三田文学，1968（2）：25-38.
檜山久雄. 歴史の思想化について－大江健三郎と安部公房の近作について. 新日本文
　　　学，1968（2）：153-160.
大原恒一. 大江健三郎氏への手紙－あなたは日本の青年男女をとらえきっているか.
　　　潮，1968（92）：124-133.
堀田善衛. 外の私的な註若干－大江健三郎の「万延元年のフットボール」. 季刊芸術，
　　　1967（3）：157-160.
呉茂一. 叙事詩の構想による人間把握－大江健三郎の「万延元年のフットボール」. 季
　　　刊芸術，1967（3）：150-153.
小林祥一郎. 六十年代の暴動派と傍観派－大江健三郎「万延元年のフットボール」批
　　　判. 新日本文学，1967（9）：127-134.
利沢行夫. 自己救済のイメージ－大江健三郎論. 群像，1967（5）：36-50.
松原新一. 大江健三郎論. 群像，1967，22（3）：234-254.
安本美典. 老齢の大江健三郎氏. 言語生活，1966（181）：70-73.
後藤直. 大江健三郎試論. 民主文学，1966（5）：73-80.
月村敏行. 世代論の逆説－大江健三郎論. 文学界，1966（4）：133-148.
小松伸六. 大江健三郎の文学－作家別の鑑賞法. 国文学：解釈と教材の研究，1965
　　　（15）：198-202.
渡辺広士. 三島由紀夫と大江健三郎. 群像，1965（5）：46-62.
八代京子. 大江健三郎著『飼育』雑感. 文化と教育，1962（3）：50-53.
橋本寛之. 純粋感覚の文学：大江健三郎について（〈特集〉戦後文学の思想と方法）.
　　　日本文学，1961（3）：158-165.
日野啓三. 不吉なリズム－1959年における大江健三郎および石原慎太郎の仕事と現代の
　　　ヴィジョン. 近代文学，1960（1）：1-7.
島尾敏雄. 書評大江健三郎「われらの時代」. 三田文学，1959（8）：33-35.
小島信夫. 「自殺の危機」－「われらの時代」・大江健三郎. 新潮，1959（9）：64-66.

# 后　　记

　　2011年博士毕业后，我一直忙于完成每周20多节课的教学任务，加上家庭的种种琐事，鲜有时间静下心来好好读书。我自己也觉得今后不能一直如此，希望在合适的时候充充电。一个偶然的机会，我打听到河南大学外国语言文学博士后流动站高继海教授可以招收博士后，就抱着试试的心态向高教授咨询了相关事宜，没想到先生慨然应允，并在办理相关手续方面提供了极大帮助，真的令我感激不尽。

　　高教授是国内从事英美文学研究的大家，特别是在小说叙事研究方面对我颇有启发。英美文学研究领域一直具有文本细读的传统，其中叙事研究方面已非常成熟，为我一直从事的大江健三郎小说叙事研究提供了很好的借鉴。大江健三郎本身就是一位广泛吸收西方文学的作家，这对研究者的人文素养提出了很高的要求，选取大江健三郎小说诗学研究这一题目本身对我来说就是一种挑战。自己虽然恶补西方文学、文艺理论，但英语底子薄，无法正常阅读英文原著，通过汉语译本学到的这些理论在理解上就可能存在偏差，在运用理论进行文本分析方面更是信心不足。感谢高教授一直以一种宽容的心态来对待我的研究，虽然每次看到老师我都有点惴惴不安，但他始终没有催促我尽快出成果的意思。正是这种宽容使我有充足的时间来使自己微不足道的成果得以积淀，以尽可能完美的样子呈现出来。感谢河南大学外语学院院长杨朝军教授、副院长姜玲教授在科研方面对我的鼓励，也正是由于他们的努力，我的专著《大江健三郎小说叙事研究》得以出版，从而成为博士后期间一个颇有分量的成果。

　　感谢长期一直支持我的博士时代的导师谭晶华教授和广东外语外贸大学的陈多友教授，两位教授德高望重，对我的研究一直鼓励有加，在繁忙的工作之余抽出时间为我写了热情洋溢的博士后入站推荐信。感谢我的硕士生导师魏育邻教授，是魏老师引导我走上了大江健三郎研究这条道路。魏老师是国内知名的日语文体学研究专家，也是最早将叙事研究引入日本文学研究领域的学者，我至今还记得在文学批评理论课上师生一起探讨石原千秋等人编著的《文本阅读理论》和前田爱《小说文本入门》的情景。魏老师在申丹教授的《叙述学与小说文体学研究》出版之际将该书介绍给我，使我从此走上了用叙事学这一研究方法研究日本近代文学的道路。

感谢我的好友、日本国立冈山大学的宋武全博士，每次从国内拜托他复印资料，他都会急我所急，第一时间将资料扫描给我。感谢我的大学同学、天津外国语大学的常晓宏老师，在我 20 年前选定大江文学作为研究方向时，是他不遗余力地将北京外国语大学、天津外国语大学图书馆所藏的大江健三郎研究重要文献悉数复印给我，这些珍贵的资料使我终身受益。感谢河南理工大学的李红教授、上海外国语大学的徐旻博士、安阳师范学院的李方阳博士、天津商业大学的胡毅美老师在课题申请方面给予的大力支持。感谢解放军信息工程大学王铁桥教授和史军博士一如既往地对本人科研工作的关心和支持。感谢河南大学外语学院的尹捷博士对部分文稿的精心修改，他在西方文论方面的深厚造诣令我茅塞顿开，获益匪浅。感谢河南大学外语学院日语系的同事，正是由于他们帮我分担了部分教学工作，才使我有较为充足的时间从事博士后课题研究。感谢我的家人，正是他们的关爱和理解才使我不断向前。感谢河南大学外语学院对本书的出版资助。最后，特别感谢科学出版社常春娥编辑为本书出版付出的艰辛劳动。

学术研究是一个需要长期不断投入的工作。博士后这一阶段使我重新认识到科学研究的艰辛和乐趣，认识到保持一种平静心态是多么重要。我也希望自己今后能够在博士后研究的基础上再接再厉，进一步将大江健三郎小说诗学研究推向深入。

兰立亮

2020 年 12 月 28 日